Timo Lochocki

Die Vertrauensformel

Timo Lochocki

Die Vertrauensformel

So gewinnt unsere Demokratie ihre Wähler zurück

FREIBURG · BASEL · WIEN

MIX
Papier aus verantwor-
tungsvollen Quellen
FSC® C083411

© Verlag Herder GmbH, Freiburg im Breisgau 2018
Alle Rechte vorbehalten
www.herder.de

Satz: Barbara Herrmann, Freiburg
Herstellung: CPI books GmbH, Leck
Printed in Germany

ISBN Print: 978-3-451-38271-0
ISBN E-Book: 978-3-451-81415-0

Für meinen Onkel und meinen Vater,
die mir die guten und weniger guten Seiten
bürgerlicher Politik vorlebten

Inhalt

Vorwort 9

1 Was uns droht 13

2 Die fundamentale Neuordnung westlicher Parteipolitik 46

3 Die empathische Wirkung des Bürgerlichen Kompromisses 83

4 Die verpassten Chancen in den Flüchtlingsdebatten seit 2015 106

5 Warum den Volksparteien wirklich die Wähler weglaufen 132

6 Was wir von anderen lernen können 173

7 Der neue Nexus von Partei- und Außenpolitik 205

8 Die Vertrauensformel – Eine solidarische Bürgergesellschaft mit starkem Staat 230

Nachwort 267

Dank 278

Anmerkungen 280

Vorwort

Meine wissenschaftliche Auseinandersetzung und meine persönlichen Erfahrungen mit dem Thema Rechtspopulismus können als Spiegel der inzwischen sehr ausführlichen öffentlichen Debatten gelten: Als ich im Frühling 2014 an der Humboldt-Universität zu Berlin meine Dissertation zu den Gründen für das Auf und Ab von rechtspopulistischen Parteien in Westeuropa verteidigte, interessierte das Thema kaum jemanden. Nun, nach dem Ausstieg der Briten aus der EU (Brexit), Donald Trumps Wahlsieg, dem Beinahe-Sieg des Front National in der französischen Präsidentschaftswahl, dem Regierungsantritt der Links-rechts-Populisten in Italien und den stetig wachsenden Erfolgen der Alternative für Deutschland (AfD), die zu einer deutschen Regierungskrise im Sommer 2018 führten, ist das Thema in aller Munde. Waren Rechtspopulisten vor einigen Jahren noch politische Randphänomene, stehen sie nun als wichtige Treiber des wiederaufflammenden Nationalismus im Scheinwerferlicht. Und das vollkommen zu Recht. Diese Parteien – oder besser: unser Umgang mit ihnen wird unsere Zukunft auf Jahrzehnte bestimmen. Davon handelt dieses Buch.

In den Jahren dieser historischen Ereignisse habe ich beim German Marshall Fund of the United States (GMF) hauptsächlich in Berlin, aber auch in Washington und Paris mehrere Forschungsprojekte zu diesen Themen geleitet. So habe ich auf diese Weise die Entwicklung der AfD genau verfolgen können und war auf unzähligen Parteiveranstaltungen. Mir ist es dabei nicht schwergefallen, die Denkweisen und Emotionen vieler AfD-Sympathisanten[1] zu verstehen. Das Gros meiner Gesprächspartner hätte wunderbar in die konservativere CDU gepasst, die es zu meinen Studienzeiten noch gab. Auch wenn ich einige Jahre im Ausland studiert habe, stehen mir die Debatten unter deutschen Studenten in den späten 2000er Jahren noch genau vor Augen: Die CDU galt als der unbestrittene Hort des deutschen Konservativismus. Dieser war mir auch aus persönlicher Erfahrung wohlbekannt, da ich aus einer Region stamme, in der die CSU jahrzehntelang unangefochten an der Spitze der Politik stand: dem bayerischen Unterfranken. Viele heutige Unterhaltungen mit AfD-Unterstützern erinnern mich daher an unzählige Gespräche mit CSU-Wählern aus meiner fränkischen Heimat.

Dank Auslandsaufenthalten während meines Studiums und meiner Promotion und der Arbeit in einer deutsch-amerikanischen Denkfabrik mit Büros an vielen Orten Europas konnte ich die Gesellschaften einer Reihe von Ländern genauer unter die Lupe nehmen. Nicht nur in mehreren westlichen Demokratien konnte ich forschen, sondern auch viel reisen und die politischen und sozialen Folgen des Aufstieges von Populisten hautnah erleben. Gerade meine längeren Aufenthalte in den USA, Norwegen und Frankreich erwiesen sich als besonders hilfreich. In diesen Staaten gibt es zum Teil seit Jahrzehnten starke rechtspopulistische Parteien. Wenn wir es nicht schaffen, die AfD klein zu halten, drohen uns dieselben politischen und gesellschaftlichen Entwicklungen: eine kurzsichtige und undurchdachte, im schlimmsten Falle kriegerische Außenpolitik; ein Klima des Hasses, in dem wir uns die heutige angespannte Debattenlage mit Handkuss zurückwünschen; eine sozialstaatliche Stagnation, welche die meisten von uns deutlich ärmer machen würde. Frankreich bemüht sich seit dem Macron-Sieg 2016, aus diesem Teufelskreis zu entfliehen, und Norwegens sagenhafter Ölreichtum erlaubte es, die schlimmsten Folgen dieser Politik abzufedern. Dennoch sind diese Staaten in den letzten Jahrzehnten klar von gesellschaftlicher Spaltung und weitestgehend einer Außenpolitik geprägt, die vor allem kurzfristige wahltaktische, keine langfristigen strategischen nationalen Interessen verfolgt; insbesondere in den USA treten diese Entwicklungen eindrücklich hervor. Wie wir verhindern können, dass es uns genauso ergeht, soll dieses Buch skizzieren.

Ich habe in den letzten Jahren unzählige Gespräche mit Politikern, Parteistrategen und Journalisten zu diesen Themen geführt, um ihnen wissenschaftliche Erkenntnisse für ihre Arbeit zur Verfügung zu stellen. Meine persönliche Forschung bildet dabei freilich nur einen geringen Anteil. Vielmehr geht es darum, zu erklären, was Hunderte Kollegen in ihren Untersuchungen herausgefunden haben. Die meisten Gespräche mit Kabinettsmitgliedern, Verfassern von Leitartikeln oder Strategen europäischer Parteien laufen dabei nach dem gleichen Muster ab: Die Ergebnisse jahrzehntelanger Forschung zu den psychologischen, soziologischen und parteipolitischen Mechanismen, die wir gerade beobachten, sind vielen Top-Entscheidern weitestgehend unbekannt.

Die letzten zehn Jahre meines Lebens waren daher geprägt von einem Wandeln zwischen vermeintlichen Gegensätzen: meiner kleinstädtisch und konservativ geprägten fränkischen Heimat und der progressiven Metropole Berlin; dem Genuss mehrerer längerer Auslandsaufenthalte in den USA, Frankreich und Norwegen einerseits und dem Wunsch nach Erdung in einem lokal verwurzelten Freundes- und Familienkreis andererseits; einesteils dem freien Forschen und Lehren und andernteils dem persönlichen Kontakt mit europäischen Entscheidern und den Zwängen, denen sie unterliegen. Aus all diesen Eindrücken ist mein Wunsch erwachsen, ein Buch zu schreiben, das drei Anliegen vereinen soll: erstens die aktuelle politische Lage auf Grundlage wissenschaftlicher Forschungen zu analysieren, ohne zu polemisieren und den tausendsten moralischen Zeigefinger zu heben; zweitens die wissenschaftlichen Erkenntnisse so aufzubereiten, dass sie jeder interessierte Bürger nachvollziehen kann; drittens Politikern und Bürgern gleichermaßen einige umsetzbare Lösungswege aus der aktuellen Misere aufzuzeigen.

Wenn ich mit Politikern über die Entfremdung zwischen Teilen der Wähler von den etablierten Parteien und den daraus folgenden Aufstieg der AfD spreche, reagieren die meisten so: »Danke für die Erläuterungen, das klingt alles sehr logisch. Das heißt aber, wenn wir das Vertrauen in unsere etablierten Parteien wieder stärken wollen, müssen wir eine Menge liebgewonnene Ideen über Bord werfen?!« Ja, das stimmt. Und so lade ich auch Sie als Leser dazu ein, sich darauf einzulassen, einige vermeintliche politische Gewissheiten auf den Prüfstand zu stellen.

Berlin, im August 2018

1
Was uns droht

»Die Theorie ist eine Vermutung mit Hochschulbildung.«
(Jimmy Carter)

Deutschland im Jahr 2018 ist in mindestens dreierlei Hinsicht vom Glück geküsst – ökonomisch, sicherheitspolitisch und auch mit unserem politischen System stehen wir eindeutig auf der Sonnenseite. Wir haben Vollbeschäftigung, einen einigermaßen funktionierenden Sozialstaat und durchaus leistungsfähige politische Strukturen. Natürlich liegt in der Wirtschaft vieles im Argen, aber fragen Sie mal einen Griechen oder Franzosen, wie es bei ihnen aussieht, oder denken Sie zurück an die Rezessionen der 1990er Jahre. Zudem sind wir umgeben von Alliierten, die in der NATO und/oder der EU sind. Freilich gibt es massive sicherheitspolitische Herausforderungen, über die aber die halbe Welt oder unsere Großeltern nur müde lächeln. Und über allem steht eine relativ gut funktionierende parlamentarische Demokratie. Natürlich, die einen mögen Kanzlerin Angela Merkel zum Teufel wünschen, die anderen Horst Seehofer nach Sibirien schicken wollen, doch stehen unsere Politiker im Vergleich zu vielen anderen westlichen Demokratien ganz gut da. Zwar gibt es viel an den Berliner Spitzenpolitikern auszusetzen, aber selbst die meisten AfD-Wähler oder die Hartgesottenen bei Linkspartei und Grünen würden die Lage Deutschlands dem Durcheinander im nach-Referendum-Großbritannien oder dem Kulturkampf in den USA vorziehen.

Die wirtschaftlichen, sicherheits- und innenpolitischen Erfolge Deutschlands sind kein Zufall. Sie gründen auf einer konsensorientierten Außenpolitik, einem Ausgleich zwischen unterschiedlichen Gesellschaftsgruppen und eher behutsamen ökonomischen Reformen. All dies wird durch den Aufstieg der AfD massiv bedroht. Wenn wir es nicht schaffen, die AfD einzuhegen, droht uns eine kurzsichtige und undurchdachte, im schlimmsten Falle kriegerische Außenpolitik; es droht uns ein gesellschaftliches Klima des Hasses; es droht uns eine wirtschaftliche Stagnation, die fast alle unter uns (außer vielleicht die Allerreichsten) deutlich ärmer machen würde.

Wie wichtig sind 12,6 Prozent?

Wie kann das sein? Wie sollen die 12,6 Prozent der AfD in der letzten Bundestagswahl solch eine Sprengkraft entfalten? Schenken wir diesen knapp 13 Prozent der Wähler nicht zu viel Aufmerksamkeit? Ich finde nicht. Denn wie ich im Laufe des Buches erklären werde, wird die AfD nicht gewählt, weil ihre Wähler von ihrer Programmatik überzeugt sind. Die meisten stimmen für die Rechtspopulisten, weil sie ihrer Enttäuschung über die Volksparteien CDU/CSU und SPD Luft machen wollen, indem sie einer neuen, vermeintlich konservativen Partei ihre Stimme geben. Viele AfD-Wähler wenden sich von den Volksparteien ab, weil sie ihnen nicht mehr zutrauen, auf ihre Sorgen vor Identitäts- und Kontrollverlust zu reagieren. Sie sehen die Volksparteien vielmehr als Auslöser der Prozesse, die ihnen Sorgen bereiten – steigende Zuwanderung, zunehmende Pluralität, wachsende internationale Vernetzung. Die rechtspopulistische AfD ist somit ein Symptom und ein Katalysator für die Entfremdung vieler Wähler von den Volksparteien und von der parlamentarischen Demokratie. In diesem Vertrauensverlust besteht für die demokratischen Kräfte dieses Landes die eigentliche Herausforderung, auch wenn der Rechtspopulismus in Gestalt der 12,6 Prozent AfD-Wähler vorerst noch vergleichsweise harmlos daherkommen mag.

»Rechtspopulismus« steht zunächst für eine Parteienfamilie, wovon »Populismus« als Kommunikationsmittel zu unterscheiden ist. Letzterer ist die emotionale Zuspitzung komplexer Thematiken – eine Strategie, die sich in fast allen Parteien findet. Rechtspopulismus kombiniert diese Kommunikationsstrategie erstens mit einem kulturellen Rassismus, der große Bevölkerungsgruppen ausgrenzt, und zweitens mit der Behauptung, dass ausschließlich rechtspopulistische Akteure die Interessen des Volkes vertreten würden. So erklärt sich auch die Gewinnerformel rechtspopulistischer Parteien in Westeuropa: *»Für die Nation, gegen die Eliten«*. Und um eben dies zu erreichen, soll sozialer Wandel (z. B. Migration und europäische Integration) zurückgedreht werden und die nationale Schicksalsgemeinschaft wiederbelebt werden. Daher ist der Dreh- und Angelpunkt rechtspopulistischer Rhetorik ein *nostalgischer Nationalismus*.

Man kann also die CSU-Vorschläge zur Wiedereinführung von Grenzkontrollen im Sommer 2018 als Populismus bezeichnen. Aber kein CSU-Politiker spricht allen anderen Politikern die Fähigkeit ab, die Interessen deutscher Wähler zu vertreten, und durch die Forderung nach Zurückweisungen an der Grenze schließt kein CSU-Politiker kategorisch ganze Bevölkerungsgruppen aus der deutschen Gesellschaft aus. Die CSU agiert daher zuweilen populistisch, aber fast nie wie eine rechtspopulistische Partei. Natürlich liegt der Grund des Streits zwischen Angela Merkel und Horst Seehofer über mögliche Zurückweisungen von Asylbewerbern an der deutschen Grenze im Juni/Juli 2018 in einer unterschiedlichen Strategie im Umgang mit der AfD. Die Kanzlerin glaubt, dass es nichts nutzt, konservative Akzente zu setzen. Horst Seehofer verfolgt mit Blick auf die bayerische Landtagswahl im Oktober 2018 die genau umgekehrte Strategie. Eine möglichst harte Position der CSU in Flüchtlingsfragen soll der CSU die Wählerprozente von der AfD bescheren, um wieder die absolute Mehrheit im Freistaat zu erlangen. Die CSU will also hier die Wähler einer rechtspopulistischen Partei ansprechen. Da ihre Strategie aber nicht auf einer generellen Eliten-Skepsis basiert und nicht kategorisch ganze Bevölkerungsgruppen ausschließt, agiert sie hier jedoch *nicht* wie eine rechtspopulistische Partei.

Aktuell gäbe jeder siebte Wähler der rechtspopulistischen AfD seine Stimme, doch liegt der Anteil globalisierungsskeptischer Wähler, die das Potenzial der AfD darstellen, laut einer Studie der Bertelsmann Stiftung bei satten 45 Prozent.[1] Theoretisch könnte also fast jeder zweite Wähler davon überzeugt werden, eine Partei zu wählen, welche die parlamentarische Demokratie in Deutschland grundlegend kritisiert. Zum Vergleich: Die CDU/CSU wurde bei der Bundestagswahl im September 2017 mit Abstand stärkste politische Kraft, dabei aber nur von einem Viertel aller Wahlberechtigten gewählt (32,9 Prozent der Stimmen bei 76,2 Prozent Wahlbeteiligung). Wenn alle 45 Prozent der Bundesbürger, die sich skeptisch zu Migration, Pluralisierung und anderen Formen der Globalisierung äußern, dieselbe Partei wählten, würde diese bei circa 75 Prozent Wahlbeteiligung locker die absolute Mehrheit im Bundestag erreichen. Die 13 Prozent der AfD sind die Spitze eines Eisberges, die 45 Prozent der Globalisierungsskeptiker der Eisberg. Deutschland ist der Dampfer, der darauf zuhält.

Wie beeinflussen Rechtspopulisten politische Entscheidungen?

Entscheidend für den politischen Einfluss der Rechtspopulisten ist aber in der Regel gar nicht ihr Stimmenanteil. Denn Rechtspopulisten entfalten ihre Wirkung so gut wie nie über Regierungsbeteiligungen, sondern meist *indirekt*, indem sie die nationale Themensetzung und die Positionen etablierter Parteien beeinflussen. Es sind fast immer die anderen Parteien, die unter dem Eindruck von Rechtspopulisten die politische Debatte oder die Gesetze verändern.

Diese Beeinflussung geschieht auf vier Wegen: Erstens, indem Mitte-rechts-Parteien aus taktischen Gründen dazu neigen, Standpunkte in der Migrations- und Integrationspolitik einzunehmen, die dem Land bleibenden Schaden zufügen können. Im Frühling 2018 sah man das sehr gut daran, dass die Vorschläge der CSU in der Integrationspolitik sich auf christliche Symbole konzentrierten. Dies unterschlägt freilich, dass große Teile der Bevölkerung anderen Glaubens sind beziehungsweise ein noch viel größerer Bevölkerungsteil areligiös ist. Die CSU läuft somit Gefahr, eine soziale Spaltung der Bundesrepublik herbeizureden, die in dieser Form gar nicht existiert. Und natürlich ist die Regierungskrise im Sommer 2018 über die Frage der Zurückweisungen von Flüchtlingen an der deutschen Grenze eine Folge der hohen Umfragewerte der AfD in Bayern, die die absolute Mehrheit der CSU in der kommenden Landtagswahl bedroht.

Zweitens führt der Aufstieg von Rechtspopulisten dazu, dass identitätspolitische Themen (Migrations-, Außen- und Europapolitik) die sozial- und wirtschaftspolitischen Themen aus der politischen Arena verdrängen. Wenn aber eine Gesellschaft lange genug vorrangig über *Identitätspolitik* diskutiert, entwickelt sich eine Art gewaltloser Bürgerkrieg, ein polarisierter Kulturkampf zwischen Progressiven und Konservativen, die von ihren ideologischen Schützengräben aus einander belauern und dem Gegenüber unterstellen, das Land zugrunde richten zu wollen. Der Aufstieg von Rechtspopulisten ersetzt also die Lagerbildung, die einstmals vor allem über ökonomische Fragen definiert war, zugunsten von politischen Lagern, die sich über Identitätspolitik definieren. Die entscheidende politische Frage ist also nicht mehr: »Bist Du für eine starke Besteuerung hoher Einkommen und einen Wohlfahrtsstaat, der massiv umverteilt, oder dagegen?« Sondern: »Bist du für die EU und eine multikulturelle Gesellschaft oder dagegen?«

Dieser Kulturkampf rührt am Herz vieler Wähler, das heißt, an ihrer Identität. Deswegen werden diese Kämpfe deutlich erbitterter geführt als sozial- und wirtschaftspolitische Konflikte. Aktuell ist das sehr gut in den USA und Großbritannien zu beobachten. In Großbritannien stehen sich das nationalistische Lager der Brexit-Befürworter und das kosmopolitische Lager der Brexit-Gegner unversöhnlich gegenüber. Jeder wirft dem anderen vor, die Nation, die Zukunft der Kinder, den Wohlstand ganzer Generationen und so weiter verraten zu haben. Das Misstrauen, der Hass und die Unfähigkeit, über diese politischen Gräben hinweg miteinander ins Gespräch zu kommen, sind eine Katastrophe für die Demokratie. Denn so wird es beinahe unmöglich, Kompromisse zu schmieden. Das Land erstarrt in einem äußerst schmerzhaften Stellungskrieg, in dem sich nichts bewegt und den keine Seite gewinnen kann.

Hieraus folgt drittens, dass politische Energien für ökonomische Reformen weitestgehend fehlen, da sie in besagtem Kulturkampf aufgebraucht werden und es kaum Chancen auf Kompromisse gibt. Staaten mit starken Rechtspopulisten in den Parlamenten sind daher meist unfähig, die ökonomischen Reformen durchzuführen, die sie bräuchten, um den

Wohlstand ihrer Gesellschaften zu wahren oder zu mehren. Eindrückliche Beispiele sind die jahrzehntelange Reformunfähigkeit Frankreichs und Italiens. Hier gelang es den regierenden Mitte-links- und Mitte-rechts-Parteien nicht, die Energien aufzubringen, weitreichende ökonomische Reformen auf den Weg zu bringen, da sie stattdessen in einem Kulturkampf zerrieben wurden. Dass populistische Parteien in westlichen Staaten die Regierung übernehmen, wie mittlerweile in den USA und Italien (aber dort wird die Regierung von Links- statt von Rechtspopulisten angeführt) geschehen, liegt noch nicht weit genug zurück, als dass aussagekräftige Erfahrungswerte vorlägen. Wenn wir aber den ersten Kommentaren von Wirtschafts- und Arbeitsmarktforschern Vertrauen schenken, steht nicht zu erwarten, dass die Wählerschaften von Donald Trump, der Lega Nord (beides Rechtspopulisten) und der Fünf-Sterne-Bewegung (einer eher linkspopulistischen Partei) mit ihren Regierungen glücklich sein werden. Eher sieht es so aus, als ob die bisher sichtbaren ökonomischen Reformen die Oberschichten mittel- und langfristig entlasten, die Mittelschichten und Unterschichten, die für die Populisten stimmten, hingegen belasten.[2]

Am folgenschwersten ist allerdings der Einfluss von Rechtspopulisten, wenn sie, viertens, die Außen- und Europapolitik etablierter Parteien beeinflussen. Donald Trumps internationales Auftreten oder der Brexit, den der damalige konservative britische Premierminister David Cameron zu verantworten hat, sind die prominentesten Beispiele. Rechtspopulisten können daher politische Prozesse lostreten, die das Land in die internationale Isolation und massive außenpolitische Krisen stürzen, im schlimmsten vorstellbaren Falle in globale kriegerische Auseinandersetzungen.

Deutschlands Zukunft und die AfD

Von den USA mit ihrem sehr speziellen Wahlsystem abgesehen, haben Rechtspopulisten in keiner westlichen Demokratie jemals einen Regierungschef gestellt. (In der aktuellen Regierung in Italien sind die Linkspopulisten stärker vertreten als die Rechtspopulisten, der Regierungschef ist kein Parteimitglied.) Rechtspopulisten haben auch ganz selten mehr als 25 Prozent Wählerzustimmung erhalten. Aber sie haben die parteipolitischen, medialen und psychologischen Mechanismen ihrer Gesellschaft radikal verändert. Und in allen betroffenen Staaten standen Rechtspopulisten irgendwann bei rund 13 Prozent, genau wie die AfD bei uns im Jahr 2017. Es ist daher gut möglich, dass der Aufstieg der AfD in den kommenden zehn Jahren ähnliche Prozesse lostritt. Was würde das konkret bedeuten?

Deutschland im Jahr 2028 könnte geprägt sein von einer Integrations- und Migrationspolitik, die das Land langfristig spaltet. Wir würden in einer polarisierten Gesellschaft leben, in der sich die progressiven Europafreunde und die konservativen Nationalen im Alltag mit offenem Hass begegnen. Währenddessen verschlechtert sich die Wirtschaftslage, ökonomische Reformen tun not. Doch weder CDU/CSU noch die SPD wären in der Lage, die Energie oder die politischen Mehrheiten für Reformen aufzubringen, um Deutschlands Wohlstand zu erhalten. Die Wählerpotenziale der Grünen, der Linken und der FDP blieben auch weiterhin viel zu klein, um als staatstragende Parteien einzuspringen. Deutschlands alternde Gesellschaft stünde vor einem Kollaps der Renten- und Sozialkassen. Denn ohne durchdachte Sozialpolitik, weitsichtige Konzepte zur Zuwanderung und behutsame ökonomische Reformen ist unser Wohlstand nicht zu halten. Zu guter Letzt könnte es sein, dass die Volksparteien in einem verzweifelten Versuch, Wählerstimmen von der AfD zurückzugewinnen, ein außenpolitisches Abenteuer ankündigen, zum Beispiel den europapolitischen Bruch mit Frankreich. Oder doch einen großflächigen Kampfeinsatz der Bundeswehr im Nahen Osten, um steigenden Flüchtlingszahlen vorzubeugen? Einen Handelskrieg mit China? All dies klingt unglaublich, aber das hätten wir vor einigen Jahren zu Trump oder dem Brexit auch gesagt, oder?

Die USA sind vielleicht in der Lage, eine außenpolitische Isolation aufgrund ihrer massiven Wirtschafts- und Militärmacht und ihrer relativ großen und jungen Bevölkerung einigermaßen zu überstehen. Aber für Deutschland wäre dies eine Katastrophe, die das Land um Jahrzehnte zurückwerfen würde. Die deutsche Wirtschaft ist global so stark vernetzt wie keine zweite. Kaum ein Land hat so stark von der Euro-Einführung profitiert wie wir. Bräche der Euro zusammen und müssten wir wieder nationale Währungen einführen, verteuerten sich unsere Waren über Nacht und würden noch deutlich weniger gekauft. Ein aggressives Auftreten Deutschlands in Europa würde die Formierung antideutscher Allianzen zur Regel machen.

Deutschland ist eine erfolgreiche Einwanderungsgesellschaft mit relativ überschaubaren Herausforderungen in der Integrationspolitik. Ein langjähriger Kulturkampf über diese würde das Land daher ohne Not in verfeindete Lager teilen. Das Land ist jetzt erst dabei, die Ost- und Westdeutschen und die Bürger mit und ohne Migrationshintergrund langsam zusammenzuführen. Das Letzte, was wir brauchen, ist die Aussicht auf jahrzehntelange Debatten über das, was uns trennt. Stattdessen müssen wir bewahren und betonen, was uns eint. Die Alterung unserer Gesellschaft schreitet massiv voran. Eine Zuwanderungsdebatte, die Fachkräfte abschreckt, wäre eine Katastrophe. Die Sicherung der Sozialsysteme braucht eine wohldurchdachte und pragmatische Einwanderungspolitik. Ob es die aber in zehn Jahren gäbe, stellt die AfD infrage.

Dies besagt nicht, dass die Sympathisanten der AfD all dies wollen. Viele AfD-Unterstützer sind ja vor allem dadurch motiviert, dass sie sich Sorgen um Deutschland machen. Das Gros der AfD-Wähler hat deswegen auch ganz andere politische Ziele als diese Horrorszenarien. Und das gilt für alle Staaten. *Es gibt einen himmelweiten Unterschied zwischen der ursprünglichen Motivation des Großteils der Wähler von rechtspopulistischen Parteien und den politischen Folgen, die sie auslösen können.* Es ist die politische Dynamik zwischen der Motivation von AfD-Sympathisanten und den politischen Entscheidungen der Volksparteien, welche über die Zukunft des Landes entscheidet. Der Parlamentseinzug von Rechtspopulisten kann einen Tornado auslösen. Diesen Tornado können die Volksparteien aber nicht aufhalten, indem sie sich massiv gegen die Wähler der Rechtspopulisten stellen. Denn so würden sie nur bestätigen, was AfD-Sympathisanten sowieso schon denken: dass ihre Belange und Sorgen den Volksparteien egal sind. In der Folge würde die AfD nur noch stärker und der Tornado immer wahrscheinlicher. *Nur wenn die Volksparteien das Vertrauen globalisierungsskeptischer Wähler zurückgewinnen beziehungsweise bewahren können, sind die oben beschriebenen destruktiven Prozesse aufzuhalten.*

Ob dies gelingt, wird sich in den nächsten drei Jahren dieser Legislaturperiode entscheiden. Aktuell ist die Mehrheit der AfD-Wähler noch nicht wirklich von der AfD überzeugt, sie sind vielmehr von CDU/CSU und der SPD enttäuscht. Wenn es beiden Volksparteien in den nächsten drei Jahren gelingt, das Vertrauen AfD-naher Wählerschichten wiederzugewinnen, könnten sie es schaffen, dass die AfD bei niedriger zweistelliger Wählerzustimmung verharrt, vielleicht sogar aufgrund immer deutlicher hervortretender rechtsextremer, verfassungsfeindlicher Tendenzen implodiert und wieder unter die Fünf-Prozent-Hürde rutscht. Wenn die Volksparteien es in den nächsten drei Jahren und der anschließenden Bundestagswahl aber nicht schaffen, AfD-Sympathisanten zurückzuholen, wird sich die AfD bei 15 bis 25 Prozent Wählerzustimmung stabilisieren. Das reicht, um die katastrophalen politischen Prozesse loszutreten, die wir in Deutschland unbedingt verhindern wollen. Die Entscheidungen, die wir jetzt treffen, sind in ihrer Tragweite vergleichbar mit der Westbindung nach 1945 oder der Debatte über den Nato-Doppelbeschluss in den 1980ern, der schließlich dazu beitrug, den Kalten Krieg zu beenden. Wie damals werden nun auch 2018 entscheidende Weichen gestellt, die das Land für Generationen prägen werden. *Die nächsten drei Jahre werden Deutschlands Zukunft für Jahrzehnte bestimmen.*

Deutschlands großes Glück

Auch in dieser wegweisenden Situation hat Deutschland wieder großes Glück: Was wir gerade beobachten – der Vertrauensverlust gegenüber den Volksparteien und in der Folge der Aufstieg der Rechtspopulisten –, vollzog sich anderswo bereits vor dreißig Jahren. Parteien- und Meinungsforscher haben dieses Phänomen dort schon länger untersuchen können. Sie können recht gut messen, warum sich Wähler von ihren Volksparteien entfremdet haben und wie dies die politische Dynamik veränderte. Da westliche Demokratien sich in vielen Punkten sehr ähneln, können wir sie gut miteinander vergleichen. Und wir können erkennen, dass die parteipolitischen Dynamiken und die Konjunkturen der öffentlichen Meinung, die Parteien- und Meinungsforscher heute in Deutschland messen, denen in den USA und Großbritannien vor einigen Jahren sehr nahekommen.

Rein wissenschaftlich gesehen, ist der Aufstieg Trumps, der Brexit oder die AfD nicht sehr aufregend – all dies lässt sich gut erklären. Unterschiedliche Sozialforscher mit unterschiedlichen Daten kommen dabei zu den gleichen Ergebnissen; sie können anhand belastbarer Daten und überprüfbarer Berechnungen begründen, warum und wie politische Mechanismen ablaufen. Wir können zum Beispiel berechnen, welche Vorbedingungen ein gewisses Ereignis ankündigen, etwa, dass Rechtspopulisten eigentlich nur dann an Wählerzuspruch gewinnen, wenn Migrations- oder Europathemen für Wähler relevant sind. Oder wir können plausibel machen, dass die AfD für Wähler aus fast allen sozio-ökonomischen Schichten fast gleich attraktiv ist. Sie ist also weder eine Oberschichten- noch eine Unterschichtenpartei.

Trotz einiger unklarer beziehungsweise umstrittener Punkte werden die meisten großen Fragen von einer großen Mehrheit der Forscher gleich beantwortet. So ist es zum Beispiel relativ unbestritten, dass wir die AfD gut mit Rechtspopulisten in anderen westlichen Staaten vergleichen können. Ganz in diesem Sinne folgen die schwankenden Umfragewerte der AfD auch den Mustern, die wir aus anderen Staaten kennen. Wir können somit ziemlich gut voraussagen, unter welchen Umständen die AfD Wähler gewinnen oder verlieren wird. Und wir können folgern, dass sich Deutschland aktuell in einer vergleichbaren Situation befindet wie die USA vor zwanzig Jahren und Großbritannien vor zehn Jahren. Die Prozesse, die damals in Washington und London ihren Anfang nahmen, führten zur Wahl Donald Trumps zum US-Präsidenten und zum Brexit.

Diese Erfahrungen lehren, dass der Aufstieg von Rechtspopulisten das gefährden kann, was westliche liberale Demokratien stark macht: die Konsensorientierung, die einen produktiven Ausgleich zwischen unterschiedlichen Interessensgruppen ermöglicht. Rechtspopulisten wie die AfD setzen dieser ausgleichenden Gesellschaftsordnung einen antiliberalen Entwurf und einen nostalgischen Nationalismus entgegen, wonach der Staat nur die Interessen jener Individuen verteidigen soll, die zur (vermeintlichen) Mehrheitsgesellschaft zählen. (Andere) Minderheiten wie Mitbürger mit Migrationshintergrund, voll berufstätige Frauen oder Homosexuelle können nicht damit rechnen, dass ihre individuellen Rechte von staatlichen Organen geschützt werden. Veränderungen und Reformen, die das Land zukunftsfähig machen könnten, sind nicht vorgesehen, stattdessen soll das Rad der Zeit zurückgedreht werden. Das Bedürfnis nach der Bewahrung von Gutem und Schönen ist vollkommen verständlich. Aber es ist fatal, wenn sich dieser Wunsch in einer generellen Fortschrittsskepsis niederschlägt.

Großbritannien und die USA geben uns warnende Beispiele für den Erfolg von Rechtspopulisten. Deutschland ist in der glücklichen Lage, aus den Fehlern der Volksparteien in anderen westlichen Demokratien lernen zu können. Umso größer ist unsere Verantwortung, solche Verhältnisse zu verhindern.

Die fatalen Missverständnisse

Da Rechtspopulisten antiliberale und nostalgische Vorschläge propagieren, glauben viele Beobachter, man müsse diese mit ebenso progressiven Gegenvorschlägen kontern. Die Logik geht so: »Wenn die AfD gegen Zuwanderung ist, dann sind wir jetzt erst recht dafür. Wenn Alice Weidel gegen eine bunte Gesellschaft[3] ist, dann werden wir jetzt erst recht für ein multikulturelles Deutschland eintreten! Und wenn die Rechtspopulisten den Euro abschaffen wollen, dann weiten wir die Eurozone aus. Die Wähler werden verstehen, was für sie besser ist! Die Wähler von Rechtspopulisten sind schließlich nicht wirklich über die Europa- oder Immigrationspolitik verärgert, sondern eigentlich über die verfehlte Sozialpolitik der vergangenen Jahrzehnte. Daher ist es das beste Mittel gegen sie, kräftig in die Infrastruktur und den Sozialstaat zu investieren.«

Dieses »Patentrezept« liest man immer öfter in deutschen Leitmedien, zum Beispiel bei Jakob Augstein[4] vom *Spiegel* und Heribert Prantl[5] von der *Süddeutschen Zeitung*. Die Entfremdung vieler Wähler von CDU/CSU und SPD läge demnach vor allem an einer verfehlten, da zu sparsamen Sozialpolitik. Daher müsse man, wenn man Wähler von der AfD zurückgewinnen wolle, viel Geld in die Hand nehmen. Dazu muss ich als Parteienforscher sagen, dass eine gute Sozialpolitik nie von Nachteil ist, doch wenn man allein auf diese setzt, wird das nicht genügen. Für mich ist klar: Es ist falsch, anzunehmen, dass die westliche, liberale Demokratie am besten dadurch zu verteidigen ist, dass man mit Pauken und Trompeten für progressive Maximalforderungen eintritt. So wird man kaum einen AfD-Sympathisanten überzeugen, im Gegenteil – diese Strategie nutzt sogar der AfD und schwächt die liberale Demokratie!

Ein Hauptgrund, warum derartige Erklärungen und Strategien gegen den Rechtspopulismus nicht zutreffen, liegt in dem Versuch, ein komplexes politisches Phänomen allzu simpel zu erklären. Aber die vielschichtige gesamtgesellschaftliche Kommunikation und die Verschachtelungen westlicher Parteipolitik erlauben dies nicht. Soziales und politisches Verhalten folgen durchaus Mustern, die unter vielen unterschiedlichen Gegebenheiten gleich sind und an den verschiedensten Orten jederzeit auftreten können. Diese Muster und Gegebenheiten gilt es zu erkennen. Wo sie sich einstellen, können sie strukturell-mentale »Superkräfte« aktivieren, beispielsweise im Deutschland von 2018 eine latente Ausländerfeindlichkeit und Eliten-Skepsis, die das Aufkommen der AfD erklären sollen.

Solche Kräfte sind aber lediglich notwendige Bedingungen, ähnlich wie das Wasser im Schwimmbad, das benötigt wird, um einen Weltrekord zu schwimmen. Aber das Wasser ist nicht der entscheidende Faktor für den Erfolg. Bei einem Weltrekord wären das zum Beispiel die Kombination aus jahrelangem Training, der richtigen Ernährung, dem idealen Wetter und so weiter. Wenn wir aber nur notwendige Bedingungen wie das Wasser für die Erklärung von politischen Ereignissen heranziehen, laufen wir Gefahr, banalen Erklärungen anzuhängen: »Klar haben die Franzosen für Emmanuel Macron gestimmt, die mögen schon immer adrette Männer an der Macht.« Oder: »Natürlich sind die Briten aus der EU ausgetreten, die waren ja schon immer europaskeptisch.« Stattdessen müssen wir die Muster und Mechanismen verstehen, die ein politisches Ereignis exakt zu diesem Zeitpunkt und an diesem Ort möglich machten. *Nur ein Zusammenwirken von verschiedenen Faktoren erklärt, was wann wo passiert ist.* Ein Bonmot des großen Philosophen Isaiah Berlin fasst diese Denkweise perfekt zusammen: »Etwas zu verstehen bedeutet, die Muster dahinter zu erkennen.«

Wie ich noch ausführlich darstellen werde, sind für das Auf und Ab der AfD daher *nicht* die Nationalgeschichte, die Geografie Deutschlands oder etwa spezifische wirtschaftliche Faktoren entscheidend. Nein, es ist vielmehr der *Umgang* mit diesen strukturellen Rahmenbedingungen in der parteipolitischen Debatte. Erklärungsansätze, die allein auf historische oder ökonomische Thesen abstellen, müssen ins Leere laufen. Sie können eine Bandbreite an möglichen Entwicklungen bieten, aber nicht erklären, was wann wo passiert.

Was in Demokratien geschieht, entscheidet sich größtenteils in parteipolitischen Prozessen. Und hier spielen die deutschen Volksparteien eine entscheidende Rolle. Sie sind nicht ohnmächtige Opfer, sondern *wirkmächtige Gestalter* der sozialpsychologischen und parteipolitischen Prozesse, von denen schließlich abhängt, ob die AfD mehr oder weniger Wähler ansprechen kann. Der Hauptgrund, warum CDU/CSU und SPD gerade jetzt die Wähler von der Fahne gehen, besteht darin, dass sie eine Fähigkeit verlernt haben, die sie jahrzehntelang beherrschten: einen *Bürgerlichen Kompromiss* in der Identitätspolitik, also der Europa-, Außen- und Migrationspolitik zu schmieden. Sollten CDU/CSU und SPD das wieder lernen, kann man der AfD den Wind aus den Segeln nehmen und ihr viele Wähler streitig machen.

Wie wird man ein Konservativer oder ein Progressiver?

Bevor ich erkläre, was ein *Bürgerlicher Kompromiss* ist, warum er Rechtspopulisten klein hält und wie er früher zwischen CDU/CSU und SPD zustande kam, lohnt es sich, zuerst anderen Fragen nachzugehen. Nämlich wie Wähler eigentlich ihre politischen Positionen finden und was sie dazu bringt, für eine bestimmte Partei zu stimmen. Dies ist ein dreistufiger Prozess, der es nötig macht, Psychologie und Politikwissenschaft zusammenzubringen. Die drei Stufen führen von den Wertvorstellungen über die politischen Positionen zur Entscheidung für eine Partei.

Zuerst ist die Frage zu klären, wie wir im Laufe unseres Lebens politische Wertvorstellungen entwickeln. Nach jahrzehntelangen Forschungen[6] wissen wir, dass unsere politischen Wertvorstellungen (nicht unsere politischen Positionen zum Beispiel bezüglich klar definierter Gesetzesvorhaben) die Antwort auf sehr subjektive Erfahrungen sind. Die meisten von ihnen finden in unserer Kindheit und Jugend statt. Im Laufe des Lebens erleben wir natürlich Weiteres, das unsere politischen Werte beeinflussen kann. Diese Ereignisse im Erwachsenenalter bestärken, ergänzen oder nuancieren unsere Kindheits- und Jugenderfahrungen. Da sie aber auf sehr prägende Kindheits- und Jugenderfahrungen treffen, ist es zwar möglich, aber unwahrscheinlich, dass wir als Erwachsene unsere politischen Werte komplett verändern.

Diese Werte können wir auf einer Skala von progressiv bis konservativ einordnen. Jemand, der in seiner Kindheit von Autoritäten oft enttäuscht wurde, wird somit eher ein Progressiver, der Autoritäten gerne hinterfragt. Oder es wird eine Person, die in ihrer Kindheit Veränderung oftmals als positiv erfuhr, ebenso mit einer höheren Wahrscheinlichkeit ein Progressiver, der Wandel begrüßt. Umgekehrt wird jemand, der mit Eltern und Lehrern vor allem Positives verknüpft, leichter ein Konservativer, der Autoritäten eher freundlich gegenübersteht. Oder es wird jemand, der in seiner Kindheit schmerzhaften Wandel erleben musste, sich eher gegen politischen Wandel sperren, also sich gleichfalls eher konservativ orientieren. Knapp zusammengefasst, stehen Progressive Wandel eher positiv gegenüber; Konservative eher skeptisch. Es kann aber in Sondersituationen passieren, dass ein konservativer Bürger Wandel begrüßt, da er von einer Autorität befürwortet wird, der er sehr vertraut. Oder, dass ein Progressiver dann eben diesen Wandel ablehnt, da er sich »von oben« nichts sagen lassen will. Im Regelfall – Ausnahmen werde ich ausbuchstabieren – kann gelten: Progressive mögen Wandel, Konservative Stabilität.

Wichtig ist, dass »progressiv« nicht mit dem klassischen Begriff »links« beziehungsweise »konservativ« mit »rechts« verwechselt werden darf. Progressiv und konservativ beziehen sich auf politische Einstellungen, in denen Identitätsfragen verhandelt werden. Links und rechts hingegen wird verwendet, wenn wir über wirtschafts- und sozialpolitische Fragen sprechen. Beides kann, muss aber nicht deckungsgleich in einer Person zu finden sein. Es gibt also linke Konservative und rechte Progressive. Erstere wollen einen starken Wohlfahrtsstaat und eine restriktive Flüchtlingspolitik, Letztere einen schwachen Wohlfahrtsstaat und eine großzügige Flüchtlingspolitik. Deswegen gibt es Konservative in der SPD und Progressive bei der FDP.

Die Politikwissenschaft spricht hier von zwei politischen Konfliktachsen – einer kulturellen und einer ökonomischen. Wie beide miteinander interagieren, werde ich noch ausführlich besprechen. An diesem Punkt empfiehlt es sich, erst einmal die kulturelle Konfliktachse, die sich zwischen einem progressiven und konservativen Pol aufspannt, in den Blick zu nehmen. Unsere Verortung auf dieser Achse bedeutet aber nicht, dass wir daraus automatisch bestimmte politische Positionen ableiten! *Es gibt keinen Kausalzusammenhang zwischen politischen Werten und politischen Positionen.* Nur weil jemand konservative Werte hat, muss er Zuwanderung noch lange nicht immer skeptisch gegenüberstehen. Oder ein progressiver Mitbürger muss auch nicht zwingend ein Freund der doppelten Staatsbürgerschaft sein. Das eine kann zum anderen führen, muss aber nicht. Wir treffen auch hier notwendige Bedingungen an, keine hinreichenden. Unsere politischen Werte sind die Vorbedingungen, dass wir politische Positionen entwickeln und einfordern; aber sie lösen keinen Automatismus aus.

Daher lautet die zweite Frage im dreistufigen Prozess, was eigentlich dazu führt, dass wir, ausgehend von diesen

Wertvorstellungen, politische Positionen einnehmen. Dank sozialpsychologischer Experimente wissen wir, dass diese Wertvorstellungen dann aktiviert werden, wenn wir etwas wahrnehmen, das unser Wertebild bedroht (sei es konservativ oder progressiv oder ein abwägendes Dazwischen). Wichtig ist hier, dass wir nicht unsere Person als bedroht erleben müssen, sondern unsere Werte beziehungsweise die Gruppe, die für diese Werte steht. Und dies ist ein himmelweiter Unterschied! Daraus folgt, dass Gesellschaften sozusagen unpolitisch vor sich hinschlummern können, ohne dass klar würde, wer progressive und konservative Positionen einfordern könnte, solange nichts passiert, was progressive oder konservative Werte zu bedrohen scheint. Erst wenn Wähler ihre politischen Werte und die Gruppe, welche sie mit diesen identifizieren, als bedroht wahrnehmen, werden sie ihrer politischen Werte gewahr. Erst dann formulieren sie klare politische Forderungen, wie diese politischen Werte verteidigt werden sollen. Es kann also zum Beispiel sein, dass jemand ein konservatives Weltbild besitzt und es somit für richtig hält, dass Kinder lieber Autoritäten akzeptieren, statt sie zu hinterfragen und dennoch nie eine konservative Bildungspolitik fordert, da er seine konservativen Werte nicht als bedroht ansieht.[7]

Hieraus folgt die abschließende Frage in dem dreistufigen Prozess: Wie wird aus einer politischen Position eine Entscheidung für oder gegen eine Partei? Dies hängt, so viel sei vorweggenommen, von zwei Faktoren ab: erstens davon, welchen subjektiven, gefühlten Eindruck die jeweiligen Personen von nationalen Herausforderungen haben; und zweitens davon, welcher Partei sie am ehesten zutrauen, diese Themen so zu bearbeiten, dass Sie ihre politischen Werte schützt. Jeder Wähler kann dabei zu einer rein persönlichen Einschätzung und Entscheidung kommen. Also wählen nicht alle Progressiven die Grünen, sondern auch Die Linke, SPD,

CDU oder FDP. Sie sehen ihre progressiven Werte gar nicht so arg bedroht oder glauben, dass die SPD mit dieser gefühlten Bedrohung besser umgehen kann als die Grünen. Auf dieselbe Weise teilen sich auch die Konservativen auf verschiedene Parteien auf. *Wie, wieso und wann sich aus einer progressiven oder konservativen Wertvorstellung (Schritt 1) eine progressive oder konservative politische Position (Schritt 2) und in der Folge eine Wahlentscheidung für eine progressive oder konservative Partei (Schritt 3) ergibt, hängt von der subjektiven Interpretation des politischen Geschehens ab.*

Natürlich ist die Lebensrealität nicht immer in diese vereinfachenden Schablonen einzuordnen. So gibt es Progressive, die AfD wählen, oder es gibt manchmal mehr Befürworter einer progressiven Politik als aktive Wähler mit progressiven Werten. Aber in der Regel und im Durchschnitt können wir festhalten, dass das Wählerreservoir von progressiven und konservativen Parteien aus der Gruppe jener Wähler mit echten Wertvorstellungen stammt, die ihre progressiven oder konservativen Werte als bedroht ansehen. Auf die AfD übertragen bedeutet das: Der Anteil der deutschen Wähler mit konservativen Werten ist größer als die Gruppe der Wähler, die ihre konservativen Werte als bedroht ansehen, und diese ist größer als der Anteil der AfD-Sympathisanten bei der letzten Bundestagswahl.

Umgekehrt bedeutet dies aber auch, dass das Wählerpotenzial der AfD so groß ist wie der Anteil der Deutschen, die konservative Werte beziehungsweise konservative Positionen vertreten. Laut einer Studie der Bertelsmann-Stiftung sind das 39 beziehungsweise 45 Prozent.[8] Das heißt, dass in Deutschland auch einige Bürger mit progressiven Wertevorstellungen konservative Politiken fordern. (Im europäischen Durchschnitt gibt es allerdings deutlich mehr Wähler mit konservativen Werten als mit konservativen politischen Positionen – die Flüchtlingsdebatten in Deutschland haben scheinbar auch einige Progressive verunsichert, die daher konservative Positionen einnehmen.) Bertelsmann fragte vor allem danach, ob man Globalisierung als Chance oder als Risiko wahrnehme, da Einstellungen zur Globalisierung in der Forschung als guter Indikator für progressive oder konservative Positionen in der Migrations- und Europapolitik gelten. *In diesen Jahren liegt also das theoretische Wählerpotenzial der AfD bei 45 Prozent, bei einem Abflauen der Flüchtlingsthematik wohl bei 39 Prozent.*

Globalisierungsfreunde mögen den Wandel, Globalisierungsskeptiker die Stabilität

Was treibt also die 45 Prozent der Globalisierungsskeptiker an, die das Wählerpotenzial der AfD bilden? Und genauer: Was *hat* die 12,6 Prozent der AfD-Wähler angetrieben und was *könnte* die anderen 32 Prozent der Globalisierungsskeptiker, die noch nicht AfD wählen, von der AfD überzeugen? Bei der Beantwortung dieser Frage greift das größte Missverständnis in der aktuellen deutschen Debatte: Oftmals wird angenommen, dass alle Globalisierungsfreunde und Globalisierungsskeptiker ein vergleichbares wahltaktisches Kalkül hätten. Und das ist hochproblematisch, da die meisten Entscheider zu den 55 Prozent der Globalisierungsfreunde zählen. Sie neigen also dazu, zu glauben, dass die gesamte Bevölkerung so dächte wie sie selbst. Doch maximal 55 Prozent der Bevölkerung tun das. Die anderen 45 Prozent kalkulieren deutlich anders.

Aus Studien über globalisierungsskeptische Wähler und Sympathisanten von rechtspopulistischen Parteien wissen wir, dass diese drei typische Haltungen einnehmen: Erstens, ihre Wahlentscheidung ist von einer deutlichen Fortschrittsskepsis geprägt. Diese ist, genauso wie die Begeisterung der Progressiven, vor allem eine Bauchsache, die mit realen Erfahrungen im Zusammenhang stehen können, aber nicht müssen. Es ist, wie gesagt, entscheidend, ob man glaubt, dass seine Werte oder die Gruppe, die diese Werte verkörpert, bedroht wird oder nicht. Zweitens, sie haben zwar ökonomische Sorgen, aber diese sind für sie kaum wahlentscheidend. Sie sind stattdessen angetrieben von der Sorge vor Kontroll- und Identitätsverlust. Entscheidend für ihre Wahlentscheidung sind daher nicht sozial- und wirtschaftspolitische Fragen, sondern Außen-, Europa- und Migrationspolitik. Drittens, sie haben eine sehr große Achtung vor Autoritäten, auch vor Spitzenpolitikern. Daraus folgt, dass sie aber auch sehr hohe Ansprüche an sie haben. Sie reagieren daher viel stärker, man könnte sagen viel sensibler, auf das Verhalten von Spitzenpolitikern.

Hieraus folgt, dass die These, man könnte über sachorientierte Lösungen in der Integrations- und Migrationspolitik oder eine stärkere finanzielle Unterstützung von einkommensschwachen AfD-Sympathisanten Wählervertrauen zurückgewinnen, gut gemeinter Humbug ist. Beides kann natürlich nicht schaden, ist sogar dringend anzuraten, da sie unabhängig von anderen Faktoren zu begrüßen sind; aber diesen Wählergruppen geht es um etwas vollkommen anderes: *Sie haben nichts dagegen, wenn Spitzenpolitiker gute Sachpolitik machen und eine spendablere Sozialpolitik betreiben, aber was sie sich von Herzen wünschen, ist eine ihren Sorgen zugewandte Ansprache, die ihnen vermittelt, dass ihre Befürchtungen vor allzu raschen Veränderungen legitim sind und von den Autoritäten geteilt beziehungsweise gehört werden.*

Es geht nicht um Fakten

Indem die 45 Prozent ihre Wahlentscheidungen davon abhängig machen, ob sie glauben, dass sozialer Wandel ihre Werte oder ihre Gruppe bedroht, agieren sie nicht besonders ungewöhnlich. Die 55 Prozent der Progressiven machen es schließlich genauso: Auch sie treffen Wahlentscheidungen eher aus dem Bauch und weniger aus dem Kopf. In der aktuellen Debatte entsteht oft der Eindruck, dass die 45 Prozent der Globalisierungsskeptiker beziehungsweise die 39 Prozent der Konservativen irrationaler seien als die 55 Prozent der Globalisierungsbefürworter beziehungsweise die 61 Prozent der Progressiven, da die Bedrohung durch die Globalisierung tatsächlich gering sei. Die Einschätzung dieser Bedrohung hängt aber vollständig davon ab, wen man fragt! Wer also misst beziehungsweise bewertet jeweils die »reale Bedrohung durch Globalisierung«?

Wenn zum Beispiel Wirtschaftsinstitute vorrechnen, dass Deutschland von der Globalisierung überdurchschnittlich profitiert, können progressive Globalisierungsfreunde behaupten, dass sie rational seien, denn ihre Bejahung der Globalisierung deckt sich mit »rationalen« Fakten. Aber eigentlich ist es eher so, dass auch diese Wählerschicht ihre Wahlentscheidung nicht von Fakten abhängig macht, sondern davon, ob sie sich in einem globalisierten Land wohlfühlen oder nicht. Und es ist nun einmal so, dass die Globalisierung *bestimmten* Bevölkerungsschichten in Deutschland viele Vorteile brachte. Die Bevölkerungsschichten, die ökonomisch profitieren und zugleich eine multikulturelle und progressive Ader haben, können dann von sich behaupten, eine rationale Entscheidung zu treffen. Tatsächlich ist es aber so, dass die »rationalen Fakten« in ein Gefühl eingepasst werden, nicht umgekehrt.[9] Somit ergeht es Progressiven exakt genauso wie den Konservativen, die zur AfD tendieren! Die Soziologin Cornelia Koppetsch stellt dazu treffend fest: »Im Kern ist das Weltbild der vermeintlich weltoffenen Elite eben häufig genauso starr wie das der Kleinbürger, auf die sie herabsieht: Sie ist davon überzeugt, dass allein ihre Werte und ihr Lebensstil allgemeingültig sein müssten. Auch ihr Bedürfnis nach einer Geborgenheit stiftenden Heimat ist oft ähnlich ausgeprägt. Und da ist diese Elite im Vorteil, weil sie sich ihre Heimat selbst erschaffen kann.«[10]

Indem wir im politischen Raum Entscheidungen nach Gefühlen treffen, agieren wir im politischen Leben nicht anders als im Privaten. Wenn Sie, lieber Leser, zurückdenken an die ersten Tage, an denen Sie Ihren besten Freund kennen gelernt haben, hatten Sie ja wahrscheinlich auch keine Checkliste dabei, die Sie Stück für Stück abgehakt haben. Stattdessen werden Sie in sich hineingehorcht haben, wie es sich denn in der Nähe dieser Person anfühlt. Und Sie suchen sich Ihren Lebenspartner auch nicht danach aus, ob er oder sie nach zehn objektiv messbaren Kriterien gut abschneidet, sondern was Sie für ihn oder sie empfinden. Und genauso wählen die 45 Prozent der Globalisierungsskeptiker und die 55 Prozent der Globalisierungsfreunde. *Für beide Gruppen ist nicht entscheidend, was ist, sondern was sie glauben. Entscheidend ist nicht das, was »objektiv« gut und richtig ist, sondern was sich subjektiv gut und richtig anfühlt.*

Für die Globalisierungsskeptiker spielt es also keine Rolle, dass die Bundesregierung sagt, die Flüchtlingszahlen seien seit Frühling 2016 massiv gesunken (was stimmt). Entscheidend ist, ob sie sich mit dem Auftreten dieser Bundesregierung in Zuwanderungsfragen sicher fühlen oder nicht. Und das hängt nicht von Zahlen ab, sondern von ihrem subjektiven Eindruck.

Es geht nicht ums Geld

Diese Gefühle haben mit ökonomischen Fragen herzlich wenig zu tun. Denn die 45 Prozent stehen ökonomisch kaum anders da als der Rest der Bevölkerung. Es gibt bezüglich Ausbildung, Einkommen und Vermögen kaum Unterschiede zu den »Globalisierungsfreunden«. Beide Gruppen sind relativ divers – es gibt Reiche und Arme, Akademiker und Arbeiter, Städter und Landbewohner. Und alles dazwischen.

Ich wiederhole: *Sozial- und Wirtschaftspolitik spielen für die Wahlentscheidung globalisierungsskeptischer Wähler eine untergeordnete Rolle.* Zwar haben diese Wähler sehr wohl ökonomische Sorgen und einige sind auch sehr enttäuscht von der Sozial- und Wirtschaftspolitik der CDU/CSU und der SPD. Aber der Auslöser und Katalysator, der sie in die Arme der AfD treibt, sind ihre Sorgen vor kulturellen Veränderungen der Gesellschaft. Sie sorgen sich darum, wie nationale Identität und nationale Zugehörigkeit verhandelt und *die nationale Grenzziehung* neu definiert wird. Fragen wie diese treiben sie um: Gehört der Islam zu Deutschland oder nicht? Unterstellen wir deutsche Soldaten französischem Befehl oder nicht? Übernehmen wir Polizeiaufgaben an der griechisch-türkischen Grenze oder nicht?

Mit den Entscheidungen, die Politiker in diesen Fragen treffen, und vor allem mit der Art und Weise, wie sie diese kommunizieren, sagen sie den Bürgern, welche Form von Identität sie als schützens- und anerkennenswert erachten. Als Beispiel: Verteidigt die Bundesregierung lieber die Polizisten, die Abschiebungen durchführen, oder doch die Anwälte, die sich gegen diese Ausweisungen stark machen? Ist die CDU für oder gegen die doppelte Staatsbürgerschaft, die viele globalisierungsskeptische Wähler ablehnen? Setzt sich die SPD eher für die Belange von Geflüchteten oder für jene von Soldaten ein?

Der Wunsch nach Anerkennung

Vielen Bürgern mag egal sein, was Politiker von ihnen halten, doch von den 45 Prozent der Globalisierungsskeptiker haben viele eine sehr hohe Meinung über Autoritäten und bemessen ihren Aussagen daher einen sehr hohen Wert bei.[11] Deswegen ist eine Geringschätzung ihrer subjektiven Weltsicht durch Spitzenpolitiker besonders schmerzhaft. Wenn also der damalige Kanzleramtsminister und jetzige Wirtschaftsminister Peter Altmaier in einem Interview verkündet, bevor man die AfD wähle, solle man lieber zu Hause bleiben, trifft er gerade den nationalstaatlich orientierten Wähler hart. Nicht nur, weil der Minister seine politische Position nicht teilt, sondern auch, weil genau die Autorität, dessen Wertschätzung für diesen Bürger so wichtig ist, ihm die Anerkennung und die Zuneigung verweigert.

Der Blick dieser Wähler auf die Politik ist daher mindestens ebenso stark abhängig von ihrer Beobachtung unseres politischen Spitzenpersonals wie von ihrer Lebenswelt. Das erklärt, warum die Form, die Kommunikation und die Darstellung von politischen Handlungen für diese Wählergruppe sehr wichtig sind. Die anderen 55 Prozent denken: »Die in Berlin streiten sich dauernd über Flüchtlinge, aber bei uns im Viertel läuft doch alles ganz gut, also besteht kein Grund, AfD zu wählen.« Bei den 45 Prozent der deutlich autoritärer eingestellten Bevölkerungsschicht läuft dieser Gedankengang exakt umgekehrt. Sie denken: »Bei uns im Viertel läuft die Integration der Flüchtlinge eigentlich ganz gut. Aber wenn die in Berlin sich dauernd so streiten, dann muss ja was im Busch sein. Wahrscheinlich bricht in meiner Nachbarschaft morgen der Bürgerkrieg aus. Die AfD hat wohl doch recht!« *Für diese Wählergruppe ist also das öffentliche Auftreten von Spitzenpolitikern ein enorm einflussreicher Faktor bei ihrer Wahlentscheidung.*

Wenn Politiker diese Wähler überzeugen wollen, müssen sie folglich in ihrem medialen Auftreten auf das Gefühl des Kontroll- und Identitätsverlustes der Globalisierungsskeptiker mit emotionaler Ansprache und Verständnis – in einem Wort: mit *Empathie* – reagieren. Nur wenn diese Wähler das Gefühl haben, dass die Bundesregierung ihren subjektiven Sorgen mit Empathie begegnet, haben unsere Volksparteien eine Chance, deren Vertrauen zurückzugewinnen beziehungsweise zu behalten. Der letzte Satz ist sehr bewusst formuliert. *Die Schlüsselwörter sind: Gefühl – subjektiv – Sorgen – Empathie – Vertrauen.* Von Fakten ist nirgendwo die Rede.

Das bedeutet nicht, dass reale politische Umstände, wie Flüchtlingszahlen oder Gesetze, keine Rolle spielen würden. Aber entscheidend ist nicht allein die Sachfrage, sondern *wie* die Bundespolitik dieses Thema *kommuniziert*. Die Senkung der Flüchtlingszahlen ist zum Beispiel der erste Schritt, um das Vertrauen von globalisierungsskeptischen Wählern zurückzugewinnen, sprich: die notwendige Bedingung. Die hinreichende Bedingung, welche die Wahlentscheidung schlussendlich beeinflusst, besteht darin, ob die Wähler glauben, dass die Flüchtlingszahlen von einer handlungsfähigen Regierung gesenkt wurden, um ihre Sorgen aufzugreifen. Und wie die Bürger das empfinden, richtet sich beinahe ausschließlich nach der öffentlichen Kommunikation und dem Auftreten unserer Spitzenpolitiker.

Die Gewinnerformel der AfD

Wegen der Bauchentscheidungen ihrer Wähler gewinnt die AfD immer dann Wählerzuspruch, wenn die Teile der Volksparteien (meist die CSU, manchmal aber auch die CDU) medienwirksam eine Politik ankündigen, die globalisierungsskeptischen Wählern entgegenkommen würde, diese dann aber nicht einhalten. Wenn sie also mehr versprechen, als sie dann einhalten. Da spielt es auch keine Rolle, wie die Meinungsumfragen bis dahin aussahen. Dieses Muster sehen wir in ganz Europa. Rechtspopulisten sind enorm abhängig von der öffentlichkeitswirksamen Kommunikation anderer Parteien. Die Gewinnerformel der AfD »Für die Nation, gegen die Eliten« braucht also erst das *medienwirksame* Scheitern eines Teiles der großen Parteien, damit die AfD daraus Wahlerfolge zieht. Denn nur wenn identitätspolitische Themen (Europa-, Außen- und Migrationspolitik) leidenschaftlich diskutiert werden, kann überhaupt der Eindruck entstehen, dass die nationale oder persönliche Identität bedroht ist. Und erst wenn in dieser Debatte dann die großen Parteien globalisierungskritische Wähler enttäuschen, kann man ihnen Versagen vorwerfen.

Das erklärt, warum die Hälfte der AfD-Wähler die Partei nicht aufgrund ihrer Programmatik wählt. Sondern allein, weil sie den anderen Parteien einen Denkzettel verpassen will. *Sie sind also nicht von der AfD überzeugt, sie sind von CDU/ CSU und SPD enttäuscht.* Das sind die »Protestwähler«. Die andere Hälfte wiederum wählt die AfD fast ausschließlich aufgrund ihrer migrationspolitischen Positionen. Sonstige Kompetenzen werden der AfD nicht zugeschrieben. Sie bietet den Wählern, die von der identitätspolitischen Agenda der Volksparteien enttäuscht sind, eine politische Alternative.

Die AfD ist nicht deshalb erfolgreich, weil sie umsetzbare Lösungen für reale Probleme anbieten würde, sondern weil ihre Botschaften in ein wohliges Gesamtnarrativ eingewoben sind. *Und dieses Narrativ vereint den Wunsch nach der Verteidigung nationaler Identität und der Anerkennung persönlicher Lebensentwürfe.* Indem die AfD vorschlägt, dass alles so bleiben soll, wie es *vermeintlich* mal gewesen ist, wird bei globalisierungsskeptischen Wählern der Eindruck erweckt, man könne zu einer Situation zurückkehren, die vor einer politischen Herausforderung herrschte. So lautet zum Beispiel die Antwort auf die Flüchtlingsfrage ganz simpel, einfach keine mehr aufzunehmen – wie das eben vor Sommer 2015 auch der Fall war. Das Kernnarrativ der AfD – wie jeder anderen rechtspopulistischen Partei auch – ist also ein *nostalgischer Nationalismus*.

Bei der Beurteilung der Frage, inwieweit dieser Nationalismus dann ins verfassungsfeindliche, rechtsextreme Gedankengut reicht, muss man die AfD-Wähler von Parteimitgliedern und Führungsfiguren deutlich unterscheiden. Teile der Parteiführung, etwa Björn Höcke[12] und André Poggenburg[13] scheinen offen mit verfassungsfeindlichen Ideen zu sympathisieren. Die Parteimitglieder scheinen in dieser Frage in zwei ungefähr gleich große Lager gespalten. *Aber die entscheidende Gruppe, um die es hier geht, also die AfD-Wähler und -Sympathisanten, sind in der überwiegenden Mehrheit verfassungstreue Bürger, die rechtsextremes Gedankengut ablehnen.*

Wer AfD-Wähler somit als Nazis beschimpft, erweist dem Anliegen der Volksparteien einen Bärendienst. Denn das Gros der AfD-Sympathisanten sind unbescholtene, verfassungstreue Bürger. In einem Klima, in dem CDU/CSU und SPD deutlich an Vertrauen in globalisierungsskeptischen Wählerschichten verlieren und man ihnen fehlende Bürgernähe unterstellt, bestätigt die Nazi-Keule ja exakt die AfD-Rhetorik: »Die da oben haben ja überhaupt keine Ahnung, was uns wirklich bewegt! Und jeder, der gegen Zuwanderung ist, soll mit der Nazi-Keule mundtot gemacht werden.« Viele grundgesetztreue AfD-Wähler sind sich der verfassungsfeindlichen Elemente innerhalb der Partei auch bewusst, aber sie bleiben ihr dennoch treu, da die etablierten Parteien in ihren Augen keine glaubhaft konservative Identitätspolitik anbieten.

Die Volksparteien haben es in der Hand!

Wenn es also nicht gelingt, die 45 Prozent der globalisierungsskeptischen Wähler an die Volksparteien zu binden, drohen uns amerikanische und britische Zustände. Es droht uns eine kurzsichtige und undurchdachte, im schlimmsten Falle kriegerische Außenpolitik; es droht uns ein gesellschaftliches Klima des Hasses, in der wir uns die aktuell angespannte Debattenlage mit Handkuss zurückwünschen; und es droht uns eine wirtschaftliche Stagnation, die fast alle unter uns (außer die allerreichsten 5 Prozent) deutlich ärmer machen würde. Und die 45 Prozent Globalisierungsskeptiker, die wir ansprechen müssen, um genau dies zu verhindern, werden vor allem durch gänzlich subjektive Empfindungen in identitätspolitischen Fragen (und nur zu einem sehr geringen Teil durch ökonomische Anliegen) umgetrieben. Welchen Eindruck sie von der politischen Lage haben, hat fast nichts mit objektiv messbaren Parametern zu tun. *Der mit Abstand wichtigste Faktor, um diese Wählergruppe wieder an die Volksparteien zu binden, ist also die politische Kommunikation der Volksparteien in identitätspolitischen Fragen (Außen-, Europa- und Migrationspolitik).* In den letzten Jahrzehnten ist dies schon oft gelungen. Gerade seit den 1990ern gibt es mehrere Beispiele, in denen konservative Wählerschichten durch *Bürgerliche Kompromisse* von Reformen in der Europa-, Außen- oder Migrationspolitik überzeugt werden konnten und bei den Volksparteien blieben. Genau das müssen unsere Volksparteien nun wiederholen.

Die nachlassende Wählerbindung an die Volksparteien und die damit einhergehende größere Volatilität von Wählern wird oft als etwas Bedauerliches beschrieben. De facto ist es aber so, dass Volksparteien nicht etwa Opfer dieses Prozesses sind, sie können ihn ebenso wirkmächtig zu ihren

Gunsten steuern. Denn je mehr der öffentliche Diskussionsraum für Wahlentscheidungen an Bedeutung gewinnt, desto mächtiger ist der, der in diesem Raum die Agenda setzen kann. Und das sind immer noch die Volksparteien. Sie können durch Kommunikationsstrategien Themen aufwerten oder weniger bedeutsam erscheinen lassen. Sie können den Eindruck erwecken, sich besonders heftig zu streiten, oder nur eine kleine Meinungsverschiedenheit zu haben. Sie können durch wenige Interviews den Wählern vor dem Einschlafen ein gutes oder schlechtes Gefühl geben. Und all dies hat mit dem, was in Wirklichkeit passiert, eher wenig zu tun. *Was wir de facto in diesen Jahren beobachten, ist daher ein massiv wachsender kommunikativer Gestaltungsspielraum von CDU/CSU und SPD!*

Die zentrale Aufgabe für unsere Volksparteien lautet daher, Strategien zu entwickeln, die die 55 Prozent der Wähler, die Veränderung und Globalisierung eher als Chance sehen, mit den 45 Prozent zusammenzuführen, die Wandel und Globalisierung eher als Bedrohung wahrnehmen. Die *Bürgerlichen Kompromisse* der letzten Jahrzehnte haben exakt dieses Kunststück vollbracht. Wenn unsere Volksparteien so das Vertrauen von AfD-Sympathisanten wiedergewinnen, können unsere Spitzenpolitiker verhindern, dass dieses Land das verliert, was es stark machte. *Wer stattdessen möglichst laut für progressive Werte trommelt und alles Konservative verachtet, wird dadurch keinen AfD-Wähler zurückgewinnen. Er wird sogar das Gegenteil erreichen – er wird die AfD stärken und somit die Prozesse wahrscheinlicher machen, die er eigentlich verhindern will.* Es wären also progressive Pyrrhussiege. *Wir brauchen stattdessen eine hochempathische Kommunikationsstrategie gegenüber den 45 Prozent der globalisierungsskeptischen Wähler in Deutschland.* Nur mit solch einer Strategie können wir eine Gesellschaft schaffen, die Minderheitenrechte achtet, sozialen Frieden und Wohlstand erhält und vermehrt und die eine verantwortungsvolle Außenpolitik betreibt.

An den nationalen Debatten der nächsten Jahre wird sich die Zukunft kommender Generationen entscheiden. Und das gilt für jedes Gespräch: sei es auf der Bundespressekonferenz in Berlin, in abendlichen Fernsehtalkshows und vor allem in jeder Unterhaltung, in der Sie, lieber Leser, eine tragende Rolle einnehmen. Dieses Buch möchte aufzeigen, wie unsere Spitzenpolitiker, aber auch gerade Sie als Staatsbürger, Deutschlands Zukunft positiv mitgestalten können.

Und nun?

Wenn Sie dazu die Frage, wie gerade konservative Wähler zu ihren Wahlentscheidungen gelangen, noch genauer beleuchten möchten, kann ich Ihnen *The Righteous Mind* von Jonathan Haidt und – wenngleich deutlich wissenschaftlicher geschrieben – *The Authoritarian Dynamic* von Karen Stenner empfehlen.

Unberührt von der Frage, ob Sie sich eher als progressiver Globalisierungsfreund oder eher als konservativer Globalisierungsskeptiker empfinden, möchte ich Ihnen einen Gedanken für den nächsten politischen Schlagabtausch mit auf den Weg geben: Der Ursprung fast aller unserer politischen Entscheidungen und Äußerungen sind prägende Lebenserfahrungen und unser Wunsch, das zu bewahren, was der eigenen Identität und unseren Werten am nächsten kommt. Wenn also Progressive und Konservative glauben, sie wären Lichtjahre voneinander entfernt, ist dies falsch. Es ist de facto genau umgekehrt: sie sind sich eigentlich ziemlich ähnlich. Beide reagieren auf sehr eindringliche

Lebenserfahrungen und wollen das schützen, was ihnen emotionalen Halt gibt.

Ich weiß, dass man bei weitem nicht mit jedem politisch diskutieren kann; aber versuchen Sie doch bei der nächsten Debatte auf Argumente vollständig zu verzichten, sondern stattdessen herauszukriegen, warum für Ihr Gegenüber ein Thema so emotional aufgeladen ist. Was sind die Erfahrungen, die Emotionen, die Sorgen und die Wünsche, die Ihren Gesprächspartner zu einer bestimmten politischen Position verleiten? Wenn Sie nur das herauskriegen, ohne die politische Meinung Ihres Gegenübers auch nur einen Millimeter zu verändern, haben Sie Großes erreicht: Ihr Widerpart wird Sie von nun an mit deutlich positiveren Augen sehen, da Sie sich wirklich darum bemüht haben, ihn oder sie zu verstehen. Das ist die Grundlage für eine vielleicht viel spätere Einigung in einer politischen Debatte. Wenn Sie das schaffen, haben Sie vielen Politikern in Berlin einiges voraus. Wie wir überhaupt erst in diese verfahrene Lage kamen, ist das Thema des nächsten Kapitels.

2
Die fundamentale Neuordnung westlicher Parteipolitik

> »*Nehmen Sie die Menschen, wie sie sind, andere gibt's nicht.*« (Konrad Adenauer)

Der Wunsch nach Anerkennung

Die 55 Prozent der eher progressiven Globalisierungsfreunde, die Wandel positiv sehen, und die 45 Prozent der eher konservativen Globalisierungsgegner, die Stabilität schätzen, verstanden sich bis vor wenigen Jahren ziemlich gut. Denn CDU/CSU und SPD konnten beide Wählergruppen in ihren damals noch stattlichen Wahlergebnissen vereinigen. Um zu verstehen, was sich seitdem verändert hat, braucht man kein jahrelanges Studium der Politikwissenschaften. Ein wenig Lebenserfahrung genügt. Jeder, der schon mal einen guten Freund hatte, verliebt war, eine Familie hat, weiß aus eigener Erfahrung, was die Beziehungen von Parteien und Wählern im Innersten zusammenhält: Der Wunsch nach *Anerkennung*. So gut wie jede Studie, die sich mit der Psychologie von Wahlentscheidungen beschäftigt, kommt zu diesem Schluss.[1] Wenn man sich der gegenseitigen Anerkennung sicher ist, ist alles im grünen Bereich; oftmals sogar im rosaroten. Wenn diese aber ausbleibt, kommt zuweilen das Schlechteste in uns zum Vorschein: Bitterkeit, Neid und Hass, unter Umständen Gewalt.

Von gegenseitiger Anerkennung kann in der deutschen Politik gerade kaum die Rede sein: Bei der Bundestagswahl 2017 wurden die Volksparteien CDU/CSU und SPD von den Wählern in ungekannter Weise abgestraft. Haben 1990 noch 60,2 Prozent aller Wahlberechtigen den beiden großen Parteien ihre Stimme gegeben, so waren es im September 2017 nur noch 40,7 Prozent (Stimmenanteil CDU/CSU plus SPD multipliziert mit der Wahlbeteiligung). Zwar wuchsen im gleichen Zeitraum die Parlamentssitze für Grüne, FDP und Linkspartei. Aber ihren Zweitstimmenanteil konnten diese drei Parteien zwischen 1994 und 2017 nur von 10 auf 13,5 Millionen steigern. Im gleichen Zeitraum verloren die CDU/CSU und die SPD aber über 10 Millionen Wähler. Die meisten Deutschen, die sich von den beiden Volksparteien abwandten, gingen also nicht zur Linkspartei, den Grünen oder zur FDP, sondern einfach nicht mehr wählen. Somit haben die beiden Volksparteien binnen gut zwanzig Jahren ein Drittel ihrer Wähler verloren, ohne dass bis 2017 eine andere Partei nennenswert davon hätte profitieren können. *Die schwindende Unterstützung der Volksparteien, die durch Gewinne von Grünen, FDP und Linkspartei nicht kompensiert werden, sind daher ein Zeichen der beginnenden Entfremdung der Wähler von den aktuellen Spitzenpolitikern und Meinungsmachern in ihrer Gesamtheit.* Würde ein Traditionsunternehmen so schnell mehr als 30 Prozent seiner Kunden verlieren, würde es wahrscheinlich Bankrott gehen.

Viele Wähler verweigern ihren etablierten Politikern also die Anerkennung. Die 12,6 Prozent der Alternative für Deutschland (AfD) zeigen, dass viele Bundesbürger die Nase von ihren Volksparteien gestrichen voll haben. Denn die AfD wurde nicht gewählt, da man ihr zutraut, drängende Probleme zu lösen. Selbst bei ihrem Hauptthema – Migration und Flüchtlinge – trauen (je nach Umfrage) nur 6 bis 8 Prozent der Deutschen der AfD überzeugende Lösungen zu. In der Wirtschafts- und Sozialpolitik sprechen die deutschen Wähler der AfD sogar jegliche Kompetenz ab.[2] Etwa die Hälfte der AfD-Wähler drückt also mit ihrem Kreuzchen ihre Enttäuschung über die Migrationspolitik der Bundesregierung aus. Auch die andere Hälfte wählt die AfD *nicht*, weil sie von ihrem Programm überzeugt wäre. Diese will ihre Unzufriedenheit mit den anderen Parteien zum Ausdruck bringen. Die Denkweise dieser Sympathisanten der AfD geht so: »Wenn die Volksparteien die AfD brandmarken, ist meine Stimme für die AfD umso mehr das ideale Vehikel, um meine *Unzufriedenheit* über diese auszudrücken. Der Feind meines Feindes ist mein bester Freund!«

Wir haben es also hier mit einem höchst emotionalen, höchst menschlichen Phänomen zu tun. Soziale Beziehungen, die von tiefen Emotionen geprägt sind, funktionieren nicht anders. Sich zurückgesetzt fühlende Beziehungsgefährten oder enttäuschte Kinder nehmen zuweilen eine vergleichbare Haltung ein: Wenn ihnen ihr Partner keine Blumen mehr und nicht ausreichend Zuneigung schenken will, flirten sie mit dem Arbeitskollegen und erzählen das beiläufig beim Abendessen. Und wie oft versuchen Kinder Aufmerksamkeit von ihren Eltern zu erhalten, indem sie ganz bewusst unerwünschte Verwandte oder Orte aufsuchen? Oftmals ist es aber so, dass der sich vernachlässigt fühlende Partner oder die enttäuschten Kinder keineswegs einen neuen Lebensabschnittsgefährten oder neue Eltern suchen. Stattdessen wollen sie, dass die Menschen, mit denen sie zusammenleben, sich mehr um sie kümmern. Wir haben es hier also mit unerfüllten Wünschen und vor allem der Enttäuschung über diese Nichterfüllung zu tun. Und damit diese Nichterfüllung richtig schmerzt, muss sie von jemandem ausgehen, von dem man sich erhoffen konnte, dass sie/er uns erhört. Wenn Sie zum Beispiel am

Valentinstag vom Busfahrer keine Blumen bekommen, sind Sie nicht verärgert. Wenn das aber Ihr jahrelanger Lebensgefährte vergisst, dann schon.

Soziologen beobachten in westlichen Gesellschaften seit Jahren eine sogenannte gesteigerte Erwartungshaltung. Wir erwarten immer mehr vom Leben, da wir über die Medien und die Werbung tagtäglich vorgeführt bekommen, was theoretisch alles möglich wäre. Und da diese Erwartungen natürlich kaum erfüllt werden können, tritt leicht ein permanentes Gefühl des Zu-kurz-Kommens ein. Somit fühlen sich viele Bürger alleingelassen, sie fühlen sich nicht verstanden und somit sozial isoliert.

Dadurch nimmt das Zusammengehörigkeitsgefühl innerhalb der Gesellschaft rapide ab. Der Soziologe Heinz Bude beschreibt eindrücklich, wie eine globalisierte, digitalisierte und individualisierte Gesellschaft sich immer weniger an gemeinschaftsdefinierende Normen und Autoritäten gebunden fühlt. Die Anerkennung von Individuen untereinander und ein bindendes Gemeinschaftsgefühl muss unter solchen Umständen viel bewusster und immer wieder aufs Neue geschaffen werden. Bleibt dies aus, entsteht sehr leicht ein Gefühl der mangelnden Anerkennung und Wertschätzung.[3]

Dieser soziologische Mechanismus hat mit Parteipolitik erstmal wenig zu tun. Doch er könnte gut erklären, warum Bürger, die sich im Privaten wenig gehört fühlen, besonders sensibel und auch aggressiv reagieren, wenn sie glauben, auch politisch nicht gehört zu werden. Vielleicht war vor einigen Jahrzehnten die Enttäuschung über mangelnde Anerkennung durch politische Entscheider nicht kleiner. Aber man war darüber weniger empört, da man sich der Anerkennung im privaten Raum sicher war, sei es durch die Einbindung in der Großfamilie, dem Sportverein, den Kirchen, den

Gewerkschaften und so weiter. Im Jahr 2018 hingegen scheint es Wählergruppen zu geben, deren Empfindung von mangelnder Anerkennung im Privaten und Politischen in eine aggressive Trotzreaktion mündet: »Nie hört mir einer zu! Jetzt reicht es, denen werde ich es jetzt aber zeigen!« Und dies umschreibt zumindest die Stimmungslage jener Hälfte AfD-Wähler sehr gut, die keinen konkreten Grund dafür angeben können, warum sie den Rechtspopulisten ihre Stimme geben, außer dem »allgemeinen Protest gegen die da oben«. *Sie wählen also nicht die AfD, sondern sie wählen vor allem nicht die anderen.* Der Wahlerfolg der AfD ist kein Sieg eines überzeugenden politischen Programms. Er ist ein *Symptom der Entfremdung* zwischen den Bürgern und den Volksparteien und eine *Projektionsfläche für enttäuschte Wählerhoffnungen*.

Dieses Buch über die Entfremdung zwischen den deutschen Volksparteien und ihren Wählern wird daher von etwas allzu Menschlichem handeln: *dem Wunsch nach Anerkennung*, oder besser: von einem Teufelskreis. Resignierte Wähler gehen einfach nicht mehr zur Wahlurne, wütende zur AfD. Resignierte Politiker der Volksparteien versuchen gar nicht mehr, die sich abwendenden Wähler zu verstehen, wütende beschimpfen sie sogar. Diese Kombination entfremdet beide Seiten immer mehr.

Wer kennt diesen Teufelskreis nicht? Es ist das Gefühl, das auftritt, wenn eine große Leidenschaft, eine große Zuneigung ins Gegenteil umschlägt: in Missgunst, in Neid, manchmal gar in blanke Aggression. Oder, um im Bild zu bleiben: in einen großen Familienkrach, einen massiven Streit mit einem guten Freund oder in eine Trennung. Dann herrscht eine große Enttäuschung darüber, dass an die Stelle von einstmals großen Gemeinsamkeiten nun so viel Trennendes getreten ist. Das Verhältnis zwischen den deutschen Volksparteien und ihren Wählern im Jahr 2018 ist gut vergleichbar mit der Stimmung am Abendbrottisch nach einem großen Familienstreit. Denn Bundespolitik und Familien haben sehr viel gemeinsam: Erstens, beide sind an einen Ort gebunden – Deutschland oder der Familienwohnsitz –, es gibt also kein Entkommen. Zweitens, beide sind von einem Zugehörigkeitsgefühl getragen – einer nationalen Identität oder der Familienbande. Drittens gibt es hierarchische Beziehungen, aber auch Druckmittel der Rangniederen: Eltern haben mehr Macht als ihre Kinder, aber Letztere können den Eltern das Leben zur Hölle machen; genauso haben Politiker mehr Macht als die einfachen Bürger, die sie jedoch abwählen können. Und viertens ist das Zusammenleben in beiden Gruppen – im Land und in der Familie – getragen von Empfindungen und Emotionen. Es geht weniger darum, was ist, sondern wie es sich anfühlt. Wie kam es also nun zu unserem deutschen Familienkrach?

Es gibt nur subjektive Wahrheiten

Anerkennung, Zuneigung auf der einen Seite und Missgunst und Hass auf der anderen Seite basieren also auch für Wähler, die mit der AfD sympathisieren, sehr wenig auf dem, was *wirklich* ist. Sondern fast ausschließlich darauf, was sie *glauben*, was ist. So wie wir im Privaten auf unser Gefühl vertrauen und viel seltener hochkomplexe Fakten abwägen, agieren die meisten von uns auch im Politischen. Die Sympathien und Abneigungen gerade dieser Globalisierungsskeptiker gegenüber politischen Fragen (zum Beispiel gegenüber einer Rentenreform) oder Spitzenpolitikern (zum Beispiel gegenüber Angela Merkel) beruhen vor allem auf ihrem Bauchgefühl. So beurteilen Wähler ihre wirtschaftliche Lage nicht danach, dass sie ihr Haushaltsbuch der letzten zehn Jahre durchforsten und dann eine kritische Bilanz ziehen. Sie hören auf ihren Bauch: »Habe ich gerade eine gute Meinung von Spitzenpolitikern, wenn ich an meinen Job, mein Bankkonto und meine Altersvorsorge denke, oder nicht?«

Die realen Umstände als solche sind dabei nicht entscheidend, sondern wie sie interpretiert werden. Theoretisch müsste der entfristete Gutverdiener ja eine positive Meinung von der Spitzenpolitik haben, der befristete Leiharbeiter nicht. Aber dem ist nicht so. Es gibt Bürger mit sehr niedrigem Einkommen, die aus Überzeugung SPD wählen, und viele AfD-Wähler, die sich um ihre ökonomische Zukunft keine Gedanken machen müssen. Denn der entscheidende Punkt ist, wie man seine eigene Lage *politisch interpretiert*. Wenn ich zum Beispiel ein geringes Einkommen habe, kann ich trotzdem davon überzeugt sein, dass die SPD oder die CDU/CSU meine Sorgen verstehen oder mich deren Politik vielleicht erst wieder in Arbeit gebracht hat oder bald auf eine bessere Stelle befördern wird. Und wenn ich ein sehr hohes Einkommen habe, das vielleicht sogar seit Jahren kontinuierlich steigt, kann ich dennoch zu dem Schluss kommen, dass das nicht wegen, sondern trotz der Volksparteien geschehen ist. So könnte man beispielsweise denken, dass man ohne Angela Merkel an der Regierung noch viel mehr verdienen würde oder dass man bald viel weniger verdienen werde, weil ihre Politik unser Land in den Graben fährt. Oder mir sind die ganzen Gedanken zu meiner ökonomischen Lage weniger wichtig, da ich gerade andere Themen als viel dringlicher erachte. Das sind die Gründe, warum Wähler unterschiedlichster Einkommensgruppen für die AfD stimmen.

Das gleiche Muster zeigt sich in der Flüchtlingspolitik. Die gestiegenen Flüchtlingszahlen sind die notwendige Bedingung dafür, dass sich Wähler von der Bundesregierung abwenden. Aber die hinreichenden Bedingungen – das, was den Ausschlag gibt – ist nicht das, was real passiert, sondern wie der Wähler die Flüchtlingspolitik *politisch interpretiert*. Es ist den meisten herzlich egal, wie viele Migranten Hochschulabschlüsse haben oder welche Arten von Zuwanderung das Grundgesetz und die Bundesgesetze unterscheiden. Entscheidend ist: Fühlt es sich für Sie, lieber Leser, gut oder schlecht an, dass seit 2015 circa eine Million mehr Menschen in diesem Land leben, oder nicht? Fühlt es sich gut oder schlecht an, dass in Ihrer Nachbarschaft eine Flüchtlingsunterkunft steht? Denn was passiert, ist nur der Hintergrund, vor dem wir denken und empfinden.

Nehmen wir ein deutliches Beispiel: In einer Nachbarschaft steht eine Flüchtlingsunterkunft, vor der sich jeden Abend mehrere Männer auf Arabisch streiten und regelmäßig die Polizei vorbeikommen muss, um diesen Streit zu schlichten. Diese Situation kann man vollkommen unterschiedlich interpretieren. Der eine hat ein hohes Staatsvertrauen und eine multikulturelle Ader und denkt: »Es wird noch ein bisschen dauern, bis sich die Jungs hier zurechtgefunden haben, und die Polizei ist ja auch immer da, da kann nichts passieren.« Ein eher konservativer Wähler, dessen Vertrauen in die Rechtsstaatlichkeit schon angeknackst ist, wird hingegen denken: »Sodom und Gomorrha! Nicht mal die Polizei schafft es, diese Jungspunde zu bändigen. Da haben wir uns also eine Million testosterongeladene Probleme ins Land geholt!« *Entscheidend ist also nicht die reale Situation, sondern wie unser Bauchgefühl uns diese reale Situation politisch interpretieren lässt.*

Ob sich dieses Bauchgefühl dann auf politische Entscheidungen niederschlägt, hängt davon ab, ob jemand meint, dass unsere Politiker einen guten Job machen oder eben nicht – vorausgesetzt, er geht davon aus, dass unsere Politiker tatsächlich Einfluss auf diesen Sachverhalt hatten. Es regt sich zwar die halbe Nation fürchterlich darüber auf, dass unsere Fußball-Nationalmannschaft in der Vorrunde einer Weltmeisterschaft ausscheidet, aber niemand würde dafür die Grünen verantwortlich machen. (Obwohl, vielleicht einige in der AfD schon, aber dazu kommen wir später.)

Ob Bürger für ein Problem oder auch eine Lösung Politiker verantwortlich machen, richtet sich danach, wie sie deren Verhalten *beurteilen*. Und diese Meinung bilden sie sich ausgehend von Berichten in den *Medien*. Das klingt fürchterlich banal, ist aber ein ungeheuerlicher Vorgang: Es bedeutet nämlich, dass die meisten Wähler Politiker kaum nach dem beurteilen, was sie *wirklich* tun – sondern nach dem, was über sie berichtet wird. Das ist der erste Filter. Darüber hinaus beurteilen sie diese nicht nur allein nach dem, was in den Medien über sie steht, sondern passen diese Berichte in ein Bild ein, das sie schon *vorher* hatten. Das ist der zweite Filter. Diesen Vorgang hat der Soziologe Niklas Luhmann ausführlich beschrieben.[4] Er betont, dass der Sender einer Nachricht (der Politiker) eigentlich kaum Einfluss darauf hat, wie sie beim Empfänger (dem Wähler) ankommt. Unter anderem können die Medien und das Bauchgefühl des Wählers eine politische Aussage massiv verzerren.

Ein Beispiel: Wenn der ehemalige Außenminister Sigmar Gabriel (SPD) für einen Ausgleich mit Putins Russland wirbt, schreibt die progressive *taz* vielleicht lobend darüber. Die konservative *FAZ* zerpflückt seine Idee. Und jeder Leser von einem dieser Artikel wird sich zudem auch eine eigene Meinung zu Herrn Gabriel gebildet haben, die mit Putin gar nichts zu tun hat. Der eine mag ihn für einen überzeugenden Instinktpolitiker halten, dem er so oder so vertraut; der andere sieht in ihm einen sprunghaften Flegel, dem er nicht mal ein Butterbrötchen abkaufen würde. Die Frage, wie ein Wähler zu einer außenpolitischen Initiative steht, hängt also von Faktoren ab, die mit Außenpolitik gar nichts zu tun haben. Doch welche Faktoren entscheiden darüber, ob »Instinktwähler« ein positives oder negatives Bild von Politikern und ihren Entscheidungen haben?

Wie sieht eine Politik aus, die sich AfD-Sympathisanten wünschen?

Die globalisierungsskeptischen Wähler, die mit der AfD sympathisieren, haben eine hohe Meinung von Autoritäten. Sie sind gerne bereit, ihnen Macht und Privilegien zuzubilligen – solange sie nur das Gefühl haben, dass Politiker verstehen, was sie umtreibt, und dass diese daran arbeiten, ihre Probleme zu beseitigen. Das ist der Prozess, den der ehemalige SPD-Vorsitzende Kurt Beck beschrieben hat als »nah dran sein bei de Leut'«.

Gute Beispiele hierfür sind der ökonomische Aufschwung des letzten Jahrzehnts, den viele Bürger mit der aktuellen Bundesregierung verbinden, oder die bessere Vereinbarkeit von Familie und Beruf durch das Elterngeld. Wenn die Finanzplanung zu Hause einfacher wird und Eltern mehr Zeit für ihre Kinder haben, stellt sich rasch der Eindruck ein: »Mir und meiner Familie geht es heute besser und die Bundesregierung hat einen Anteil daran.«

Wenn Bürger Politiker mit Maßnahmen verbinden, die sich positiv auf ihren Alltag und vor allem ihre Gefühlslage auswirken, strahlt das aus auf andere Bereiche, die eher abstrakt sind, zum Beispiel auf die Eurozonenpolitik. Der ehemalige Bundesfinanzminister Wolfgang Schäuble (CDU) genoss in der deutschen Bevölkerung nicht deswegen so großes Vertrauen, weil er während der Eurokrise die komplexen Sachverhalte zwischen Europäischer Zentralbank, internationalen Kreditgebern und nationalen Finanzministerien so gut erklären konnte. Nein, Schäuble hatte die Wiedervereinigung gemanagt und zum ersten Mal seit den 1960er Jahren einen Bundeshaushalt ohne Neuverschuldung vorgelegt. So jemand steht natürlich für die Verteidigung des nationalen Interesses und unserer Ersparnisse. Er löst daher gerade bei konservativen Wählern behagliche Gefühle aus und konnte bei vielen globalisierungsskeptischen Wählern so viele Vorschusslorbeeren einsammeln, dass sie sich bezüglich der Eurozonenpolitik dachten: »Der Schäuble wird sich sicher nicht von den Griechen über den Tisch ziehen lassen!«

Wie dann das Ergebnis von langwierigen Verhandlungen mit der griechischen Regierung faktisch aussah, war zweitrangig, denn die deutschen Leitmedien schrieben stets unisono, dass Schäuble sich durchgesetzt habe. So kam für viele Bürger schnell ein Bauchgefühl (»Schäuble – guter Mann!«) zusammen mit einem Medientenor (»Den Griechen haben wir es aber gezeigt!«). Das bescherte der Eurozonenpolitik der Bundesregierung hohe Zustimmungswerte. Was tatsächlich verhandelt wurde – nämlich ein Ausgleich zwischen nordeuropäischen und südeuropäischen Interessen, der beiden Seiten große Kompromisse aufzwang –, interessierte nur die Wähler, die vor allem an Fakten interessiert sind. Sie, lieber Leser, werden nun denken: »Ja genau, gut informierte Leute wie ich!« Ich werde Ihnen aber hoffentlich nicht zu nahe treten, wenn ich annehme, dass Sie – genau wie ich – nicht genau wissen, wie die europäischen Stabilisierungsmaßnahmen funktionieren, die während der letzten Jahre installiert wurden.

Vielleicht gehören daher auch Sie, lieber Leser, zu den Wählern, die ihre politische Entscheidung nicht nur im Kopf treffen, sondern auch ihrem Bauchgefühl ein gehöriges Mitspracherecht einräumen. Damit wären Sie in immer größerer Gesellschaft. Das Gros der Bundesbürger war 2015 schwer von Schäuble überzeugt – Fachbegriffe hin oder her. Denn es gab eine perfekte Kombination aus Wählernachfrage, nicht nur aus globalisierungsskeptischer Perspektive (»Regelt das mit Griechenland, aber lasst es nicht zu teuer werden«), und politischem Angebot (Schlagzeile in allen Gazetten: »Bundesfinanzminister Wolfgang Schäuble verteidigt deutsche Ersparnisse«). Das ermöglichte jedoch ein gutes Verhältnis gerade zwischen globalisierungsskeptischen Regierten und den Regierenden.

Fachleute (oder die, die sich für solche halten) sprechen dann davon, dass das *Playbook*, das *Timing* und das *Framing* einer politischen Botschaft gut waren, denn die *Medienresonanz* unterstreicht die *Issue-Kompetenz* des Politikers. Auf gut Deutsch kann man es aber auch einfacher haben: Damit globalisierungsskeptische Wähler, die mit der AfD sympathisieren könnten, das Gefühl haben, dass ihre Nachfrage (Problemlösung) mit einem überzeugenden Angebot (wirksame politische Maßnahmen) beantwortet wird, ist es weniger entscheidend, *was wirklich passiert*, sondern *wer was wann sagt* und *wer wann wie darüber berichtet*. Das Verhältnis zwischen vielen Regierten und Regierenden entscheidet sich kaum an dem, was unsere Spitzenpolitiker *wirklich tun*. Es liegt vielmehr daran, was die Wähler *glauben*, was »die da oben« tun. Und das wiederum hängt zum Großteil von dem ab, was die Medien wie über sie berichten.

Die Vorteile einer Wirtschaftskrise

Bis Mitte der 2000er Jahre lief dieser Prozess sehr oft genauso ab, wie im Schäuble-Beispiel beschrieben. Insbesondere die globalisierungsskeptischen Wähler sahen sich und ihre Sorgen bei den deutschen Spitzenpolitikern gut aufgehoben.

Was in den Medien über die politischen Debatten berichtet wurde, vermittelte den Wählern den Eindruck, dass die deutschen Spitzenpolitiker die Sorgen und Nöte der Bürger verstanden. Dann passierten zwei Dinge, die unseren Blick auf die Parteipolitik radikal veränderten: der ökonomische *Aufschwung* und die damit einhergehenden sinkenden Arbeitslosenzahlen sowie der Beginn der Großen Koalitionen aus CDU/CSU und SPD ab 2005.

Auf den ersten Blick sind gute ökonomische Kenndaten positive Neuigkeiten und eine Große Koalition per se nichts Schlechtes. Und doch, beides in Kombination ist die Grundlage der Entfremdung zwischen globalisierungsskeptischen Wählern und Spitzenpolitikern, die wir in diesen Jahren beobachten. Das klingt so paradox, dass es sich lohnt zu wiederholen: *Der ökonomische Aufschwung der letzten zehn Jahre ist die zentrale Voraussetzung für die Entfremdung zwischen Regierenden und vielen Regierten!* Freilich gab es auch noch andere Faktoren, aber die guten Wirtschaftsdaten nehmen eine Schlüsselrolle ein. Wie das? Finden es die Leute nicht gut, dass es der Wirtschaft nun deutlich besser geht als noch in den 1990er Jahren?

Die politische Mechanik, die hier wirkt, ist etwas komplexer, aber lassen Sie es mich Stück für Stück erklären: Bis Mitte der 2000er war die politische Debatte geprägt von einer jahrelangen Rezession, die am Ende des Wiedervereinigungsbooms 1993 ihren Anfang genommen hatte. In diesem Jahrzehnt rangen die CDU/CSU und die SPD um politische Mehrheiten, um Deutschland aus seiner ökonomischen Krise zu führen. Und wie! Die Leidenschaft und Aggression, mit der sich CDU/CSU und SPD in herzlicher Abneigung verbunden waren, ist heute kaum mehr vorstellbar. In Talkshows, Bundestagsdebatten und Leitartikeln warfen sie sich gegenseitig vor, das Land vor die Wand zu fahren.

Denken Sie nur an den Wahlkampf 2002. Neben der Debatte über den Irakkrieg bestimmte die Frage die Kampagnen, wer das Land nun aus der ökonomischen Malaise führen könne: die Regierung Schröder/Fischer, die damit in den Wahlkampf zog, die Hartz-Reformen umzusetzen, oder Edmund Stoiber (CSU), der sein prosperierendes Bayern als Blaupause für ganz Deutschland präsentierte. Oder der Wahlkampf 2005, als die SPD sich als ökonomische Reformpartei darstellte und sich bemühte, die Hartz-Reformen als Erfolg zu verkaufen; die CDU/CSU hingegen machte Wahlkampf mit dem vielleicht wirtschaftsfreundlichsten Wahlprogramm aller Zeiten, dem Leipziger Programm von 2003. Umsetzen sollte dieses Programm der Finanzexperte Paul Kirchhof, den die CDU-Spitzenkandidatin Angela Merkel zum Finanzminister machen wollte. Gerhard Schröder verspottete diese Personalie, indem er bei Wahlkampfauftritten gönnerhaft-despektierlich vom »Professor aus Heidelberg« sprach, der wohl glaube, er könne Politik besser als die Politiker.

Man kann sich das im Jahr 2018 nach all den Jahren des ununterbrochenen Wirtschaftswachstums kaum mehr vorstellen, aber 2005 gaben 90 Prozent der Wähler an, dass Arbeitslosigkeit das zentrale politische Problem der Bundesrepublik Deutschland sei. 90 Prozent! Selbst 2010 waren es noch 40 Prozent. 2018 ist davon nichts mehr zu spüren – in diesem Jahr glauben nur noch etwa 5 Prozent, dass Arbeitslosigkeit eine zentrale politische Herausforderung darstellt. Von 1993 bis 2010 – also fast zwanzig Jahre lang – drehten sich die deutschen Debatten fast ausschließlich darum, wie man endlich wieder so viel Wirtschaftswachstum erzeugen könne, dass die Arbeitslosigkeit sinkt. Und in diesen zwanzig Jahren schaffte es keine rechtspopulistische Partei in Deutschland, Fuß zu fassen. Und das ist kein Zufall! *Rechts-*

populisten können mit ihrem Wahlprogramm, das allein auf Identitätspolitik ausgerichtet ist, kaum punkten, wenn sich das ganze Land permanent und ausschließlich über Sozial- und Wirtschaftspolitik streitet.

Bis zum Beginn der Großen Koalition 2005 standen sich CDU/CSU und SPD in herzlicher Abneigung gegenüber, leidenschaftlich wurde um jeden Millimeter in der Sozial- und Wirtschaftspolitik gerungen. »Deutschland braucht mehr Gerechtigkeit!« (SPD), »Damit Deutschland stark bleibt!« (CDU), »Neue Männer braucht das Land!« (SPD), »Blühende Landschaften nur mit uns!« (CDU), »Wir tun was für Deutschland!« (SPD), »Mehr aus Deutschland machen!« (CDU), »Wer Arbeit schaffen will, braucht Mut für Reformen!« (SPD), »Anpacken für den Aufschwung!« (CSU), »Kraftvoll, mutig, menschlich!« (SPD), »Eine neuer Anfang!« (CDU). So lauteten einige Slogans der Wahlkämpfe 1998, 2002 und 2005.

Bundespolitik war ein Spektakel wie ein Länderspiel zwischen den Niederlanden und Deutschland. Bei der Bundestagswahl 2005 lag die CDU dann nur knapp vor der SPD, aber da es für andere Koalitionen keine Mehrheiten gab, probierte man sich an der ersten Großen Koalition seit 1969. Und mit der Großen Koalition und dem zaghaften Wirtschaftswachstum begann abzuebben, was die deutsche Politik geprägt hatte: die harte politische Auseinandersetzung zwischen CDU/CSU und der SPD über ökonomische Reformen. Solange beide Volksparteien sich so leidenschaftlich gegenüberstanden, waren die Deutschen leicht davon zu überzeugen, dass die Politik ganz nahe am Wähler dran war – schließlich dominierten ökonomische Probleme den Alltag. Entweder war man selbst von Arbeitslosigkeit betroffen oder arbeitete in einem Umfeld, das von Rationalisierungen, Entlassungen und Lohnkürzungen geprägt war.

Die großen Parteien hatten auch unterschiedliche Standpunkte in gesellschaftspolitischen Fragen, zum Beispiel bezüglich der Ehe für alle oder dem Einbürgerungsrecht. Aber für die Wahlentscheidung spielte es kaum eine Rolle, ob der schwule Nachbar heiraten durfte, wenn man sich seit Jahren Sorgen um seinen Job machte. Wer wäre für eine progressive Einbürgerungspraxis auf die Straße gegangen, wenn die Staatsverschuldung jedes Jahr um 40 Milliarden Euro ansteigt? Kurz gesagt: Dafür war keine Zeit. Die aktuellen Debatten über identitätspolitische Themen sind in diesem Lichte betrachtet also Luxusprobleme, die sich ein Land im wahrsten Sinne des Wortes erst einmal leisten können muss. *Obwohl es dem Land ökonomisch nicht gut ging, waren der leidenschaftliche parteipolitische Streit über diese sozial- und wirtschaftspolitischen Probleme ein Hauptgrund dafür, dass sich die Bürger bei den Volksparteien gut aufgehoben fühlten.*

Je öfter die Medien über eine Polemik zwischen Roland Koch, Friedrich Merz oder Edmund Stoiber auf Unionsseite und Gerhard Schröder, Franz Müntefering und Peer Steinbrück bei den Sozialdemokraten berichteten, desto besser. Jedermann war klar, dass die Wählernachfrage (mehr Wirtschaftswachstum und Arbeitsplätze) auf sehr leidenschaftlich beworbene Angebote (unterschiedliche Lösungsvorschläge der Volksparteien) traf.

Der heftige Streit zwischen den beiden Volksparteien in Wirtschaftsfragen brachte noch zwei weitere positive Aspekte mit sich: Erstens, wenn sich die Spitzenpolitiker wie die Kesselflicker übers Geld stritten, konnte kaum der Eindruck entstehen, dass »die da oben« gemeinsame Sache machten. Zweitens, je lautstärker man über ökonomische Fragen aneinandergeriet, desto mehr drängte dies andere politische Fragen in den Hintergrund. Zwar hatten viele Bundesbürger auch vor fünfzehn Jahren eine klare Meinung zur Migrationspolitik, aber die war einfach nicht wahlentscheidend. Es gab auch damals schon rechtspopulistische Parteien, die versuchten, sich über das Migrationsthema zu profilieren, aber das Thema lockte niemanden hinter dem Ofen hervor. Der Tenor vieler Bürger war: »Integrationsprobleme und Zuwanderungsgesetze sind schön und gut, aber lasst uns doch erst einmal die Wirtschaft wieder in Gang bringen.« Der permanente Parteienstreit über die Sozial- und Wirtschaftspolitik unterstrich die Themen-Kompetenz der Volksparteien. Es war ein sich selbst verstärkender Prozess. Viele Wähler dachten sich: »Worüber streiten sich die Großen dauernd? Ah, das Thema, bei dem ich ihnen am meisten vertraue. Also wähle ich eine von beiden.«

Der Beginn der Großen Koalitionen im Jahr 2005

Mit dem Beginn des Wirtschaftsaufschwungs und dem Nachlassen der leidenschaftlichen Konflikte zwischen CDU/CSU und SPD in der Großen Koalition von 2005 bis 2009 verschob sich die politische Kultur in Richtung Konsens. Als 2009 eine schwarz-gelbe Regierung antrat, bestand wieder die Aussicht, zur gewohnten Polarisierung über ökonomische Fragen zurückzugelangen. Doch der FDP gelang es nicht, klare sozial- und wirtschaftspolitische Akzente zu setzen, die breite Bevölkerungsschichten hätten ansprechen können. Die sogenannte Hotelsteuer galt als eine der wenigen klaren Duftmarken der FDP, und diese nutzte nur einigen wenigen. Die Liberalen wurden von vielen Wählern nicht als Impulsgeber für die gesamte Wirtschaft, sondern als Lobbyverein wahrgenommen. Sie straften die FDP daher in der Bundestagswahl 2013 auch mit einem historisch schlechten Ergebnis ab: Die FDP scheiterte mit 4,8 Prozent der Stimmen erstmals an der 5-Prozent-Hürde und verpasste den Bundestagseinzug. Es wurde erneut eine Große Koalition gebildet.

Die Chancen auf eine neuerliche Polarisierung von ökonomischen Fragen über die FDP war also dahin. Theoretisch hätte die CDU/CSU nun den Konflikt mit der SPD suchen können. Doch die Bundeskanzlerin Angela Merkel schien auf das Gegenteil aus zu sein. Das Schlagwort der »asymmetrischen Demobilisierung« machte die Runde. Der Plan der CDU war, auf große politische Kontroversen zu verzichten, mit der die SPD ihre eigenen Wähler hätte mobilisieren können. Wenn sichergestellt wäre, dass die Unions-Kernwähler zur Wahl gingen, die SPD-Sympathisanten aber zu Hause blieben, würde die CDU jede Wahl gewinnen. Und da die CDU mit der Bundeskanzlerin auch noch eine der beliebtesten Politiker in ihren Reihen hatte, konnten sogar neue Wählerschichten erschlossen werden. Diese Strategie musste so lange aufgehen, wie die SPD kein Mobilisierungsthema fand. Also war es ein Hauptziel der CDU, Konflikte mit der SPD möglichst lange vor Wahlkämpfen auszuräumen. Und der SPD ist *bis zum heutigen Tag* kein probates Mittel gegen diese Strategie eingefallen. Wie gegen eine Regierungschefin und eine Regierungspolitik polarisieren, mit der man annähernd reibungslos zusammenarbeitet?

Der Preis für die Wahlerfolge der CDU

Die Wahlkampferfolge der CDU von 2009 bis 2017 belegen, dass diese Strategie der »asymmetrischen Demobilisierung« jahrelang aufging. Aber der Preis war hoch: Mehr und mehr Wähler sahen keinen Grund mehr, zur Wahl zu gehen. Es standen ja immer weniger alternative Programme zur Abstimmung, für die zu votieren sich lohnte. Gingen 2005 – dem letzten polarisierten Wahlkampf zwischen CDU/CSU und SPD – noch 77,7 Prozent der Wahlberechtigten zur Bundestagswahl, waren es 2009 nur noch 70,8 Prozent und 2013 auch nur 71,5 Prozent. Die Wahlbeteiligung schmolz also um glatte 10 Prozent derjenigen, die noch 2005 zur Wahl gegangen waren – von 48 Millionen Menschen 2005 auf nur noch 44 Millionen 2013.

Diese Werte legen nahe, dass vier Millionen Wähler – das ist die Größenordnung der Bevölkerung Berlins – das Gefühl hatten, dass sich die Politiker nicht mehr für ihre Alltagsbelange engagierten. Denn wenn sie eine emotionale Verbindung zwischen ihren Sorgen und Nöten und den politischen Lösungsvorschlägen gesehen hätten, wären sie zur Wahl gegangen. *Ein gutes Verhältnis zwischen Wählern und Volksparteien wird also nicht allein durch gute Wahlergebnisse für CDU/CSU und SPD belegt, sondern nur in Verbindung mit einer hohen Wahlbeteiligung.* Es ist kein Wunder, dass mit dem Aufkommen der Protestpartei AfD im Frühling 2013 die Wahlbeteiligung bei der Bundestagswahl 2013 bereits zaghaft und dann 2017 stark anstieg: 2009 sah die geringste Wahlbeteiligung aller Zeiten mit 70,8 Prozent. 2013 stieg sie leicht auf 71,5, dann 2017 sprunghaft auf 76,2 Prozent. 2017 gaben fast drei Millionen mehr Wähler eine gültige Stimme ab als 2009!

Und die AfD profitiert am meisten von den vormaligen Nichtwählern: Von den 5,9 Millionen Wählern der AfD 2017 gingen 1,5 Millionen 2013 nicht an die Urnen. Das entspricht unglaublichen 25 Prozent. Wenn wir die Gesundheit einer Demokratie allein an der Wahlbeteiligung messen, kann man die AfD als Vitamin-Spritze für die deutsche Demokratie betrachten. Der Anteil gewesener Nichtwähler bei der SPD beträgt 15 Prozent, bei CDU/CSU 13 Prozent. Wenn aber

SPD- oder CDU-nahe Kommentatoren darauf verweisen, dass die AfD nicht ihr Problem sei, da viele AfD-Stimmen von ehemaligen Nichtwählern kämen, so ist das Quatsch. Diese sind ja keine Erstwähler, sondern Bürger, die vormals für andere Parteien gestimmt haben. *Viele der Nichtwähler, die jetzt AfD stark machen, haben vormals mit hoher Wahrscheinlichkeit für CDU/CSU oder die SPD gestimmt.*

Um zu erkennen, wie viele Wähler von den Volksparteien zur AfD wechseln, müssen wir das Gros der ehemaligen Nichtwähler 2017 (sagen wir zwei Drittel, da gut zwei Drittel der Bundesbürger mit der CDU/CSU und SPD sympathisieren) mit denjenigen, die direkt von CDU/CSU und SPD übergelaufen sind, zusammenrechnen. Und auf diese Zahl müssen wir dann noch ein Drittel der Wähler draufpacken, die 2013 schon AfD wählten – diese kamen nämlich auch von CDU/CSU und SPD.[5] Oder wir rechnen umgekehrt aus dem AfD-Wählerblock 2017 die Erstwähler, vormalige Sympathisanten der FDP, Grünen, Linkspartei, Unterstützer anderer Kleinparteien und zwei Drittel ihrer Wähler von 2013 heraus. So kommen wir auf einen Wert von circa 50 Prozent der AfD-Wähler, die zu einem früheren Zeitpunkt für die CDU/CSU oder die SPD gestimmt haben müssen.[6] *Die AfD rekrutiert sich daher massiv aus ehemaligen Wählern der beiden Volksparteien.* Die andere Hälfte sind dann in der Tat Bürger, die niemals wählen gingen oder vorher für die Grünen, die FDP, die Linkspartei, die Republikaner oder die NPD stimmten. Da diese Gruppen sehr heterogen sind, kann über den Blumenstrauß an Motivationen, der diese Bürger zur AfD führte, nur spekuliert werden. Entscheidend ist aber, dass die mit Abstand größte Wählerwanderung von den Volksparteien hin zur AfD stattfindet. Diese Wählerwanderung ist bei weitem nicht der einzige Grund, der die AfD erstarken lässt. Aber er ist der mit Abstand wichtigste.

Mit dem Ende der Polarisierung in Sozial- und Wirtschaftspolitik zwischen CDU/CSU und SPD und dem beginnenden Wirtschaftswachstum Mitte der 2000er Jahre endete das gute Verhältnis zwischen den deutschen Wählern und ihren Volksparteien. *So paradox es klingen mag, ökonomische Probleme und der daraus entstehende leidenschaftliche Konflikt zwischen den Volksparteien können ein Lebenselixier für eine gesunde Demokratie sein.* Mit dem Beginn der Großen Koalitionen und der »asymmetrischen Demobilisierung« der CDU ab 2005 begannen viele Wähler zu zweifeln, ob die in Berlin sich wirklich noch für die alltäglichen Belange *aller* Bürger interessierten. Exakt dieses Unbehagen ist der Grund, warum Jahre später viele Wähler ein offenes Ohr für die Elitenkritik der AfD haben würden.

Eine Initialzündung: die Sarrazin-Debatte 2010/11

Es brauchte nur noch ein Thema, an dem sich diese Elitenkritik konkret festmachen konnte. Und dieses Thema trat mit der sogenannten Sarrazin-Debatte auf. In dem Buch *Deutschland schafft sich ab* stellt der ehemalige Bundesbanker und Berliner Finanzsenator Thilo Sarrazin (SPD) einige steile Thesen über die vermeintlich gescheiterte Integration von Zuwanderern zur Diskussion.[7] Unter anderem behauptet er, dass Zuwanderer nicht ebenso leistungswillig wie Deutsche seien und Zuwanderung daher den Kern der deutschen Volkswirtschaft bedrohe. Angesichts des totalen Mangels an sonstigen politischen Konfliktthemen konnte dieses Buch monatelang die Schlagzeilen bestimmen.

Die Kanzlerin bezeichnete das Buch zwar als »nicht hilfreich«, gestand aber, es nicht gelesen zu haben. Der damalige SPD-Vorsitzende Sigmar Gabriel legte Sarrazin den Partei-

Austritt nahe, drängte ihn aber auch nicht, als dieser sich weigerte. Durch das große Medienecho und die verhaltene Reaktion der Volksparteien entstand der Eindruck in der Bevölkerung, dass das Migrationsthema durchaus eine zentrale Herausforderung sei, die großen Volksparteien darüber aber eigentlich nicht reden wollten. Mit Erstaunen nahmen auch manche konservative Kommentatoren wahr, dass es in den Volksparteien kaum mehr klare Befürworter von Sarrazins Thesen gab. Da die CDU/CSU noch beim Zustandekommen des Zuwanderungsgesetzes zwischen dem damaligen Bundesinnenminister Otto Schily (SPD) und dem bayerischen Innenminister Günther Beckstein (CSU) 2004 gegen die doppelte Staatsbürgerschaft und gegen Zuwanderung mobilgemacht hatte, waren vor allem Unionsanhänger irritiert.

Für globalisierungskritische Wähler stellte sich die bange Frage, ob CDU/CSU und SPD sich darüber im Klaren waren, dass weite Teile der Bevölkerung Sarrazins Thesen zur Migration durchaus einiges abgewinnen konnten. Und wieder lag dies nicht an realen politischen Handlungen, sondern daran, wie sich Politiker zu einem Thema in den Medien *verhielten*. Wie CDU/CSU und SPD mit der Sarrazin-Debatte umgingen – und nicht etwa mit konkreten etwaigen Gesetzen, die daraus entstanden –, definierte, inwieweit die Wähler den beiden Volksparteien in den nächsten Migrationsdebatten vertrauen würden.

Von Sarrazins Buch wurden bis 2012, als die Debatte abebbte, sage und schreibe 1,5 Millionen Exemplare verkauft. Dies ist der größte Verkaufserfolg eines Sachbuches seit Jahrzehnten. Man kann dies als eine massive Unterstützung seiner Thesen durch Teile der Bevölkerung interpretieren. Und doch stellte sich kein Spitzenpolitiker auch nur andeutungsweise an Sarrazins Seite. Viele Bürger fragten sich nun noch deutlicher: Stehen CDU/CSU und SPD eigentlich noch auf der Seite ihrer Wähler oder ihnen gemeinsam gegenüber?

Zuerst stritt man sich kaum mehr ums Geld. Das ließ die Wähler zweifeln, ob die Spitzenpolitiker sich noch mit den ökonomischen Sorgen der Menschen beschäftigten. Dann waren die in Berlin auffällig oft einer Meinung, was den Eindruck begünstigte, dass sie gemeinsame Sache machten. Drittens redete keiner mehr über Sozial- und Wirtschaftspolitik, was es den Volksparteien erlaubt hätte, ihre Kernkompetenzen ins Schaufenster zu stellen. Und nun, viertens, ergriff niemand Partei für Sarrazins Thesen, die doch so vielen Wählern scheinbar einleuchteten. Ab 2012 gab es einige Anlässe zu vermuten, dass die Spitzen der Volksparteien den Kontakt zu einem sehr großen Bevölkerungsteil verloren hatten.

Das wachsende Unbehagen in einigen Wählerschichten gegenüber der vermeintlichen Entrücktheit unserer Spitzenpolitiker sollte sich an der Zuwanderungsfrage entzünden. Laut Forschungsgruppe Wahlen empfanden während des

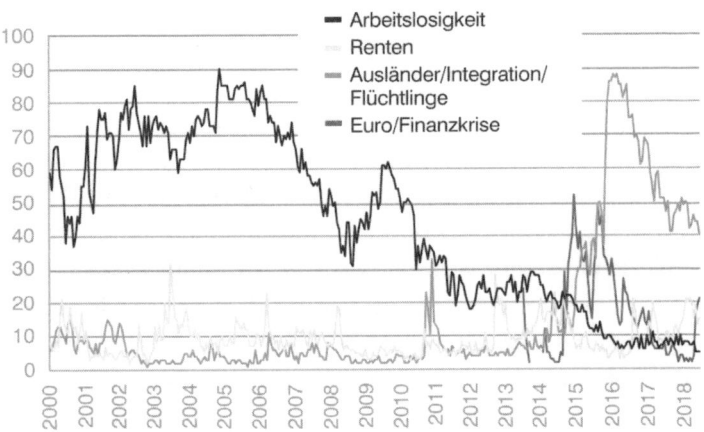

Wichtige Probleme in Deutschland (seit 01/2000)

Quelle: Forschungsgruppe Wahlen, Politbarometer, angelehnt an deren Grafik, 23.07.2018

Wahlkampfes 2005 noch 70 Prozent der Wähler Arbeitslosigkeit als drängendstes Problem, 2009 immerhin noch 50 Prozent. 2013 herrschte zum ersten Mal seit langem ein Themenpluralismus: Jeweils circa 25 Prozent betrachteten Rentenfragen und die Arbeitslosigkeit als wahlentscheidendes Thema. 2017 – dem Jahr, als der Bundestagseinzug der AfD die politische Landschaft auf den Kopf stellte – war die Lage eine gänzlich andere: Die Hälfte der Wähler empfanden Migrationsthemen als wahlentscheidend! Das Thema Zuwanderung wurde der Punkt, an dem sich die Entfremdung zwischen vielen globalisierungskritischen Wählern und ihren Volksparteien festmachte.

Die Büchse der Pandora: Globalisierung

Bedauerlicherweise wird zumeist erst dann diskutiert, was eine Nation zusammenhält, wenn sie vermeintlich von außen bedroht wird. Die großen Debatten über die deutsche Identität finden weniger in Sommern mit großen Fußballturnieren statt, sondern wenn wir uns mit Forderungen der Europäischen Union oder Herausforderungen der Migrationsgesetzgebung beschäftigen müssen. Und hier zeigt sich dann bei vielen Wählern eine große Sehnsucht nach nationaler Selbstvergewisserung durch klare Abgrenzung gegenüber außen, sei es die EU oder Migranten.[8]

Bis zu Sarrazins *Deutschland schafft sich ab* waren derartige Debatten im vereinigten Deutschland von drei Faktoren geprägt: Erstens von leidenschaftlichen Debatten über ökonomische Themen. Zweitens gab es bis in die 2000er Jahre hinein starke konservative Flügel in beiden Volksparteien. Jene kamen am Stammtisch in Dortmund und Mannheim (SPD) oder den sächsischen und bayerischen Kleinstädten (CDU und CSU) sehr gut an. Die CDU verlor aber im Laufe der Modernisierung unter Angela Merkel den Kontakt zu diesen Wählerschichten. Gleiches gilt für die SPD, über die der Parteienforscher Franz Walter schreibt, sie sei zu einer »Honoratiorenpartei« aus progressiven Intellektuellen und finanziell gut abgesicherten Beamten geworden, die den Kontakt zu ihrer weniger wohlhabenden und deutlich konservativeren Wählerbasis verloren hat.[9] Drittens blieb Deutschland lange von massiven Integrationsproblemen wie etwa in Frankreich oder von islamistischen Terrorangriffen verschont. Das Migrations- und Integrationsthema wurde daher nicht mit derartig heißer Nadel gestrickt wie etwa in den USA oder bei unseren Nachbarn im Westen. Wolfgang Schäuble hatte nicht unrecht, als er im Zuge der Flüchtlingsdebatte 2015 von »unserem Rendezvous mit der Globalisierung« sprach.

Zwar ist die deutsche Volkswirtschaft eine der weltweit am stärksten vernetzten, aber von den negativen Folgen der Globalisierung blieb die Berliner Republik lange Zeit verschont. Um bei der Metapher zu bleiben, trafen sich bei diesem Rendezvous 2015 zum ersten Mal die alte Tante Bundesrepublik und der quietschfidele Onkel Globalisierung zum Tanz. Ein bisschen spät, aber immerhin.

Die Sarrazin-Debatte fand in einem Land statt, das so gut wie keine anderen politischen Streitthemen mehr kannte und in dem gerade globalisierungsskeptische Wähler immer mehr Zweifel an der Bürgernähe ihrer Spitzenpolitiker hatten. Das erklärt, warum nur ein Buch ausreichte, damit zum Jahreswechsel 2010/11 40 Prozent der Bundesbürger angaben, dass Migration und Integration das zentrale politische Problem der Berliner Republik sei. Diese enorme Diskursmacht eines einzelnen Autors und das entsprechende Medienecho waren nur möglich, weil der notwendige Raum für diese Debatte mehr als reichlich vorhanden war.

Diese Umfragedaten waren die Vorboten dessen, was dem Land noch bevorstand: *Das Migrationsthema war der weiße Elefant im Zimmer, über den keiner reden wollte.* Spätestens hier wurde sichtbar: Ohne die Dominanz von sozial- und wirtschaftspolitischen Themen, ohne starke konservative Flügel in den Volksparteien und mit einer Bevölkerung, die sich mehr und mehr darüber klar wurde, dass die Globalisierung nicht nur Vorteile mit sich brachte, könnte das Immigrationsthema eine *Sollbruchstelle* im Verhältnis zwischen konservativen Wählern und immer progressiveren Volksparteien sein. *Wenn leidenschaftlicher Streit über ökonomische Fragen der Kitt zwischen Regierenden und Regierten ist, kommt einer öffentlichkeitswirksamen Migrationsdebatte die Rolle der Brechstange zu.* Die Sarrazin-Debatte 2010/11 war ein Vorbote dafür, dass es den immer progressiveren Spitzenpolitikern sehr schwerfallen würde, konservative Wählerschichten in Migrationsfragen anzusprechen. Aber woher kommt diese gewaltige Mobilisierungskraft von Globalisierungsthemen?

Die Suche nach dem Pause-Knopf

Mit dem Thema Globalisierung verbinden viele Wähler ihre größten Sorgen und Hoffnungen. Globalisierung bedeutet eine verstärkte Vernetzung über nationale Grenzen hinweg. Vernetzt werden ökonomische Kreisläufe, Ideen und natürlich auch Menschen. Wichtig ist hier, dass es nicht nur die reale, direkt greifbare Vernetzung ist, die auf den Menschen einwirkt. Sondern vor allem die permanente, indirekte Präsenz des Weltgeschehens, das aus allen möglichen Quellen über das Smartphone im heimischen Schlafzimmer ankommt. *Die Digitalisierung in Form von Smartphones mit*

Internetzugang ist somit der Brandbeschleuniger einer als herausfordernd wahrgenommenen permanenten Weltnähe. Es fühlt sich so an, als sei die ganze Welt nur einen Fingerstreich entfernt.

Dies verändert radikal die *tatsächlichen* und *empfundenen* ökonomischen und kulturellen Rahmenbedingungen, in denen wir leben. Unternehmer aus Deutschland erwerben Rohstoffe aus Asien, um ihr Produkt dann in Südafrika zu verkaufen; unser Büronachbar ist Italiener; wir gehen abends beim Inder essen; die Bundeswehr befindet sich auf dem benachbarten Truppenübungsplatz im Manöver mit kanadischen Soldaten; unser Asylsystem beschäftigt sich nicht nur mit Menschen aus dem ehemaligen Jugoslawien, sondern auch aus Syrien oder Togo. *Und all das können wir binnen weniger Minuten mitbekommen – sei es vor Ort oder indirekt über Berichte auf unserem Smartphone. Diese immer dichtere und schnellere Vernetzung von Menschen und Ideen bedeutet für die Menschen vor allem sehr viel Stress.*

Die Dichte und Geschwindigkeit, mit der immer Neues auf uns einprasselt, hat in den vergangenen Jahren extrem zugenommen. Arbeitsweisen ändern sich, ganze Berufszweige verschwinden, unsere Nachbarschaft wird noch multikultureller, einstmals politische Unumstößlichkeiten, zum Beispiel die Ehe allein zwischen Mann und Frau, sind längst überholt. Das zu verarbeiten setzt Menschen unter einen enormen Anpassungsdruck. Gerade globalisierungsskeptische Wähler sehnen sich daher oft nach einer Auszeit in all dieser Hast, nach Verlangsamung, nach *Entschleunigung*.

Hartmut Rosa beschreibt in seinem wunderbaren Buch *Resonanz* eindrücklich, wie wir unter den enorm beschleunigten Kommunikationsströmen leiden.[10] Wir haben das Gefühl, dass wir keine Zeit haben und daher alles, was wir tun, zielorientiert und rational verwertbar sein muss. Und nach diesem Diktum organisieren wir dann auch unser Privatleben: Wir berechnen, planen weit voraus, rationalisieren und haben bei all dem natürlich das Gefühl, viel zu wenig Zeit zu haben. Das, so Rosa, verhindert, dass wir Zufriedenheit und Glück empfinden. Denn gerade in ungeplanten und vor allem ökonomisch nicht verwertbaren Tätigkeiten, in denen wir Zeit mit unseren Mitmenschen verbringen, können wir die Weltwirkung (er nennt es »Resonanz«) spüren, die uns zufrieden macht: beim Musizieren, beim gemeinsamen Sport, im Spiel mit den Kindern, bei manueller Arbeit oder künstlerischer Tätigkeit, beim Kochen und so weiter.

Noch dramatischer wirkt sich die extreme Beschleunigung der empfundenen Vermischung von unterschiedlichen Kulturen und Ideen aus. Viele Bürger haben das Gefühl, dass sich ihre direkte Lebensumwelt permanent und radikal wandelt. Sie haben Sorge, dass sie das, was ihnen Halt gibt, verlieren könnten. Sie sehnen sich nach Unverrückbarem. Und sie suchen nach dem Ort, der Zeit, in der sie sich nicht verändern müssen. In der sie einfach so sein können, wie sie wollen. Der Soziologe Zygmunt Bauman spricht hier von »negativer Freiheit«[11]: von dem Druck, *wählen zu müssen,* nicht *verweilen zu dürfen.* Die Wahlmöglichkeiten erscheinen nicht als Verheißungen, sondern als Bedrohungen. Denn sie werden wieder Energie kosten, wieder etwas Liebgewonnenes gefährden und sie bieten eine weitere Möglichkeit zu scheitern, den Überblick zu verlieren. Nicht nur viele globalisierungsskeptische Wähler denken daher: »Schon wieder habe ich einen neuen Kollegen – ich mochte doch den alten. Schon wieder muss ich ein neues Computerprogramm lernen – ich beherrsche doch das alte. Schon wieder zieht ein neues Geschäft gegenüber ein – ich brauchte doch das alte.« *Sie verspüren daher eine permanente Verlustangst.*

Gerade globalisierungsskeptische Wähler nehmen Veränderungen als etwas wahr, das von außen kommt, das man erdulden muss. Etwas, das man kaum kontrollieren kann. Sie fühlen sich oft als Objekt, nicht Subjekt ihres Lebens (Roger Willemsen).[12] Sie fühlen sich ausgeliefert – als seien sie Objekt des Handelns anderer, statt selbst zu handeln. Sie suchen nach Mitteln, um mit den wahrgenommenen und gefühlten rasenden Veränderungen (die einen realen Hintergrund haben *können*, aber nicht *müssen*) etwas besser zurechtzukommen. Sie suchen nach zwei Dingen: nach *Anerkennung* und *Bestätigung* dafür, dass sie auf dem richtigen Weg sind, und nach *Schutz* vor all diesen permanenten Veränderungen.

Der Wunsch nach nationalstaatlicher Steuerung

Und hier kommt die Politik ins Spiel. Denn gerade die globalisierungsskeptischen Wähler mit ihrer großen Achtung vor Autoritäten wünschen sich, dass ihnen die Spitzenpolitiker dann und wann auf die Schulter klopfen und ihre Mühen anerkennen. Und sie erwarten von diesen, dass sie das, was ihnen Halt und Sicherheit bietet, ebenfalls anerkennen, schützen und vor all dieser Hast bewahren: ihre Rückzugsräume, ihre Familie, ihre Freunde, ihre Traditionen. Sie erwarten von den Mächtigen, dass sie das, was diese Rückzugsräume bedroht, aufhalten oder diese erodierenden Prozesse zumindest so lange wie möglich hinauszögern. Denn sie wollen nicht Getriebene, sondern Handelnde sein. Nicht Objekt, sondern Subjekt der Geschehnisse. Sie wollen nicht Ohnmacht, sondern Gestaltungsspielraum spüren.

Und das geht am besten, indem der Staat Orte und vor allem Zeiträume schafft, in denen die Bürger zur Ruhe kommen können. *Der Staat soll die Pause-Taste drücken.* Pausen, um sich im Alltag um Familie, Freunde, Hobbys oder einfach um sich selbst zu kümmern. Eine Familienförderung, die mehr Zeit für Kinder erlaubt, ist hier das richtige Mittel. Sich mit massiven sozialen Veränderungen zu arrangieren, braucht ebenfalls Zeit. Indem der Staat die Zuwanderung so beschränkt, kontrolliert, organisiert, dass wir das Gefühl haben, dass wir diese unter Kontrolle haben. Gesetze zur Steuerung von Zuwanderung und Integration und eine zeitorientierte Familienförderung haben denselben Effekt: Beides drückt die Pause-Taste.

Die Wiedervereinigung als mahnendes Beispiel

Die deutschen Spitzenpolitiker haben sich an solch einer Aufgabe schon einmal die Zähne ausgebissen: an der Wiedervereinigung. Der massive Veränderungsdruck, den die Transformation von Planwirtschaft auf Marktwirtschaft in den neuen Bundesländern mit sich brachte, ging nach anfänglich großer Euphorie leider mit großen emotionalen Schmerzen für die Ostdeutschen einher. Viele von ihnen fühlten sich ohnmächtig, herumgeschubst, ohne jegliche Möglichkeit, Einfluss auf das zu nehmen, was um sie herum geschah. Der ehemalige Direktor der sächsischen Landeszentrale für politische Bildung, Frank Richter, beschreibt diesen Prozess in seinem Buch *Hört endlich zu* prägnant und zugänglich.[13] Was ihnen jahrzehntelang Halt gegeben hatte, kollabierte buchstäblich über Nacht. Und an seine Stelle trat die große Freiheit der marktwirtschaftlichen Demokratie. Ein oft vernommenes Credo dieser Zeit lautete: »Jeder ist seines Glückes Schmied. Mach also! Wenn das in Bonn und Hamburg klappt, sollte das doch in Rostock und Chemnitz auch kein Problem sein.«

Es gab aber mindestens vier Unterschiede zu den Westdeutschen: Erstens fehlte es vielen Ostdeutschen schlicht an der Übung, wie man in kapitalistischen Gesellschaften ein erfolgreiches Leben gestaltet. Zum Zweiten fehlte es an den günstigen ökonomischen Rahmenbedingungen, mit denen viele Westdeutsche aufgewachsen waren. Drittens wurden die neuen Mitbürger kaum um Mithilfe oder um ihre Meinung gebeten – die neuen Führungskräfte kamen ja alle aus Westdeutschland, und die DDR trat der BRD schlicht bei. Etwas neues Drittes zu schaffen war nicht vorgesehen. Und zu guter Letzt bekamen sie oft zu hören, wie undankbar sie eigentlich seien. Westdeutschland habe schließlich mehr als 1500 Milliarden Euro in die neuen Bundesländer transferiert. Viele Ostdeutsche, die Sorgen und Kritik äußerten, bekamen an den Kopf geworfen, sie hätten ja wohl den Schlag nicht gehört! 1500 Milliarden Euro!

Statt *Anerkennung* für die ungeheure Lebensleistung vieler Ostdeutscher, die sich über Nacht in ein neues Gesellschaftssystem integrierten, gab es also oftmals Unverständnis und Häme. Statt *Schutzräume* vor dem radikalen Wandel zu schaffen und Liebgewonnenes zu bewahren, kamen die Abrissbagger und die Treuhand. Viele Ostdeutsche reagierten darauf, indem sie eine Partei wählten, die ihnen die Anerkennung und den Schutz versprach, den manche in der ehemaligen DDR als behaglich empfunden hatten: die PDS, also die Nachfolgepartei der SED und spätere Linkspartei beziehungsweise Die Linke. Es verwundert kaum, dass nun auch die AfD im Osten ihre besten Wahlergebnisse einfährt.

Das Gefühl, raschem sozialem Wandel ausgeliefert zu sein und von westdeutschen Spitzenpolitikern keine Anerkennung zu erfahren, ist seit 1990 in Teilen Deutschlands weit verbreitet. Das »erste Rendezvous mit der Globalisierung« (Wolfang Schäuble) hatten im Zuge der Flüchtlingsdebatten

2015 daher wohl nicht die Deutschen, sondern – präzise formuliert – die *West*deutschen. Die Ostdeutschen hatten dieses Date bereits 25 Jahre vorher. Und es lief für viele nicht so gut.

Der Wahlkampfschlager Globalisierungsskepsis

Wie bereits mehrfach angesprochen, ist Globalisierungsskepsis in ganz Deutschland weit verbreitet. Laut jüngsten Studien der Bertelsmann-Stiftung sehen, wie erwähnt, 45 Prozent der Deutschen Globalisierung als Bedrohung an.[14] Eine andere Studie stellt fest, dass sich 39 Prozent der Bundesbürger gegen eine wachsende Pluralisierung unserer Gesellschaft aussprechen.[15] Laut der Forschungsgruppe Wahlen hielten es selbst während des Sommers 2015 – also bevor die kritischen Stimmen in der Flüchtlingspolitik laut wurden – 40 Prozent der Deutschen für falsch, so viele Migranten aufzunehmen. Und im Politbarometer im Mai 2018 unterstützten 63 Prozent die Forderungen der CSU, in der Flüchtlingspolitik deutlich restriktiver vorzugehen.[16] *Wenigstens 45 Prozent der Bundesbürger nehmen eine ablehnende Haltung zum Thema Globalisierung ein und wünschen sich starke Autoritäten – einen starken Staat, der den sozialen Wandel mit harter Hand organisiert.*

Das Thema Globalisierung trägt also eine so große Sprengkraft in sich, weil hier eine sehr erstzunehmende Wählergruppe ihre größten Sehnsüchte, Sorgen und Hoffnungen auf die Politik projiziert. *Und diese Bürger sind bereit, Politikern großzügig Blankoschecks auszustellen.* Ihre Denkweise geht so: »Wenn öffentliche Plätze mit Kameras überwacht werden müssen, um sie sicherer zu machen, dann sollt ihr sie aufbauen. Wenn ihr die Bürgerechte einschränken müsst, damit sich hier jeder an die Regeln hält, dann nur zu. Wenn die

Kann Deutschland die vielen Flüchtlinge verkraften?
(seit 04/2016)

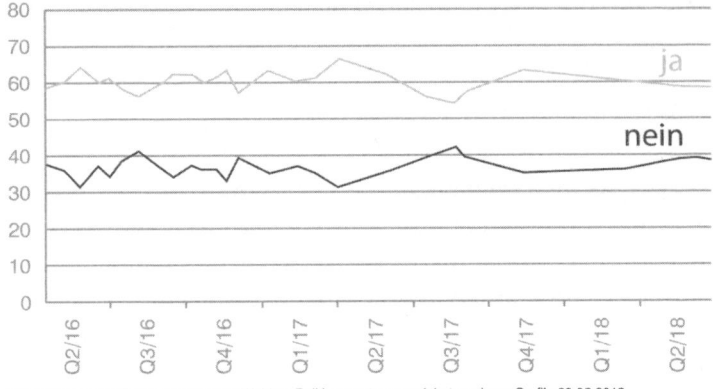

Quelle: Daten der Forschungsgruppe Wahlen, Politbarometer, angelehnt an deren Grafik, 29.06.2018

Polizei die Grenzen schließen muss, um ein geordnetes Asylverfahren zu ermöglichen, dann macht bitte. Wenn die Griechen die Eurozone auf den Kopf stellen wollen, dann werft sie raus. Wenn ihr die Bundeswehr braucht, um eine Region zu befrieden, aus der andauernd Flüchtlinge zu uns kommen, dann bitte sehr.« In unserem Rendezvous mit der Globalisierung ist der Einsatz enorm hoch – es geht um den Schutz all dessen, was uns lieb ist. Daher sind viele Bürger auch bereit, der Politik enorme Machtbefugnisse zuzusprechen, um all dies zu verteidigen. Sie setzen also enorme Hoffnungen in unsere Politiker. Wehe, wenn sie enttäuscht werden.

Der Umgang mit Globalisierungsfragen als Lackmustest der Politik

Wenn wir all diese Beobachtungen zusammentragen, hat die Globalisierung also einen paradoxen Effekt: *Auf der einen Seite wird der Nationalstaat weniger wichtig, da seine natio-*

nalen Grenzen ja permanent überwunden werden. Auf der anderen Seite suchen viele Bürger gerade in diesem Nationalstaat die Ordnungsinstanz, die die realen und vor allem empfundenen negativen Folgen des grenzenlosen Austausches abmildern soll![17]

Der alltägliche Dauerstress und der Wunsch nach klaren politischen Antworten für hochkomplexe Herausforderungen schafft ein Klima der »permanenten Überempfindlichkeit und Gereiztheit« (Heinz Bude).[18] In diesem Kontext wiegt es dann doppelt schwer, dass kaum andere politische Themen mehr diskutiert werden und die Zweifel an der Bürgernähe der Volksparteien wachsen. So beobachten viele globalisierungsskeptische Bürger mit Argusaugen, wie unsere Spitzenpolitiker auf die Herausforderungen der Globalisierung reagieren. Der Umgang mit Zuwanderungsfragen – *dem für viele Bürger greifbaren Symbol* der Schattenseite der Globalisierung[19] – wird so zum *Lackmustest* für das Verhältnis zwischen den Regierenden und den globalisierungsskeptischen Regierten.

Laut dem ehemaligen amerikanischen Präsidenten Theodore Roosevelt ist es die Aufgabe von strategisch besonnenen Staatslenkern, alle staatlichen Mittel dafür einzusetzen, den Bürgern die Angst zu nehmen. Die Daten über die Globalisierungssorgen der Deutschen bestätigen ihn: Sie wünschen sich Politiker, die *hochempathisch* auf ihre Empfindungen und Sorgen eingehen. Allerdings muss gerade hier wieder betont werden, dass es nicht nur eine Rolle spielt, was Politiker wirklich tun, sondern vor allem, was die Wähler *glauben*, was sie tun. Denn je emotionaler manche Wähler ein Thema sehen, je mehr es ihren persönlichen Lebensraum und ihre Identität betrifft, desto mehr wünschen sie sich *Empathie für ihre Sorgen*. Und je emotionaler das Thema und je unübersichtlicher die politische Lage, desto wichtiger die *Kom-*

munikationsstrategien der Politiker, die im öffentlichen Scheinwerferlicht stehen.[20]

Da Politiker natürlich nicht jedem besorgten Bundesbürger die Hand auf die Schulter legen können, wiegt das mediale Bild, das von Politikern geschaffen wird, umso schwerer. Entscheidend wird also für die globalisierungsskeptischen 45 Prozent der deutschen Wähler die Frage, ob die medialen Bilder reich an solchen Symbolen sind, wie sie sie suchen. Zeigen sich die Politiker empathisch, zum Beispiel, indem sie in Talkshows auf besorgte Bürger zugehen und ihnen zusprechen? Drücken die Politiker die Pause-Taste, zum Beispiel durch ein Gesetz zur Steuerung der Zuwanderung? Bewahren sie die Rückzugsräume, in der viele Entschleunigung suchen, zum Beispiel, indem sie liebgewonnenen Traditionen öffentlichkeitswirksam ihre Anerkennung ausdrücken? Zeigt der Staat seine Macht, um Recht und Ordnung durchzusetzen, zum Beispiel, indem er abgelehnte Asylbewerber mit Bundeswehrmaschinen ausfliegen lässt? Nutzen sie ihre Macht, um die nationale Identität zu bestätigen, zum Beispiel durch eine große Rede, die nationale Erfolge feiert? Erfüllen sie somit die großen Hoffnungen, die in sie gesetzt werden, zum Beispiel, indem sie einen großen Plan im nationalen Interesse umsetzen? Bei der Bundestagswahl 2017 gaben 12,6 Prozent der Wähler die klare Antwort: Nein, das tun sie nicht.

Der jahrelange Entfremdungsprozess zwischen den deutschen Wählern und ihren Volksparteien ist die Voraussetzung für den Wahlerfolg der AfD. Der Mangel an leidenschaftlichen ökonomischen Debatten zwischen CDU/CSU und SPD seit den 2000er Jahren sind die aufgetürmten Holzscheite; das progressive Lavieren der Volksparteien in der Sarrazin-Debatte 2010 der Brennspiritus; die in den Augen der globalisierungsskeptischen Wähler empathiefreie Kommunikation unserer Spitzenpolitiker in der Flüchtlingspolitik ab 2015 ist das lodernde Streichholz, das alles zum Brennen brachte. Was nun lichterloh in Flammen steht, ist die Parteiendemokratie der Berliner Republik.

Und nun?

Wir sehen in Deutschland gerade eine komplette Neuordnung der politischen Konflikte. Wir sehen eine Verschiebung weg von sozial- und wirtschaftspolitischen Themen hin zu identitätspolitischen Fragen. Daraus folgt, dass die Thesen und Gedanken, die Ihre persönlichen politischen Denkweisen in den letzten zwanzig Jahren bestimmten, vermutlich deutlich angepasst werden müssen. Denn vieles von dem, was Sie über Politik denken, entstammt vermutlich entweder den hoch politisierten ökonomischen Konflikten der 1970er bis 1990er Jahre oder der generell debattenarmen Bundespolitik der 2000er. Nun erleben wir aber gerade leidenschaftliche identitätspolitische Debatten. Und damit gehen größtenteils deutlich andere politische Mechanismen einher als die Ihnen wahrscheinlich bekannten. Drei Punkte könnte man versuchen, in der nächsten politischen Diskussion zu beherzigen: Erstens, Streit über ökonomische Fragen ist ein Lebenselixier der gesunden Parteipolitik, denn er bindet Wähler an die Volksparteien und verhindert, dass man sich stattdessen über die viel verletzendere Identitätspolitik in die Haare kriegt. Zweitens, die deutsche Bevölkerung ist in identitätspolitischen Fragen in zwei fast gleich große Lager gespalten. Es gibt ungefähr gleich viele Konservative wie Progressive. Drittens, die beiden Lager, die vermeintlich konträre Positionen in identitätspolitischen Fragen beziehen – Konservative und Progressive –, wollen in emotionaler Hinsicht das Gleiche: Anerkennung für ihre Werte und ihre Identität.

Unter allen Umständen sollten wir vermeiden, dass sich unsere Debatten so hochschaukeln, dass sich beide Lager in ideologischen Schützengräben gegenüberliegen. Denn wohin das führt, sehen wir gerade in den USA und Großbritannien. Daraus folgt, dass wir auf jeden Fall verhindern müssen, dass sich beide Lager noch mehr gegeneinander aufschaukeln. Wenn Ihnen die Zukunft Deutschlands am Herzen liegt, dann gehen Sie also nicht nur in den Verein für ein Multikulturelles Deutschland und Flüchtlingshilfe e.V. oder zu den Konservativen 2.0 oder den Freunden Deutschen Kulturgutes, sondern beschäftigen Sie sich exakt mit den Leuten und den Gruppen, die auf den ersten Blick nicht die gleiche politische Position haben wie Sie. Heben Sie nicht weiter Schützengräben aus, sondern legen Sie Holzplanken über die Gräben. Werden Sie *Brückenbauer.* Wie die deutsche Politik dies in der Vergangenheit schon oft geschafft hat, ist Thema des nächsten Kapitels.

3
Die empathische Wirkung des Bürgerlichen Kompromisses

*»Nicht die Taten bewegen die Menschen,
sondern die Worte über die Taten.«* (Heiner Geißler)

Die verpasste Chance

Deutschland hätte 2015 circa eine Million Flüchtlinge aufnehmen können, ohne dass eine rechtspopulistische Partei davon profitiert hätte. Der Bundestagseinzug der AfD wäre relativ leicht zu verhindern gewesen. Wie das? Wenn 45 Prozent der Bundesbürger Globalisierung und weitere Zuwanderung skeptisch sehen, erscheint es folgerichtig, dass die AfD im Zuge der Flüchtlingsdebatten 2015 ihren Durchbruch feiern konnte. Doch dem ist nicht so. Es gibt nämlich *so gut wie keinen* messbaren Zusammenhang zwischen dem, was wirklich passiert, und wie Wähler ihre Wahlentscheidungen treffen. Das ist so ungeheuerlich, dass es sich lohnt zu wiederholen: Wahlforscher finden fast keinen Zusammenhang zwischen realen politischen Begebenheiten, zum Beispiel verabschiedeten Gesetzen oder messbaren Wirtschaftsdaten, und Wahlergebnissen. Das gilt im besonderen Maße für rechte Anti-Immigrationsparteien wie die AfD. *Es gibt in ganz Europa keinen belastbaren Zusammenhang zwischen Zuwanderungszahlen, Integrationserfolgen oder Migrationsgesetzen und den Wahlerfolgen rechtspopulistischer Parteien.*[1]

Diese Erkenntnisse haben mich seinerzeit so irritiert, dass ich meine Promotion zu diesem Thema geschrieben habe. Dabei fand ich heraus: Ob rechtspopulistische Parteien an Zustimmung gewinnen, aber auch ob sie Wähler verlieren, hängt von der *öffentlichkeitswirksamen Kommunikation der anderen Parteien* ab. Entscheidend ist nicht die reale Zuwanderung oder die Integration von Migranten, *sondern wie die Volksparteien über diese Themen reden.*[2] Auf die Flüchtlingsdebatte angewandt, geht es somit so gut wie gar nicht um steigende Flüchtlingszahlen oder um die Integrationspolitik als solche. Es geht darum, wie die Bundesregierung aus CDU/CSU und SPD darüber in den Medien kommuniziert. Zu Beginn des Buches habe ich einen dreistufigen Prozess erläutert, der zu unseren Wahlentscheidungen führt. Am Anfang stehen politische Werte, die zu politischen Positionen hinleiten *können,* und diese wiederum *können* in Wahlentscheidungen enden. Um dieses doppelte »können«, das jeweils von den Volksparteien beeinflusst wird, geht es in diesem Kapitel. *Die AfD ist somit hochgradig abhängig von den politischen Kräften, die sie so verachtet: der SPD und noch viel mehr der CDU/CSU.*

Die massiv ansteigenden Flüchtlingszahlen 2015 ängstigten und verärgerten viele Bundesbürger hauptsächlich aus zwei Gründen: erstens, da die scheinbar unkontrollierte Zuwanderung in den Herbstmonaten des Jahres 2015 als eine nie gekannte Bedrohung der staatlichen Ordnung der Bundesrepublik interpretiert wurde. Das Schlagwort lautete »*Kontrollverlust*«. Und zweitens, da die circa eine Million Zuwanderer aus anderen Kulturkreisen als eine wuchtige Multikulturalisierung der Gesellschaft wahrgenommen wurde, welche die deutsche Nationalidentität in ungekanntem Ausmaß bedrohte. Das Schlagwort hier ist »*Identitätsverlust*«. Es geht also beständig um *Verlustangst.*

Es spricht zwar viel dafür, dass die staatlichen Organe im Herbst 2015 für einige Monate die Übersicht verloren. Und es ist mit Sicherheit so, dass die Aufnahme von circa einer Million Zugewanderter eine fundamentale Prüfung für die Integrationskapazität dieses Landes darstellte. Der entscheidende Punkt ist aber, dass beide Herausforderungen relativ wenig historisch Einzigartiges an sich hatten. Natürlich, exakt dieses Szenario gab es noch nicht. Aber deutsche Spitzenpolitiker waren während der letzten dreißig Jahre mehrmals mit Sorgen um den Erhalt staatlicher Ordnung und mit der Angst vor der Gefährdung der deutschen Nationalidentität konfrontiert. Immer dann, wenn Einfluss von außen als eine Bedrohung von Ordnungen und Traditionen wahrgenommen wird, sind globalisierungsskeptische Bürger stark verunsichert. *Jede leidenschaftliche, medienwirksame Debatte* über Europa oder Zuwanderung ist daher potenziell in der Lage, Wähler von Volksparteien zu Rechtspopulisten wandern zu lassen.[3]

Diese leidenschaftlichen Debatten sind der Moment, in dem Bürger ihre politischen Werte bedroht sehen und daraus politische Positionen ableiten können. Erst dann stellt sich aber die Frage, welcher Partei der Einzelne es am ehesten zutraut, seine politischen Positionen zu vertreten. Erst an diesem Punkt tut sich das Fenster für eine rechtspopulistische Partei auf. Erst jetzt könnten Wähler zu den Rechtspopulisten überlaufen. Aber CDU/CSU und SPD haben es mehrmals geschafft, das zu verhindern.

Deeskalierende Kommunikation

Politiker haben einen enormen Einfluss darauf, welche Probleme die Bürger als politische Herausforderungen wahrnehmen. Wahl- und Kommunikationsforscher sprechen dann davon, *die Agenda zu setzen*, neudeutsch *Agenda-Setting*. Das bedeutet nichts anderes, als dass Themen, über die Politiker besonders leidenschaftlich diskutieren, von den Wählern auch als relevant angesehen werden. Umgekehrt ist es so, dass Politiker Themen, die viele Bürger beschäftigen, auch totschweigen können.

Daraus folgt nicht, dass die Wähler ein Thema vergessen würden, das von den Parteien nicht aufgegriffen wird, aber es bedeutet, dass besagte Anliegen sich parteipolitisch weniger auswirken. Die Sarrazin-Debatte ist ein gutes Beispiel. Die Volksparteien gaben sich alle Mühe, das Thema abzuräumen, indem sie sich kaum dazu verhielten. Und in der Tat spielten die Themen Asyl und Zuwanderung bei der Bundestagswahl 2013 kaum eine Rolle, obwohl zum Jahreswechsel 2010/11 noch 40 Prozent der Bundesbürger angaben, dieser Themenkomplex sei hoch relevant.

Politiker können also nicht zwingend bestimmen, welche Themen die Bürger umtreiben. Aber in welchem Ausmaß ein Thema die Wahlentscheidungen der Bürger beeinflusst, das liegt zu großen Teilen am *Agenda-Setting* der Volksparteien.[4] Die öffentliche Kommunikation von Politikern hat darüber hinaus einen enormen Einfluss darauf, ob die Bürger ein Problem als gelöst oder ungelöst ansehen. Und genau hier liegt die *Sollbruchstelle* im Verhältnis zum Wähler. Entscheidend ist, ob die Volksparteien *den Eindruck vermitteln*, dass sie eine gute Lösung für ein europa- oder migrationspolitisches Problem gefunden haben. Hieran entscheidet sich der dritte und finale Schritt zur Wahlentscheidung: Nachdem politische Werte in einer öffentlichkeitswirksamen Debatte in politische Positionen übergegangen sind, entscheidet der Wähler, welcher Partei er sein Vertrauen ausspricht, einer etablierten oder einer rechtspopulistischen. CDU/CSU und SPD genossen in dieser Sache jahrzehntelang das Vertrauen der Wähler. Das kam nicht nur daher, dass beide Parteien einfach permanent sehr konservative Positionen eingenommen hätten. Nein, es ist einen Tick komplizierter.

Die Bundesrepublik ist spätestens seit dem Zuzug der Gastarbeiter in den 1960er Jahren ein Einwanderungsland und eine Gesellschaft, die mehr und mehr kulturelle Nuancen kannte. Zudem ist das Land seit den 1950er Jahren Kerngebiet des vereinten Europa. *Theoretisch könnte man also jeden Tag eine Grundsatzdebatte über Zuwanderung oder Europa vom Zaun brechen.* Damit dies aber den Wähler auch wirklich bewegt und diese darüber zu Rechtspopulisten abwandern, braucht es eine leidenschaftliche, medienwirksame Debatte. Nur wenn ein Thema wochenlang die Schlagzeilen bestimmt, kann es wahlentscheidend werden, erst dann wandern Wähler zu den Rechtspopulisten ab. Und diese Kontroverse wiederum muss von den großen Volksparteien ausgelöst werden, da sie weiterhin die einflussreichsten Agenda-Setter in Deutschland sind.

Aus Medienanalysen[5] können wir von 1990 bis zu den Flüchtlingsdebatten im Herbst 2015 vier leidenschaftliche Diskussionen über Zuwanderungs- und Europafragen destillieren. Und von keiner dieser vier Debatten konnten Rechtspopulisten nachhaltig profitieren. In der Asyldebatte 1992/93 fuhren die rechtspopulistischen Republikaner (REP) monatelang fast zweistellige Umfragewerte ein, bei der Bundestagswahl 1994 scheiterten sie aber deutlich an der 5-Prozent-Hürde. Auch im Zuge der Debatte über die Euroeinführung in den 1990er Jahren, die den Deutschen ihr Nationalsymbol schlechthin – ihre geliebte Deutsche Mark – nahm, konnte davon keine rechte Partei nennenswert profitieren. Während der Leitkultur- und Zuwanderungsdebatten zur Zeit der ersten rot-grünen Regierung 1998 bis 2002 kam in Hamburg zwar kurzzeitig die rechtspopulistische Schill-Partei auf, konnte sich aber bundespolitisch nicht ausbreiten. Und während der großen Debatten über die finanziellen Hilfen an Griechenland in der Eurokrise, die ihren Höhepunkt im Frühling 2015 erreichte, *verlor* die AfD zwischenzeitlich massiv an Zustimmung.

Bei keiner dieser vier Debatten hatten die deutschen Wähler also eine derart große *Verlustangst*, dass sie zu Rechtspopulisten gewandert wären. In allen vier Debatten gelang es CDU/CSU und SPD, der Angst vor *Kontroll- und Identitätsverlust* wirkmächtig entgegenzutreten. Dafür sind zwei Prozesse notwendig:[6] Erstens müssen die großen Parteien öffentlich betonen, dass sie eine *gute gemeinsame Lösung* für das leidenschaftlich diskutierte Migrations-/Europaproblem gefunden haben, die im nationalen Interesse liege. Da hiervon natürlich vor allem konservative Politiker überzeugt werden müssen, die wiederum selbst auf die Bürger besonders überzeugend wirken, ist dabei ein *medienwirksam verkündeter Bürgerlicher Kompromiss* vonnöten. Dieser *Bürgerliche Kompromiss* zeichnet sich dadurch aus, dass die Vorschläge von konservativen Politikern der beiden Volksparteien stammen, sowie durch die Ziehung einer symbolischen Grenze, welche die Gesellschaftszugehörigkeit klar definiert. Nach der öffentlichkeitswirksamen Kommunikation dieses *Bürgerlichen Kompromisses* müssen sich die Politiker zweitens *danach anderen Themen* zuwenden. Denn das verstärkt den Eindruck, dass das Migrations-/Europathema gelöst ist und es darüber nicht mehr viel zu sagen gibt.

Nun werden aufmerksame Leser zu Recht einwenden: »Ich dachte, zu viel Einigkeit in wirtschafts- und sozialpolitischen Fragen sei schlecht? Wieso ist denn Einigkeit in identitätspolitischen Themen (Europa-, Außen- und Migrationspolitik) dann auf einmal gut?« Wie schon angesprochen, unterscheiden sich die Logiken von ökonomischen und identitätspolitischen Debatten an einigen Punkten fundamental. Ein Beispiel: Studien, die parteipolitische Debatten über Jahrzehnte auswerten, zeigen, dass permanente Einigkeit zwischen den Volksparteien in der Wirtschafts- und Sozialpolitik skeptisch macht. Aber Einheit in identitätspolitischen Fragen goutiert der Wähler.[7]

Warum das so ist, lässt sich an Alltagsbeispielen illustrieren, indem man, wie schon weiter oben geschehen, die Bundespolitik mit einer Familienkonstellation vergleicht, mit den Spitzenpolitikern in einer Rolle, die den einflussreicheren Eltern nahekommt, und den Bürgern als weniger mächtigen, aber mit dem Wahlrecht ausgestatteten Kindern. Wenn sich die Eltern darüber streiten, wie viel Taschengeld das Kind bekommen soll, versteht das Kind, dass einer der beiden Eltern ihm mehr Geld geben will, und bevorzugt diesen Elternteil. Sein Vertrauen in das andere Elternteil ist deshalb aber nicht grundsätzlich erschüttert. So ist es auch in sozial- und wirtschaftspolitischen Debatten auf Bundesebene. Wenn das Kind aber Angst vor einem bellenden Hund hat und sich die Eltern darüber zerstreiten, wie mit der Angst des Kindes am besten umzugehen sei, kann das Kind das Vertrauen in beide Elternteile verlieren. Denn während sich beide Elternteile noch streiten, empfindet das Kind eine existenzielle Bedrohung und kann auch gegenüber dem Elternteil, das sich eigentlich auf die Seite des Kindes stellt, Vertrauen verlieren, wenn sich dieser nicht gegen den anderen Elternteil durchsetzen kann. Dies erklärt, warum ein identitätspolitischer Streit auf Bundesebene dazu führen *kann*, dass sich die Wähler von den Volksparteien abwenden. Die folgenden Beispiele werden diesen Mechanismus illustrieren.

Der Asylkompromiss 1992/93

Die ersten Monate im vereinten Deutschland waren geprägt von einem kurzzeitig recht weit verbreiteten nationalen Glücksgefühl, einem gewissen Wiedervereinigungsboom und einer stabilen Regierung:[8] Die schwarz-gelbe Koalition um den »Kanzler der Einheit« Helmut Kohl (CDU) und Außenminister Hans-Dietrich Genscher (FDP) fuhr 1990 einen grandiosen Wahlsieg ein. Bei einer Wahlbeteiligung von 77,8 Prozent erhielten die CDU/CSU 43,8 Prozent und die FDP 11,0 Prozent der Stimmen. Somit stimmten 42 Prozent aller Wahlberechtigten für das Duo Kohl/Genscher. Wie groß der Rückhalt dieser Koalition in der Bevölkerung war, zeigt der Vergleich zur aktuellen Großen (!) Koalition aus CDU/CSU und SPD: Sie wurde im September 2017 nur von 40,7 Prozent aller Wahlberechtigten gewählt. Das heißt, dass eine »normale Koalition« aus einer Volkspartei und einer Kleinpartei (CDU/CSU und FDP) vor knapp dreißig Jahren mehr Wählerunterstützung hatte als die aktuelle »Große Koalition« aus zwei Volksparteien (CDU/CSU und SPD).

Doch den Flitterwochen zwischen dem Regierungsduo Kohl/Genscher und den Wählern drohte ein jähes Ende: Der Bürgerkrieg im implodierenden Jugoslawien ließ die Flüchtlingszahlen ab 1991 spürbar ansteigen. Im Jahr 1992 verzeichnete Deutschland circa 400 000 Asylbewerber; davon kam ein Viertel aus dem zerfallenden Jugoslawien und ein weiteres Viertel aus Mittel- und Osteuropa. Laut OECD-Statistiken war dies die bis zu diesem Zeitpunkt höchste je gemessene Pro-Kopf-Einwanderung in eine westliche Demokratie. Kein anderes demokratisches Land hatte bis zu diesem Zeitpunkt in Friedenszeiten so schnell so viele Flüchtlinge aufgenommen wie Deutschland in den frühen 1990er Jahren.

Die Wucht und Dringlichkeit der Asylfrage war also durchaus vergleichbar mit der aktuellen Lage in der Berliner Republik. Zwar ging es nicht um circa eine Million Flüchtlinge wie 2015/16, aber damals war Deutschland mit den Folgen der Wiedervereinigung beschäftigt und die Bevölkerung war noch deutlich skeptischer gegenüber Zuwanderung eingestellt als heute. Durch die Thematisierung der Asylfrage in vielen Wahlkämpfen der 1980er und 1990er Jahre glich die Bundesrepublik mittlerweile einem Pulverfass. Die Angriffe auf die Asylbewerberheime in Mölln, Solingen und Rostock-Lichtenhagen zeigen dies. Diese Mordanschläge Rechtsextremer gelten als schreckliche Beispiele staatlichen Kontrollverlustes.[9]

So verwundert es wenig, dass die CDU/CSU 1990 ein Anliegen zurück auf die politische Agenda brachte, das schon Mitte der 1980er diskutiert worden, durch die Wiedervereinigung aber in den Hintergrund geraten war: eine Grundgesetzänderung zur massiven Einschränkung der Möglichkeiten, in Deutschland Asyl zu beantragen. Diese Maßnahme sollte die Flüchtlingszahlen deutlich reduzieren. Zu eben dieser Grundgesetzänderung brauchte es aber eine Zwei-Drittel-Mehrheit im Bundestag. Das war ohne die SPD nicht zu machen. Diese sperrte sich vehement. Die Debatte darüber zog sich fast zwei Jahre hin und führte zum Aufstieg der rechtspopulistischen Republikaner (REP), die 1992 und 1993 in bundesweiten Umfragen stets die 5-Prozent-Hürde übertrafen und im April 1992 mit 10,9 Prozent in den Landtag von Baden-Württemberg einzogen. Mitte des Jahres 1992 nahm der Druck auf die Bundes-SPD zu, der Grundgesetzänderung zuzustimmen. Insbesondere der SPD-Städtetag und v. a. der damalige SPD-Oberbürgermeister von Mannheim (heute eine AfD-Hochburg) betonten, dass die kommunalen Integrationskapazitäten erschöpft seien. Im August 1992 vollzog die SPD die sogenannte Petersberger Wende und machte den Weg für Verhandlungen mit der Union frei. Im Mai 1993 stimmte eine Zwei-Drittel-Mehrheit aus CDU/CSU, SPD und FDP im Bundestag einer Grundgesetzänderung zu. Die Möglichkeiten, in Deutschland Asyl zu beantragen, wurden erheblich eingeschränkt. Im Zuge des sogenannten Asylkompromisses sanken die Flüchtlingszahlen ab 1993 erheblich.

Die Jahre 1991 und 1992 waren geprägt von leidenschaftlichen Debatten über den richtigen Umgang mit der Asylfrage. Aber schon im Frühling 1993 gab es nur noch vereinzelte Wortmeldungen zu dem Thema. Und sie betonten beinahe ausnahmslos, wie gut es sei, nun eine parteiübergreifende Lösung gefunden zu haben. Gerade der damalige SPD-Chef Björn Engholm und der sozialdemokratische Ministerpräsident des Saarlands und spätere Parteivorsitzende Oskar Lafontaine suchten in dieser Frage den Schulterschluss mit dem CSU-Vorsitzenden Theo Waigel und den Bundesinnenministern der CDU Rudolf Seiters (bis Juli 1993) und im Anschluss Manfred Kanther.

Ab Februar 1993 verschwand das Thema fast vollständig aus der parteipolitischen Debatte. Theoretisch hätte nun zumindest die Frage der Integration der neuen Mitbürger mannigfache Wahlkampfmunition erlaubt. Aber weder CDU/CSU noch die SPD thematisierten vor der Bundestagswahl im Herbst 1994 Flüchtlings- oder Integrationsfragen. Der damalige Wahlkampf stand ganz im Zeichen der Bekämpfung der Arbeitslosigkeit, die nach dem Ende des Wiedervereinigungsbooms 1992 spürbar gestiegen war. Dies blieb nicht ohne Folgen: Erreichten die rechtspopulistischen Republikaner (REP) bei mancher bundesweiten Umfrage 1992 noch 8 Prozent, fielen sie bei der Bundestagswahl im Oktober 1994 auf nur noch 1,9 Prozent.

Der Umgang mit der Asylfrage Anfang der 1990er Jahre und in der Folge die Entscheidung, auf Migrationsthemen im

Wahlkampf zu verzichten, ist also ein Lehrbuchbeispiel deeskalierender Kommunikation. Freilich wurde dieser Themenwechsel durch die steigende Arbeitslosigkeit begünstigt; aber CDU/CSU und SPD hätten Migrationsfragen trotzdem im Wahlkampf thematisieren können. Dies haben sie aber nicht getan. Zuerst erzielten die Volksparteien einen *medienwirksamen Bürgerlichen Kompromiss in identitätspolitischen Fragen*, dann wandten sie sich *anderen Themen* zu.

Die Euro-Einführung

Die Debatten über die Abschaffung der D-Mark und die Einführung des Euro Anfang bis Mitte der 1990er Jahre verliefen weitaus weniger dramatisch. Denn die Eingliederung Deutschlands in eine europäische Währung waren Herzensanliegen der wichtigsten konservativen Politiker: des Bundeskanzlers und CDU-Vorsitzenden Helmut Kohl und des Bundesfinanzministers und CSU-Vorsitzenden Theo Waigel. Widerstand aus der noch pro-europäischeren SPD war in dieser Frage freilich ohnehin nicht zu erwarten. Dies führte dazu, dass sich alle deutschen Spitzenpolitiker von Anfang an weitestgehend einig waren. Wissend um die Sorgen vieler konservativer Deutscher um die mögliche Instabilität einer Gemeinschaftswährung, gerade im Vergleich zur »harten« D-Mark, verhandelte Bundesfinanzminister Theo Waigel harte Stabilitätskriterien mit den europäischen Partnern. 1995 wurde er mit der Aussage zitiert: »Die Deutschen bekommen Euro-Geld, das genauso hart ist wie ihre Mark.«

Alle parteipolitischen Debatten über die Einführung des Euro waren also geprägt von einem äußerst deutlichen parteiübergreifenden Konsens, der von den wichtigsten konservativen Politikern des Landes angeführt wurde. Ferner wurde niemand müde zu betonen, dass durch die Verhandlungserfolge von Theo Waigel eigentlich weniger der Euro in Deutschland als vielmehr die D-Mark in Europa eingeführt würde. Angesichts dieses parteiübergreifenden Konsenses wundert es nicht, dass das Eurothema in keinem Wahlkampf thematisiert wurde – weder auf Bundes- noch auf Landesebene. Wieder beobachten wir einen *öffentlich sehr gut sichtbaren Bürgerlichen Kompromiss* und die rasche Hinwendung zu *neuen Themen*.

Die Leitkultur-Debatten ab 1999

Die Einführung des Euros als Bargeldzahlungsmittel im Januar 2002 erlebte die schwarz-gelbe Koalition nicht mehr. Mit dem Sieg der rot-grünen Koalition unter Bundeskanzler Gerhard Schröder (SPD) und Außenminister Joschka Fischer (Grüne) bei der Bundestagswahl 1998 befand sich die CDU/CSU zum ersten Mal seit 16 Jahren in der Opposition. Der Wahlkampf 1998 stand ganz im Zeichen der Bekämpfung der Arbeitslosigkeit. Interessanterweise setzte Gerhard Schröder auch vereinzelt auf das Migrationsthema. Aber nicht etwa als progressive Kraft. Ganz im Gegenteil: Im Wahlkampf forderte er die *Kürzung* von Beihilfen für Asylbewerber und lehnte die Forderung der Grünen nach Einführung der doppelten Staatsbürgerschaft ab. Als die CDU unter Führung von Roland Koch im Landtagswahlkampf 1999 in Hessen ihre noch immer berühmt-berüchtigte Unterschriftenkampagne gegen die doppelte Staatsbürgerschaft startete, reagierte Bundeskanzler Schröder kaum. Durch den CDU-Sieg in Hessen verlor Rot-Grün die Mehrheit im Bundesrat und benötigte bei der Reform des Staatsbürgerrechtes nun die Unterstützung der FDP. Das daraus resultierende »Optionsmodell«, das die doppelte Staatsbürgerschaft in erheblich eingeschränkter Form einführte, passierte im Mai 1999 den Bundesrat.

Im Jahr 2000 nahm die Integrationsdebatte allerdings wieder an Fahrt auf: Die CDU trat eine Leitkultur-Debatte los, die in der SPD eher auf Zustimmung als auf Ablehnung stieß. Auch die SPD forderte eine Verschärfung der Asylgesetze, wies die Notwendigkeit eines neuen Einwanderungsgesetzes zurück und lehnte die Forderungen der Grünen nach einer multikulturellen Gesellschaft ab. Wie weit die SPD auf die CDU/CSU zuging, zeigt sich daran, dass Bundeskanzler Schröder eine unabhängige Kommission unter Führung der CDU-Politikern Rita Süssmuth beauftragte, neue Gesetzesvorschläge zu erarbeiten. Die Kommission schlug unter anderem vor, dass Deutschland pro Jahr mindestens 50 000 ausländische Fachkräfte aufnehmen sollte. Diese Vorschläge griff Bundesinnenminister Otto Schily (SPD) im November 2001 auf, *schränkte sie aber ein* und suchte hier öffentlichkeitswirksam den Ausgleich mit der Union. Im März 2002 wurde das neue Gesetzespaket, das Zuwanderung in deutlich eingeschränkterem Maße ermöglichte als von der Süssmuth-Kommission ursprünglich vorgesehen, im Bundesrat verabschiedet.[10]

Nach der gelungenen Verabschiedung eines sehr restriktiven Kompromisses zwischen SPD und CDU/CSU im März 2002 verlor das Thema massiv an bundespolitischer Relevanz. Der 2002 beginnende Wahlkampf stand ganz im Zeichen der Frage, wer die deutsche Wirtschaft besser in Gang bringen könne: der amtierende Bundeskanzler Gerhard Schröder (SPD) oder der bayerische Ministerpräsident und Herausforderer der Union, Edmund Stoiber (CSU). Auch diese Immigrationsdebatten waren also geprägt von *medienwirksamen Bürgerlichen Kompromissen* und dem *Abräumen des Themas*, sobald ein Bundestagswahlkampf anstand. Tatsächlich hätte aber zumindest die CDU/CSU – insbesondere angesichts der Tatsache, dass ihr Kanzlerkandidat aus ihrem klar konservativen Flügel kam – mit dem Integrationsthema in den Wahlkampf ziehen können. Da dies aber nicht der Fall war, konnte erneut keine rechtspopulistische Partei von diesen Debatten profitieren.

Die Eurokrise, erster Teil (2011–2014)

Das Eurothema wurde zum ersten Mal Anfang 2011 heftig in Deutschland diskutiert. In der weltweiten Finanzkrise stiegen die Zinsen für griechische Staatsanleihen massiv. Verschiedene Kommentatoren forderten die Bundesregierung lautstark auf, Garantien für griechische Staatsanleihen zu übernehmen, um die Eurozone zu stabilisieren. Die Sorge war, dass ohne deutsche Unterstützung die Zinsen auf griechischen Staatsanleihen so teuer würden, dass Griechenland seine Schulden nicht mehr bedienen könnte. Ein griechischer Staatsbankrott wäre die Folge gewesen. Schlimmer noch, internationale und deutsche Beobachter warnten davor, dass sich hieraus ein Dominoeffekt für hoch verschuldete Staaten der Eurozone ergeben könnte. Nach Griechenland würden dann Portugal, Spanien und Italien bankrottgehen. Der Kollaps der gesamten Eurozone schien nur noch eine Frage der Zeit, wenn Deutschland sich nicht massiv an der Refinanzierung griechischer Staatsanleihen beteiligte.

Teile der CDU und vor allem die CSU lehnten dies kategorisch ab. Gerade im Zuge des Landtagswahlkampfes in Baden-Württemberg im Frühling 2011 sprach sich der konservative Flügel der CDU/CSU vehement gegen Finanzhilfen für Griechenland aus. Dies sollte helfen, konservative Wähler gegen den drohenden Wahlsieg von Winfried Kretschmann (Grüne) zu mobilisieren, der sich aufgrund des Reaktorunglücks im japanischen Fukushima im Aufwind befand. Doch die Strategie der CDU/CSU ging nicht auf: Kretschmann gewann und wurde der erste grüne Ministerpräsident in der Bundesrepublik. Für konservative Kräfte in der CDU/CSU gab es kurz danach eine zweite Niederlage zu verdauen: Die Bundesregierung begann ab Sommer 2011 zaghaft und zurückhaltend, aber in der Sache eindeutig, finanzielle Garantien für griechische Staatsschulden zu übernehmen. Der Unmut im konservativen Lager über den Bruch dieses Wahlkampfversprechens kochte hoch und führte schließlich zur Gründung der AfD im Februar 2013.

Die AfD 2013 hat sehr wenig mit der AfD des Jahres 2018 zu tun. 2013 war die Partei geprägt von Euro-Kritikern um Bernd Lucke und Hans-Olaf Henkel. Beide sollten später teils aus persönlichen, teils aus inhaltlichen Motiven aus der Partei geputscht werden. Islam-Kritik und Polemiken in Zuwanderungsfragen gab es vereinzelt, aber sie nahmen keine zentrale Rolle in den AfD-Wahlkämpfen ein. Das Euro-Thema allein reichte aus, verärgerte Konservative zu mobilisieren. Doch scheiterte die AfD bei der Bundestagswahl im September 2013 mit 4,7 Prozent denkbar knapp an der 5-Prozent-Hürde.

Im Herbst 2013 war eine zentrale notwendige Bedingung für den Wahlerfolg von rechtspopulistischen Parteien gegeben: die öffentlichkeitswirksame Ankündigung einer konservativen Eurozonen-Politik (»Kein Geld für Griechenland!«) und der ebenso gut sichtbare Bruch dieses Versprechens (die sukzessive Stützung Griechenlands durch europäische, also auch deutsche Finanzhilfen). Damit fühlten sich viele Konservative in ihren politischen Werten bedroht und leiteten daraus klare politische Positionen ab; diese wurden zuerst von der CDU/CSU bezogen, dann aber geräumt. Allerdings war die zweite notwendige Bedingung – der Mangel an anderen politischen Themen – nur teilweise erfüllt: Zwar verlief der Wahlkampf 2013 zwischen CDU/CSU und SPD ähnlich konfliktarm wie der von 2009, doch fokussierte die CDU/CSU den Wahlkampf ganz auf die erfolgreiche Krisenmanagerin Angela Merkel. Der Mangel an inhaltlichen Fragen wurde durch diese Personalisierung ausgeglichen. Und da die Kanzlerin bis zu diesem Zeitpunkt für viele Konservative noch ein Signum für Stabilität und Sicherheit darstellte, ging diese Strategie auf.

2013 lag *kein Bürgerlicher Kompromiss* in der Eurozonenpolitik vor und es *mangelte an polarisierten wirtschaftspolitischen Debatten* – eigentlich das perfekte Szenario für Luckes Partei. Aber die zwei Millionen Wählerstimmen für die AfD reichten nicht zum Bundestagseinzug aus, da es der CDU/CSU durch eine geschickte Präsentation des vermeintlichen Stabilitätsankers Angela Merkel gelang, genug Wähler zu mobilisieren, um die AfD gerade noch unter die Fünf-Prozent-Hürde zu drücken. Zwar konnte die CDU/CSU kaum eine konkrete politische Entscheidung als besonders konservativ definieren; aber das abwartende und für viele Bundesbürger überzeugende Krisenmanagement der Bundeskanzlerin der vergangenen Jahre wurde als Stabilitätsanker wahrgenommen. Die CDU-Vorsitzende als »Mutter der Nation« hatte somit einen vergleichbaren Effekt wie die Betonung einer konservativen Migrations- oder Europapolitik der Gesamtpartei CDU – die zu dieser Zeit aber nicht stattfand. Die CDU stand aber auch so für Sicherheit und Kontinuität – wenn nicht über politische Inhalte, dann über die Person der Kanzlerin. Ohne diese außerordentliche Kampagne wäre die AfD 2013 sicher in den Bundestag eingezogen.

Die Eurokrise, zweiter Teil (2015)

In den anderthalb Jahren zwischen der Bundestagswahl im Herbst 2013 und dem Frühling 2015 schwankt die AfD in der Wählergunst zwischen 3 und 8 Prozent, je nachdem, ob die Bürger mit der aktuellen Position der Bundesregierung in Eurozonenfragen einverstanden sind oder nicht. Das Aufkommen der PEGIDA-Bewegungen Ende 2014 führt zu einem leichten Umfrageschub und löst ab Winter 2014/15 eine Richtungsdebatte in der AfD aus. Bernd Lucke will dem Euro-Thema und weiteren bürgerlichen Anliegen treu bleiben, Frauke Petry die Partei für Immigrationsfragen und eine reißerische Rhetorik öffnen.

Es ist Frühling 2015. Die deutsche Regierung liegt im Clinch mit ihren europäischen Partnern, inwieweit die Bundesrepublik die griechische Regierung bei der Refinanzierung ihrer Staatsschulden unterstützen soll. Bundesfinanzminister Wolfgang Schäuble wird als Gegenspieler zum sehr publikumswirksamen griechischen Finanzminister Yanis Varoufakis dargestellt. Dessen linkspopulistische Syriza-Partei hatte im Januar 2015 die Parlamentswahlen in Griechenland mit keinem geringeren Slogan gewonnen, als »dem deutschen Spardiktat in Europa ein Ende zu bereiten«. Varoufakis fordert eine europäische Schulden- und Transferunion, Schäuble hingegen spielt mit dem Gedanken, Griechenland aus der Eurozone zu werfen. Internationale und deutsche Kommentatoren warnen, dass beides hastig umgesetzt der Eurozone das Totenglöckchen läuten könnte. Auf dem Spiel steht der zweitgrößte Wirtschaftsraum der Welt. Und dieses Mal müssen die deutschen Volksparteien nicht nur ein kleines Häufchen lokal organsierter Rechtspopulisten fürchten, sondern eine AfD, die zum Jahresanfang 2015 dabei ist, sich national zu verankern. Im Januar 2015 steht die Partei in bundesweiten Umfragen bei 8 Prozent.

Doch der griechische Newcomer Varoufakis verscherzt es sich wegen seiner ungestümen Art mit seinen möglichen Alliierten in der Eurozone, allen voran mit Frankreich und Italien. Die Schäuble-Position findet europaweit hingegen immer mehr Verständnis. Die deutschen Medien (allen voran die *BILD*-Zeitung und die *FAZ*) tun dem Bundesfinanzminister den Gefallen, den Konflikt zum persönlichen Duell hochzuschreiben. Schäuble bleibt bei jedem Interview konziliant im Ton, aber hart in der Sache.

Im Frühling 2015 verknüpfen griechische Regierungsvertreter Reparationsforderungen aus dem Zweiten Weltkrieg gegenüber Deutschland mit der aktuellen Eurokrise. Damit überspannt Athen den Bogen. Denn nun geht Griechenland auch noch der wichtigste Verbündete in Deutschland von der Fahne: die deutsche Sozialdemokratie. Dem damaligen SPD-Vorsitzenden und Bundeswirtschaftsminister Sigmar Gabriel platzt in mehreren Interviews der Kragen über die Rhetorik aus Athen. Spätestens ab April 2015 schwenkt die SPD-Führung beziehungsweise der kleinere Koalitionspartner auf die Schäuble-Linie ein: Der Ball läge nun bei Griechenland, Deutschland habe getan, was es konnte. Entweder Athen komme seinen Zahlungsverpflichtungen wie vereinbart nach oder es sei selbst verantwortlich für den Euroaustritt Griechenlands (»Grexit«). Die Solidarität der deutschen Sozialdemokratie habe hiermit ihre Grenzen erreicht.

Bei den Verhandlungen im Sommer kommt es zum Showdown: Setzt sich die Schäuble/Gabriel-Position durch, die massive Sozialkürzungen als Gegenleistung für weitere finanzielle Hilfen fordert oder sonst den Grexit einleiten will, oder die griechische Regierung, die mehr Geld und den Verbleib in der Eurozone anstrebt? Unabhängig davon, was wirklich ausgehandelt wurde, ist die Sache für Medien im

Juni/Juli klar: Griechenland darf zwar in der Eurozone bleiben, aber zu welchem Preis!? Das Land muss sich neuen Sparauflagen unterwerfen, die durch europäische Beamte überprüft werden. Gerade die konservativen deutschen Medien sind zufrieden. Zwar geht die Einigung mit weiteren finanziellen Verpflichtungen für Deutschland einher, aber die Eurozone kollabieren lassen will man dann doch nicht. Als strahlender Sieger wird ein Mann porträtiert, der in den entscheidenden nächtlichen Verhandlungen kaum Einfluss nehmen konnte, denn er saß gar nicht mit am Verhandlungstisch: Bundesfinanzminister Wolfgang Schäuble (CDU).

Schlimmer hätte es für die AfD nicht kommen können. Sie verliert in der ersten Jahreshälfte monatlich an Zustimmung. Im Juli 2015 würden nur noch 3 Prozent für die Rechtspopulisten stimmen. Der *medienwirksame Bürgerliche Kompromiss in der Eurozonenfrage und die Darstellung Schäubles als strahlender Sieger*, über den die Medien im Sommer 2017 ausführlich berichten, droht der AfD das Genick zu brechen.

Die empathische Wirkung des Bürgerlichen Kompromisses

Wenn es Spitzenpolitikern gelingt, über die Medien glaubhaft darzustellen, dass sie einen *Bürgerlichen Kompromiss* umgesetzt haben, bleiben die Wähler bei den Volksparteien oder kehren sogar zu ihnen zurück. Bürger, die sich von Globalisierung bedroht fühlen, erhoffen sich, dass der Staat ihnen eine *durchsetzungsstarke Politik* demonstriert und dass die Herausforderungen der Globalisierungen wenigstens ein Stück weit steuerbar seien. Sie wollen, dass der Staat eine Politik betreibt, die ihnen die Angst vor *Kontroll- und Identitätsverlust* nimmt. Der *Bürgerliche Kompromiss* und das anschließende Aufgreifen anderer Themen antworten auf diese Bedürfnisse.

Erstens: Indem ein Lösungsvorschlag umgesetzt wird, der von konservativen Politikern (in CDU, CSU und SPD) unterstützt oder sogar gefordert wird, hat eben dieser den Segen jener Spitzenpolitiker, denen globalisierungsskeptische Wähler am meisten trauen. Da das *gehalten wurde, was von konservativer Seite versprochen wurde,* stärkt dies auch das Vertrauen in politische Entscheidungsträger. So haben globalisierungsskeptische Bürger zu Recht das Gefühl, dass ihre Sorgen politisch *anerkannt* werden.

Zweitens: Da dieser *Bürgerliche Kompromiss* eigentlich immer damit einhergeht, eine symbolische Grenze zu ziehen (zum Beispiel gegenüber Asylbewerbern oder der griechischen Regierung), vermittelt er den Eindruck, dass das nationale Interesse verteidigt und die nationale Identität bewahrt wird. Die Wähler gewinnen den Eindruck, dass Spitzenpolitiker die nationale Identität *bewahren* und *beschützen* wollen. Das mindert die Sorgen vor nationalem *Identitätsverlust.*

Drittens: Indem sich das Gros der Politiker nach kurzem Streit auf eine Lösung einigt, beweisen sie die Handlungsfähigkeit der staatlichen Organe. Das stärkt das allgemeine Vertrauen in den Staat und in seine Fähigkeit, *Globalisierung steuern zu können,* im Besonderen.

Dass unsere Parteipolitiker ein Problem mit einer starken konservativen Note meistern, ist also der erste Schritt, Wählervertrauen zu erhalten. Aber dass sie das *parteiübergreifend und vor allem medienwirksam glaubhaft kommunizieren und dabei halten, was sie versprochen haben,* ist noch viel wichtiger. Wenn die Kommunikationsstrategie sich aber derart *empathisch* für die Sorgen und Nöte globalisierungsskeptischer Wähler zeigt, sehen diese unseren Spitzenpolitikern sogar nach, wenn es in der Umsetzung etwas hapert. So gab es natürlich nach dem Asylkompromiss 1992/93 noch viele offene Baustellen im deutschen Zuwanderungssystem. Die Euroeinführung in den 1990er Jahren und auch die Integrationsdebatten in den 2000er Jahren ließen viele Fragen offen. Und ob die Eurokrise wirklich vorbei ist, wird sich noch zeigen. Etwas zynisch könnte man mit dem Kabarettisten Alfred Dorfer sagen: »Nicht das Erreichte zählt, das Erzählte reicht.« Positiv formuliert hingegen würde man sagen, ein *medienwirksamer Bürgerlicher Kompromiss* kann Wunder wirken.

Und nun?

In der politischen Wissenschaft gibt es den Begriff *Bürgerlicher Kompromiss* nicht. Dieser Begriff erschien mir allerdings nach längerem Nachdenken als treffende Bezeichnung der beschriebenen parteipolitischen Prozesse. Studien zeigen, dass ein öffentlichkeitswirksamer Kompromiss der Volksparteien in öffentlichkeitswirksam diskutierten identitätspolitischen Fragen mit starken konservativen Akzenten Rechtspopulisten empfindlich schwächt. Die beiden meines Erachtens besten Texte hierzu sind leider für eine rein akademische Leserschaft geschrieben. Sie stammen von Bonnie Meguid und Simon Bornschier und heißen »Competition between unequals: the role of mainstream party strategy and niche party success« beziehungsweise »Why a right-wing populist party emerged in France, but not in Germany: cleavages and actors in the new cultural divide«. Meine Dissertation, die die migrationspolitischen Debatten der letzten dreißig Jahre in Westeuropa untersucht, kommt zu einem ähnlichen Schluss. Sie heißt *The Rise of Populism in Western Europe. A Media Analysis on Failed Political Messaging.*

Wenn wir davon ausgehen – und das sollten wir meines Erachtens –, dass der Aufstieg von Rechtspopulisten eine fundamentale Bedrohung für unsere westlichen Demokratien darstellt, erwächst aus diesem Kapitel bereits eine erste Lösungsidee, nämlich die eines *Bürgerlichen Kompromisses der Volksparteien*. Diese funktioniert aber nur in *öffentlichkeitswirksamen* identitätspolitischen Fragen, nicht aber in jenen ohne massive Medienaufmerksamkeit.

Gerade wenn Sie eher zu progressiven Ideen tendieren, könnte Ihnen jetzt das Weinglas aus der Hand fallen, denn Sie könnten empört denken: »Keinen Fingerbreit den Konservativen!« Und Sie werden noch einige Gedanken mehr im Kopf haben, warum diese Idee totaler Quatsch ist, die ich hoffentlich im Weiteren entkräften kann. Wenn Sie hingegen konservativen Ideen mehr abgewinnen können, werden Sie nun vielleicht zustimmend nicken. Aber auch Sie muss ich vorwarnen: Die Sache ist für Konservative nicht so angenehm, wie es jetzt vielleicht erscheinen mag. Sie werden in den nächsten Kapiteln lesen, wieso.

Nicht alle, vielleicht auch Sie nicht, sind mit den *Bürgerlichen Kompromissen* der Vergangenheit einverstanden. Doch selbst wenn Sie den Asylkompromiss als reaktionär betrachten, die Euroeinführung als Jahrhundertfehler definieren, die Leitkulturdebatten als Schlag ins Gesicht von Mitbürgern mit Migrationshintergrund sehen oder glauben, dass wir Griechenland hochkantig aus der Eurozone hätten werfen müssen, sollten Sie eines bedenken: Diese *Bürgerlichen Kompromisse* haben die Rechtspopulisten kleingehalten und uns somit die katastrophalen Folgen ihres Aufstiegs, die wir nun allerorten beobachten, erspart.

Daraus sollte meines Erachtens ein Leitgedanke für unser politisches Denken erwachsen: Oberstes Ziel jeglicher politischen Entscheidung sollte nicht sein, welches politische

Lager damit kurzfristig einen taktischen Erfolg erzielen kann, sondern wir sollten uns die Frage stellen, ob eine Entscheidung langfristig die Unterstützung breiter Bevölkerungsschichten gewinnen kann. Wenn es also Ihr Herzensanliegen ist, dass Deutschland jedes Jahr 500 000 Flüchtlinge aufnimmt oder dass wir aus der Eurozone austreten, sollten Sie Ihr Anliegen noch einmal daraufhin prüfen. Der Aufstieg der AfD durch die Flüchtlingsfrage 2015 war nur möglich, weil mehrere politische Entscheider auf kurzfristige taktische Erfolge schielten, statt das gemeinsame langfristige strategische Interesse im Auge zu behalten. Das nächste Kapitel wird davon handeln.

4
Die verpassten Chancen in den Flüchtlingsdebatten seit 2015

»*Es hilft den Deutschen ungemein dabei, eine interessengeleitete Außenpolitik zu betreiben, dass sie glauben, sie sei moralisch richtig.*«
(Thomas Wright)

Die Flüchtlingszahlen spielen keine Rolle!

Die Flüchtlingsdebatte 2015 ist ein Lehrbuchbeispiel für eine Kommunikationsstrategie, die globalisierungsskeptische Wähler verschreckt. Studien über diese unglückliche parteipolitische Kommunikation werden ganze Bibliotheken füllen. Dabei war die Ausgangslage nahezu perfekt: Im Sommer 2015 war Bundesfinanzminister Wolfgang Schäuble der Held globalisierungskritischer Wählerschichten. Die Zeitungen vermittelten den Eindruck, dass ihm mit seiner konservativen Linie das Kunststück gelungen sei, die Eurozone zusammenzuhalten und zugleich den deutschen Geldbeutel zu schonen. Somit hatte die gesamte CDU in konservativen Kreisen einen großen Stein im Brett. Die AfD bekam das schmerzlich zu spüren: Sie dümpelte im Sommer 2015 bei 3 Prozent – der Bundestagseinzug lag auf einmal in weiter Ferne. Die CDU/CSU hingegen knüpfte wieder an alte Zeiten an und stand im August 2015 bei sagenhaften 42 Prozent. Man sprach über die nächste schwarz-gelbe oder eine schwarz-grüne Regierung. Das Duo

Angela Merkel/Wolfgang Schäuble erschien unschlagbar. Aber auch der SPD ging es nicht allzu schlecht. Sie stand im Sommer 2015 bei 26 Prozent. Hätte sie dieses Ergebnis bei der Bundestagswahl 2017 erzielt, wären das ein Viertel mehr Mandate im Parlament gewesen. Doch es begann stattdessen das selbstverschuldete Unglück der deutschen Volksparteien.

Ab Herbst 2015 können die Umfragewerte der AfD als guter Indikator für das Vertrauen der Wähler in die Immigrationspolitik der Volksparteien gelten. Denn mit dem erfolgreichen Putsch von Frauke Petry gegen Bernd Lucke im Sommer 2015 positionierte sich die AfD als Anti-Zuwanderungspartei. Und doch dauerte es bis Oktober 2015, ehe die AfD wieder etwas Wasser unter den Bug bekam. Aber schon seit Juni stiegen die Flüchtlingszahlen jeden Monat rapide, ohne dass die AfD davon hätte profitieren können. Im Juni registrierte das EASY-System des Bundesinnenministeriums 41 000 Asylbewerber, im Juli 83 000, im August 105 000, im September 164 000, im Oktober 181 000. Und erst jetzt gab es etwas mehr Zuspruch zur AfD: 6 Prozent hätten sie im Oktober 2015 gewählt. Die Flüchtlingszahlen stiegen noch bis auf 206 000 im November und nahmen dann ab Dezember massiv ab. Seit März 2016 kamen nur noch maximal 20 000 Flüchtlinge monatlich in Deutschland an, daran hat sich bis Sommer 2018 nichts geändert. Aber die nationale Debatte hatte sich spürbar verändert. Die Ereignisse auf der Kölner Domplatte zum Jahreswechsel 2015/16 – auf die ich noch genauer eingehen werde – rückten Integrationsfragen ins politische Scheinwerferlicht. Und das nutzt der AfD: Ab Januar 2016 steht sie bei 12 Prozent. Es ist die nationale Debatte, nicht die Flüchtlingszahlen, die der AfD Oberwasser bescheren. *Die Umfragewerte der AfD haben keinen Zusammenhang mit den realen Flüchtlingszahlen.* Wenn dem so wäre, hätte die AfD bereits ab Juli 2015 zulegen und ab Januar 2016 wieder massiv an Zuspruch verlieren müssen. Entgegen vieler Kommentare ist aber weder das eine noch das andere eingetreten!

Man könnte die These vertreten, dass der Unmut der Wähler über die steigenden Flüchtlingszahlen ab Juni sich erst mit einigen Monaten Verzögerung in veränderten Wahlabsichten niedergeschlagen hat. Wenn dem aber so wäre, hätten die massiv sinkenden Flüchtlingszahlen und die drastischen Verschärfungen in der deutschen Asylpolitik ab Januar 2016 auch ab Mitte 2016 zu einem Einbruch der AfD-Werte führen müssen. Da dies aber nicht passiert ist, verstärkt sich der Eindruck, dass die Umfragewerte der AfD nicht direkt von realen Begebenheiten – Flüchtlingszahlen und Gesetzgebungsverfahren – abhängig sind. Es drängt sich die These auf, die wir aus allen anderen westlichen Demokratien kennen: Reale immigrationspolitische Herausforderungen sind eine notwendige, aber keine hinreichende Bedingung, damit Rechtspopulisten reüssieren können. Sie sind sozusagen eine Vorbedingung. Aber es gibt keinen direkten Ursache-Wirkungs-Zusammenhang zwischen steigenden Flüchtlings- oder Zuwandererzahlen und steigenden Umfragewerten von Rechtspopulisten. Die entscheidende Variable, von denen Umfragewerte von Rechtspopulisten stattdessen abhängen, ist die Frage, welchen *subjektiven Eindruck* die Bürger davon haben, wie die etablierten Parteien mit der *realen Immigrationssituation* umgehen. Nach dem in Kapitel 1 erläuterten Drei-Schritte-Modell, auf dem Wahlentscheidungen beruhen, waren erstens die konservativen Werte schon lange vor dem Jahr 2015 vorhanden; die politischen Positionen in Bezug auf die Flüchtlingsfrage manifestierten sich zweitens aber erst in der leidenschaftlichen migrationspolitischen Debatte ab Herbst 2015; und die dritte Stufe, nämlich welche Partei man wählt, entschied sich daran, welchen subjektiven Eindruck die Bürger vom Verhalten der Parteien in Zuwanderungsfragen entwickeln.

Der folgenreiche Streit zwischen Merkel und Seehofer

Bis Oktober 2015 kann die AfD nicht von steigenden Flüchtlingszahlen profitieren, da alle Volksparteien den Eindruck vermitteln, alles sei unter Kontrolle. Die Flüchtlinge wandern über die bayerische Grenze und werden von der geballten Staatsmacht mit offenen Armen empfangen. Es spielen sich herzzerreißende Szenen ab: Hundertschaften der schwerbewaffneten Bundespolizei verteilen am Münchener Hauptbahnhof Süßigkeiten an Flüchtlingskinder. Polizeiwagen eskortieren Flüchtlingstrecks durch bayerische Ortschaften zu den ersten Auffanglagern. Die Bundeswehr rückt an, um mit Logistik, Sanitätern und Zelten zu helfen. Zwar kündigt Bundesinnenminister Thomas de Maizière (CDU) im August an, dass seine Beamten mit bis zu 800 000 Flüchtlingen rechnen. Doch die Bundeskanzlerin verkündet Anfang September mit dem Brustton der Überzeugung: »Wir schaffen das!« Und während immer mehr Züge voller Flüchtlinge in den Hauptbahnhöfen einrollen, reibt sich die Welt die Augen: »Die Deutschen! Man glaubt es nicht! Jetzt zeigen uns die Kinder und Enkel der Nazis, wie Humanismus geht!« Während sich ganz Europa dagegen sperrt, Flüchtlinge aufzunehmen, blickt die Welt halb bewundernd, halb skeptisch nach Deutschland. Am 7. September verkündet der damalige britische Premierminister David Cameron, dass er bereit sei, pro Jahr 4000 Flüchtlinge aufzunehmen. Am selben Tag kommen allein am Münchener Hauptbahnhof 6000 Flüchtlinge aus Budapest an. Für viele progressive Deutsche ist es nach der WM 2006 ein neues Sommermärchen: Es ist der Sommer der Willkommenskultur.

Doch schon zu diesem Zeitpunkt ist das Land tief gespalten. Im Sommer 2015 sprechen sich laut Forschungsgruppe Wahlen 40 Prozent der Bundesbürger gegen die

Flüchtlingspolitik der Bundesregierung aus (was der Prozentzahl, die für globalisierungsskeptische Wähler erhoben wird, sehr nahe kommt). Aber sie vertrauen noch darauf, dass die Sache ein gutes Ende nimmt: »Mit Sicherheit haben die in Berlin einen guten Plan.« Ja, der Plan. Wo ist der eigentlich?

Im Herbst 2015 betont Angela Merkel gebetsmühlenartig, dass es keinen Sinn habe, innereuropäische Grenzen zu schließen. Stattdessen läge der Schlüssel in einem Abkommen mit der Türkei und Griechenland. Die Türken dürften keine Flüchtlinge mehr nach Europa lassen. Und die Griechen müssten jene, die dennoch durchkommen, an ihrer Grenze aufhalten. Eine Wiedereinführung von Grenzkontrollen, gar Grenzschließungen, lägen nicht im Interesse der global extrem vernetzten deutschen Wirtschaft, würden ein falsches Zeichen der Abschottung in die Welt senden und wären überdies logistisch kaum möglich. Die Flüchtlinge müssten innerhalb Europas nach einer Quotenregelung verteilt werden. Klingt nach einem Plan.

Im September wird die CSU dennoch unruhig. Seit nunmehr vier Monaten marschieren die Menschen über die bayerische Grenze. Besorgte Landräte und Polizeipräsidenten vermitteln Horst Seehofer ein düsteres Bild der Lage: Die Aufnahmekapazitäten seien erschöpft, eine geregelte Registrierung sei bei dieser Anzahl nicht mehr zu gewährleisten. Es drohe der Kollaps der staatlichen Ordnung. Es gehe so nicht mehr weiter. Seehofer wird bei der Kanzlerin mit diesen Sorgen vorstellig, aber sie bittet um noch mehr Geduld. Die Deals mit der Türkei und Griechenland gestalten sich schwierig. Es würde sich alles finden, aber es brauche noch Zeit.

Horst Seehofers Geduldsfaden reißt. Erst fordert er die massive Verstärkung von Grenzkontrollen, doch als die Kanzlerin nicht reagiert, erhöht er den Druck: Er fordert die

Schließung der Grenzen und droht ihr nun mit einer Klage vor dem Bundesverfassungsgericht, falls sie dem nicht nachkommt. Im Oktober legt er noch die Forderung nach Transitzonen für Flüchtlinge und eine jährliche Obergrenze der Flüchtlingsaufnahme nach. Keine von diesen klaren Forderungen werden im Winter 2015/16 realisiert, nicht eine einzige. Es gibt zwar Verschärfungen der Gesetzgebung, aber keine der mit Wucht vorgetragenen Forderungen der CSU wird umgesetzt. Die Grenzen bleiben offen, eine Klage vor dem Bundesverfassungsgericht bleibt aus, es gibt keine Transitzonen und erst recht keine jährliche Obergrenze. Die Flüchtlingszahlen sinken dann zwar in den Folgewochen aufgrund des EU-Türkei-Deals und der durch Österreich initiierten Schließung der Balkan-Route drastisch. Aber aus einem Grund sinken sie sicher *nicht*: weil die CSU sich durchgesetzt hätte. Die CSU hatte im Winter 2015/16 tatsächlich keine ihrer öffentlichkeitswirksamen Forderungen durchgesetzt. *Es blieb bei unzähligen konservativen Ankündigungen, bei zahllosen gebrochenen Versprechen.*

Und so kommt, was kommen musste: So wie die Zeitungen im Frühling Wolfgang Schäuble als klaren Sieger in der Eurokrise ausgerufen hatten, kennen sie nun einen klaren Verlierer in der Flüchtlingsfrage: Horst Seehofer. Denn in allen zentralen Punkten konnte sich die Kanzlerin im Winter 2015/16 gegen die CSU durchsetzen. Symptomatisch für die Siege der Kanzlerin steht die von der CSU so vehement geforderte und von der CDU ebenso vehement abgelehnte Forderung nach einer jährlichen Obergrenze für Flüchtlinge. Selbst den Bundestagswahlkampf 2017 bestreiten die CDU und die CSU mit unterschiedlichen Positionen in dieser Frage. Dies ist wohl das größte und öffentlichkeitswirksamste Zeichen der Niederlagen der CSU: Indem die CSU im September 2017 mit der Forderung nach einer

Obergrenze Wahlkampf macht, erinnert sie alle Wähler daran, dass sie sich seit zwei Jahren damit nicht gegen die CDU hatte durchsetzen können.

Der konservative Flügel der Bundesregierung hatte somit seit Winter 2015/16 mehrere krachende Niederlagen erlitten. Von einem *Bürgerlichen Kompromiss* kann keine Rede sein. Ganz im Gegenteil: Der wichtigste konservative Politiker steht als gelackmeierter Verlierer da. Die ganze Bundesrepublik sitzt in der ersten Reihe, als Horst Seehofer eine Niederlage nach der anderen einfährt.

Die AfD kann ihr Glück kaum fassen

Doch damit nicht genug, der Streit in der Großen Koalition geht munter weiter. Es dauert fast vier (!) Monate (von Oktober 2015 bis Januar 2016), bis sich die Bundesregierung auf das sogenannte Asylpaket II einigt, welches das deutsche Asylsystem an die gestiegenen Anforderungen anpassen soll. Vier Monate sind für ein Gesetzgebungsverfahren keine ungewöhnlich lange Zeit. Aber angesichts der mannigfachen Fragen der Bevölkerung im Herbst 2015, wie mit der neuen Migrationslage umzugehen sei, ist es ein fatales Zeichen an die Wähler. Es drängt sich der Eindruck auf, dass die beiden Volksparteien es nicht schaffen, schnell und zielorientiert auf die Bevölkerungssorgen einzugehen.

Dass es auch ganz anders geht, zeigt sich nach den Vorfällen auf der Kölner Domplatte zum Jahreswechsel 2015/16. Hier dauert es nur wenige Wochen (!), bis sich Justizminister Heiko Maas (SPD) und Innenminister de Maizière (CDU) auf Gesetzesänderungen einigen können. Während beide Volksparteien Ende 2015 um das besagte Asylpaket ringen, unterstellen progressive SPD-Politiker wie Justizminister

Heiko Maas und der SPD-Fraktionsvorsitzende in Schleswig-Holstein, Ralf Stegner, der CDU/CSU Rassismus und Nationalismus. Während die Bundesregierung es kaum schafft, einen gemeinsamen Nenner in der Migrationspolitik zu finden, werden in Paris im November Terrorangriffe von über Griechenland eingereisten Syrern verübt. Im November wird ein Länderspiel in Hannover aufgrund akuter Terrorgefahr abgesagt. Zum Jahreswechsel 2015/16 belästigen viele Dutzend Männer mit Migrationshintergrund Hunderte Frauen auf der Kölner Domplatte sexuell. *Es ist der perfekte Sturm: Während sich viele Deutsche aufgrund der raschen Zuwanderung von circa einer Million Flüchtlingen um die staatliche und gesellschaftliche Ordnung sorgen, erscheint die Bundesregierung vor allem mit sich selbst beschäftigt.*

So sieht sich jeder Wähler, der sich wegen *Kontroll- und Identitätsverlust* sorgt, bestätigt. Und zwar doppelt. Zum einen sinkt das Vertrauen in die konservativen Kräfte, da sie ja nur ankündigen, aber nicht liefern. Und zum andern schwindet die allgemeine Wertschätzung politischer Entscheidungsträger, denn nicht einmal die CDU/CSU scheint sich um die Sorgen konservativer Wähler zu kümmern.

Die AfD kann ihr Glück kaum fassen. Wie Phönix aus der Asche steigt sie aus ihrem Umfrageloch vom August 2015 und pendelt sich auf dem Höhepunkt des Regierungsstreits zum Jahreswechsel 2015/16 bei 12 Prozent ein. Und dort sitzt sie seither stolz wie Rabe Raps auf dem Lattenzaun. Ihr Diktum, dass die Bundesregierung die Lage nicht unter Kontrolle habe, sich einen feuchten Kehricht um die Bewahrung der deutschen Identität schere und den konservativen Kräften in der Bundesregierung nicht zu trauen sei, fällt nun auf fruchtbaren Boden. *Nun, da die konservativen Kräfte medienwirksam viel versprechen, aber kaum etwas davon einlösen können. Nicht vorher. Jetzt erst.*

Als Schäuble für seine Erfolge gefeiert wurde, kollabierte die AfD. Nun, da Seehofer als der Trottel der Nation dasteht, geht es mit der AfD aufwärts. Im Dezember bezeichnet der AfD-Bundesvorsitzende Alexander Gauland die Flüchtlingsdebatte als »Geschenk für die AfD«. Er hat damit aber nur zur Hälfte recht. Er hätte sagen sollen: »*Wie die Regierung sich in der Flüchtlingsfrage zerstritten hat und wie Angela Merkel dabei Horst Seehofers Vorschläge abgewehrt hat, ist ein Geschenk für die AfD.*« Hinzu kam: Obwohl de facto massive Verschärfungen in der Asylgesetzgebung stattfanden und die Flüchtlingszahlen ab Januar 2016 drastisch sanken, wurden diese deutlichen Verschärfungen nicht öffentlichkeitswirksam verkündet, schon gar nicht von denjenigen politischen Kräften, die das höchste Vertrauen globalisierungsskeptischer Wählerschaften genossen – allen voran Horst Seehofer und seiner CSU. Wirksam wurde also der subjektive Eindruck, den globalisierungsskeptische Wähler von der Regierungspolitik hatten. Und dieser hing nicht von erlassenen Gesetzen ab, sondern von der Kommunikation der Regierung über die Leitmedien beziehungsweise der Darstellung der Regierung in den Leitmedien: die Progressiven um Angela Merkel (CDU) haben gewonnen; die Konservativen um Horst Seehofer (CSU) haben verloren.

Die AfD kann ihr Umfragehoch bis zum Frühling 2017 also deshalb halten, weil es der Bundesregierung weder gelingt, einen *klaren öffentlichkeitswirksamen* konservativen Sieg in der Flüchtlingspolitik zu verkünden, noch andere politische Fragen zu thematisieren. Wenn seitens der Bundesregierung über Migrationspolitik *öffentlichkeitswirksam* gesprochen wird, dann stets mit einer stark progressiven Note. Symptomatisch hierfür steht die Reaktion der Kanzlerin auf einen Parteitagsbeschluss der CDU im Dezember 2016: Der Parteitag der CDU beschließt, die Optionspflicht für in

Deutschland geborene Kinder ausländischer Eltern wiedereinzuführen. Dies bedeutet, dass sich Kinder ausländischer Eltern bis zu ihrem 23. Geburtstag entscheiden müssen, ob sie die deutsche oder die Staatsbürgerschaft ihrer Eltern annehmen wollen. Bis dahin haben sie beide. Die Wiedereinführung dieser Optionspflicht, die bis 2014 gegolten hatte, war ein großes Anliegen konservativer Kreise in der CDU. Kurz nach diesem Beschluss betonte aber die Kanzlerin, dass sie diesen Parteitagsbeschluss für falsch halte und nicht umsetzen wolle. Auch hier verstärkte sich der Eindruck globalisierungsskeptischer Wähler: mit dieser Kanzlerin wird es keine konservativen Akzente in der Migrationspolitik geben.

Der Eindruck, dass nicht nur die Kanzlerin, sondern die gesamte CDU/CSU keine konservativen Anliegen umsetzen will (oder kann), verstärkt sich, da auch der Rest der Regierungsmannschaft keine öffentlichkeitswirksamen konservativen Siege einfahren kann: Weder Bundesinnenminister de Maizière noch Horst Seehofer noch der wegen seiner konservativen Positionen bekannter werdende spätere Gesundheitsminister der CDU, Jens Spahn, kann in der Bevölkerung einen nennenswerten Sieg des konservativen Lagers verkünden. Obwohl es tatsächlich klare konservative Akzente in der Gesetzgebung gibt, fehlen öffentlichkeitswirksame Siege der konservativen Kräfte. Diese sind aber eine zwingende Voraussetzung für einen *Bürgerlichen Kompromiss,* der globalisierungsskeptische Wählergruppen bindet. In dieser Wählergruppe verstärkt sich daher stattdessen der Eindruck, ab Winter 2015/16 mehrere progressive Siege zu beobachten.

Das ist deshalb besonders bemerkenswert, weil das medienwirksame Betonen konservativer Akzente relativ wenig Aufwand erfordert hätte. So hätte es die Möglichkeit gegeben, das Erreichte als konservativen Sieg zu verkaufen: zum Beispiel das massive Sinken der Flüchtlingszahlen als Verdienst deutscher Innenpolitik und im Besonderen konservativer Koalitionspolitiker. Über das Beschlossene und Erreichte hinaus hätte man neue konservative Akzente setzen können: Man hätte ein Integrations- und/oder Zuwanderungsgesetz mit konservativen Aspekten vorstellen oder nach dem CDU-Parteitag im Dezember 2016 eine Initiative zur Beschränkung der doppelten Staatsbürgerschaft starten können. Man hätte also relativ leicht bereits Umgesetztes gewinnbringend kommunizieren und darüber hinaus neue konservative Akzente durch neue Gesetzesvorhaben andenken können. Und im Anschluss hätte man sich neuen Themen zuwenden können. *Es zeigt sich hier wieder: Politische Entscheidungen sind die notwendigen Bedingungen, um Wählerzustimmung zu erhalten; aber die öffentlichkeitswirksame Kommunikation eben dieser ist hinreichende Bedingung, die final den Ausschlag gibt.* Die Bundesregierung verzichtete aber weitestgehend auf den kommunikativen Teil. Hätte sie dies jedoch getan, hätte die AfD massive Probleme gehabt, ihre Zustimmungswerte zu halten.

Stattdessen wabert das Migrations- und Integrationsthema das ganze Jahr über durch die Gazetten, der Eindruck des Winters 2015/16 bleibt: Statt einem *Bürgerlichen Kompromiss* in der Migrationspolitik, in der konservative Kräfte das halten, was sie versprechen, beobachten gerade globalisierungsskeptische Bundesbürger im Jahr 2016 Siege der progressiven Kräfte in der Flüchtlingspolitik um Bundeskanzlerin Angela Merkel. Das mag *progressive* Wählergruppen freuen, die der Kanzlerin die Daumen gegen ihre konservativen Widersacher drücken. Aber zugleich stärkt es *die illiberale Partei* der Bundesrepublik: die AfD.

Endlich Wahlkampf!

Die Nominierung des SPD-Kanzlerkandidaten Martin Schulz Ende Januar 2017 setzt dann kurzzeitig ein neues Thema. Viele Bürger dachten sich: »Endlich ein ernst zu nehmender Herausforderer für die Kanzlerin! Was er wohl programmatisch anzubieten hat?« Der »Schulz-Hype« trifft die AfD hart – sie fällt bis August 2017 von 12 auf 8 Prozent. Mit dem Aufkommen des SPD-Kandidaten kommt bei vielen die Hoffnung auf, endlich wieder ein echtes Rennen der beiden Volksparteien um soziale und wirtschaftliche Fragen geboten zu bekommen. Doch Martin Schulz gelingt es nicht, seine Nominierung mit medienwirksamen sozialpolitischen Konzepten zu unterfüttern. Im Juli 2017, wenige Wochen vor der Wahl, gaben 70 Prozent der Deutschen an, dass sich die politischen Inhalte von CDU/CSU und SPD wenig oder gar nicht unterschieden.[1] Schlimmer noch, durch eigene Vorschläge, wie die EU-Flüchtlingspolitik zu organisieren sei, hilft Martin Schulz mit, das Thema im Wahlkampf präsent zu halten. Als im TV-Duell zwischen Angela Merkel und Martin Schulz Anfang September 2017 kaum Unterschiede in ökonomischen Fragen zwischen CDU/CSU und SPD erkennbar werden, verpufft die letzte Chance, die Stärken der Volksparteien auszuspielen: ihre hohen Kompetenzwerte in der Sozial- und Wirtschaftspolitik.

Doch damit nicht genug – fast die Hälfte des TV-Duells wird über Flüchtlingspolitik gesprochen. Und hier verpassen es beide, konservative Akzente zu setzen. Die Bundesbürger schalten den Fernseher an diesem Abend wohl mit dem Gedanken ab: »Merkel und Schulz verstehen sich ganz gut, die scheinen im Großen und Ganzen das Gleiche mit dem Land vorzuhaben. Auch in der Flüchtlingspolitik sind sie einer Meinung und wollen weiter einen abwägenden Kurs fahren.«

Das TV-Duell bestärkt also exakt die Sorgen der globalisierungsskeptischen Wähler. Die 45 Prozent der Bundesbürger, die sich fragen, ob die beiden großen Parteien ihre Sorgen um ihren *Kontroll- und Identitätsverlust* ernst nehmen, sind hier endgültig ins Grübeln gekommen. In der AfD-Zentrale müssen derweil die Sektkorken geknallt haben. Das TV-Duell hätte für die AfD nicht besser laufen können.

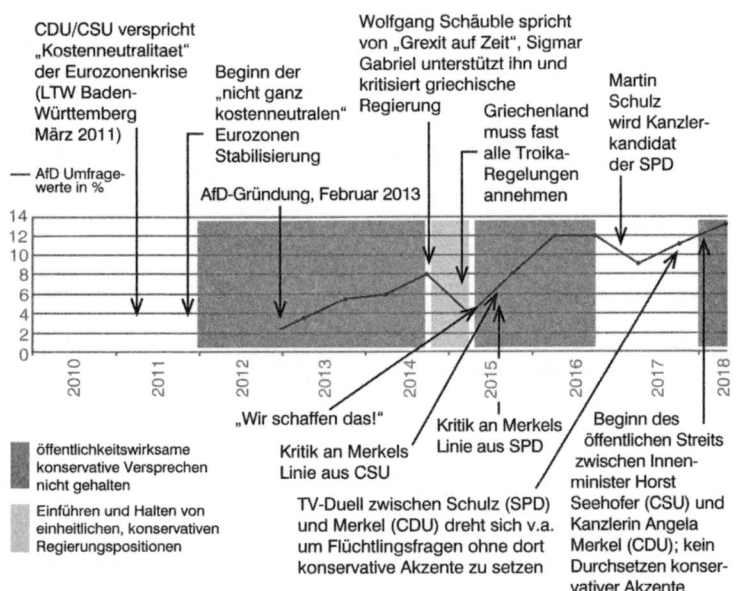

Reden über Europa und Flüchtlinge

Quelle: Timo Lochocki, August 2018, basierend auf Daten der Forschungsgruppe Wahlen

Angela Merkel ist nicht allein schuld

Wenn die Enttäuschung über die Handhabung der Flüchtlingspolitik und die damit einhergehenden öffentlichkeitswirksamen Siege der progressiven Kräfte in der Bundesregierung um Angela Merkel der Schlüssel zum Aufstieg der AfD sind, liegt dann die Verantwortung für die Entfremdung der Wähler von den Volksparteien nicht eindeutig bei der Kanzlerin? Hätte sie nicht einfach einmal Horst Seehofer nachgeben können? Einmal ihren Innenminister Thomas de Maizière einen großen konservativen Sieg verkünden lassen können? Möglichkeiten hätte es gegeben. Aber die Bundeskanzlerin hatte wohl mindestens drei Interessen, die dem entgegenstanden: Erstens, *das nationale Interesse*. Grenzschließungen an den bayerischen Grenzen hätten unkalkulierbare Folgen für die auf ungehemmten Verkehr angewiesene deutsche Wirtschaft haben können. Darüber hinaus hätte ein Rückstau der Flüchtlinge über die Balkanroute fragile europäische Partnerstaaten in Südosteuropa destabilisieren können.

Zweitens, *das parteipolitische Interesse*. Die CDU hatte die Bundestagswahlen 2009 und 2013 durch einen klaren Mitte-Kurs gewonnen, der voll auf die Kanzlerin zugeschnitten war. Warum also jetzt – nach mehr als zehn erfolgreichen Regierungsjahren – auf einmal die Strategie wechseln und konservativen Kräften in der Union mehr Raum geben? Warum auf einmal die direkte Konfrontation mit der SPD im Wahlkampf suchen, wenn doch das exakte Gegenteil zwei Bundestagswahlsiege beschert hatte?

Drittens, *ihr Eigeninteresse*. Warum auch immer die Kanzlerin die Grenzen offenhielt, deutsche und internationale Leitmedien sahen darin ein humanitäres Ansinnen. Es verbreitete sich die weltweite Interpretation, dass die Kanzlerin der Schutzpatron progressiver Werte sei. Eine medienwirksame konservative Wende hätte diesem Bild empfindlichen Schaden zugefügt. Wer hätte sich nicht gerne in diesem Image gesonnt?[2] Wer hätte angesichts dieser Rahmenbedingungen parteiinternen Rivalen, denen man jahrelang mit Skepsis begegnet war, nachgeben wollen? *Eine Fundamentalkritik an der Bundeskanzlerin verkennt die komplexe Gemengelage, in der eine deutsche Kanzlerin und CDU-Vorsitzende Entscheidungen trifft.*

Horst Seehofer ist nicht allein schuld

Andere sagen: Hätte Horst Seehofer nicht im Winter 2015/16 monatelang eine konservative Sau nach der anderen durchs Dorf getrieben, wäre das Thema Flüchtlinge ja vielleicht nie so hochgekocht! Und hätte er nicht immer wieder ein neues Fass aufgemacht (Grenzschließungen, Transitzonen, Klage beim Bundesverfassungsgericht, Obergrenze), wäre er nicht so häufig öffentlichkeitswirksam gescheitert. Dann hätten globalisierungsskeptische Wähler auch nicht das Vertrauen in die Bundesregierung verloren. So könnte man argumentieren.

Aber wie Angela Merkel hatte auch Horst Seehofer mindestens drei Interessen, die ihn antrieben. Erstens, *das bayerische Interesse*. Das Bundesland Bayern musste die Hauptlast der Flüchtlingspolitik der Bundesregierung tragen. Hier kamen die Flüchtlinge an, hier mussten sie erstversorgt werden, hier kollabierten die Aufnahmeeinrichtungen, hier machte die Polizei die meisten Überstunden. Und hier klopften die Polizeipräsidenten, Landräte und Landtagsabgeordneten bei Horst Seehofer an und sagten: »So geht es nicht weiter!« Also war der bayerische Ministerpräsident weitaus heftiger von der Flüchtlingsfrage betroffen als jeder seiner Amtskollegen etwa in Hessen oder Bremen.

Zweitens, *das parteipolitische Interesse*. Die CSU zieht ihre bundespolitische Bedeutung aus der Tatsache, dass sie in Bayern über die absolute Mehrheit verfügt. Deswegen sind für die CSU Bundestagswahlen eher zweitrangig. Entscheidend sind die Landtagswahlen in Bayern. Es gibt in Europa kaum noch Volksparteien, die es auf 30 Prozent schaffen. Der CSU in Bayern gelang aber lange Zeit das Kunststück, 45 oder 50 Prozent Wählerzustimmung zu erhalten. Der Markenkern der CSU, der diese Wahlerfolge ermöglichte, beruht auf drei Hauptanliegen: dem sozialen Ausgleich, einer wachsenden Wirtschaft und der Garantie von Recht und Ordnung. Den letzten Punkt sah die CSU durch die Flüchtlingssituation in Bayern schwer gefährdet. Lag die Partei im Sommer 2015 bayernweit noch bei komfortablen 47 Prozent, sah sie in der massiven Zuwanderung die Gefahr, Wähler an die AfD zu verlieren. Es lag also nahe, durch eine konservative Profilierung in der Flüchtlingspolitik die rechte Flanke gegenüber der AfD wasserdicht zu schließen. Dass dies am Widerstand der Bundeskanzlerin so fundamental scheitern würde, war bestimmt nicht eingeplant.

Drittens, *sein Eigeninteresse*. Horst Seehofer stand im Winter 2015/16 bereits unter massivem parteiinternen Druck durch den damaligen bayerischen Finanzminister Markus Söder. Dieser lauerte auf Fehler von Horst Seehofer, um ihn möglichst rasch als Ministerpräsident zu beerben. Der Druck, den die kommunale Ebene auf den obersten Verwaltungschef Bayerns machte, kam Söder also sehr recht. Seine Unterstützer fanden sich vor allem in der CSU-Landtagsfraktion. Die Abgeordneten waren fast alle Direktmandatsträger, die von Sorgen der Basis ausführlich berichten konnten. Wenn Seehofer sich Söder vom Leib halten wollte, musste er also die Flüchtlingsfrage lösen, und zwar schnell. Und lösen hieß: Zahlen runter, und zwar schnell. *Dem bayerischen Ministerpräsidenten Horst Seehofer (CSU) die Hauptverantwortung für den Aufstieg der AfD zuzuschreiben, unterschätzt folglich den parteiinternen Druck, unter dem er im Winter 2015/16 stand.*

Die Regierungskrise im Sommer 2018

Die Situation im Herbst 2015 erinnert stark an den Regierungsstreit im Sommer 2018. Und dem ist auch so: Im Juni 2018 fordert der Bundesinnenminister Horst Seehofer (CSU) die Zurückweisung von Flüchtlingen an der deutschen Grenze, die bereits in einem anderen EU Staat Asyl beantragt haben. Die Kanzlerin ist dagegen. De facto geht es auch hier nicht um das Flüchtlingsthema, sondern um Parteitaktik: Seehofer möchte aufgrund parteiinternen Drucks konservative Akzente setzen, um vor der bayerischen Landtagswahl im Oktober 2018 globalisierungsskeptische Wähler von der AfD zurückzuholen oder die Kanzlerin durch seinen Rücktritt zu stürzen. Sein Kalkül ist, dass die CDU-Bundestagsfraktion lieber einen neuen Kanzler wählt, als die Fraktionsgemeinschaft mit der CSU aufzukündigen. Die Kanzlerin möchte weder in der Sache groß nachgeben noch gestürzt werden (verständlicherweise).

Nach tagelangen Verhandlungen einigt man sich schließlich auf einen Kompromiss. Transitzentren, Schleierfahndung hinter der deutschen Grenze und Rücksendungen von Asylbewerbern in EU Staaten, die dem zustimmen, sollen die Brücke zwischen der Position der Kanzlerin und dem Innenminister bauen. Die CSU bekommt sozusagen die verschärften nationalen Maßnahmen, die Kanzlerin kann auf den kooperativen Ansatz mit anderen EU-Staaten verweisen. Anfang Juli sind dies nur Absichtserklärungen, die von noch ausstehenden Verhandlungen, vor allem mit Österreich und Italien, abhängen.

Gänzlich unabhängig davon, ob dieser Kompromiss in der Praxis funktioniert, ist sehr zweifelhaft, ob er parteitaktisch klug war. Denn damit ein *Bürgerlicher Kompromiss* globalisierungsskeptische Wähler an die Volksparteien bindet, müssen im Idealfall vier Faktoren gegeben sein: Erstens, konservative Politiker müssen durchsetzungsfähig erscheinen; zweitens, eine klare symbolische Grenze gegenüber einer externen Bedrohung muss gezogen werden; drittens, indem alle Entscheidungsträger dem gefundenen Kompromiss zustimmen, beweisen sie die Handlungsfähigkeit staatlicher Organe; viertens, indem man sich danach rasch anderen Themen zuwendet, verliert das Migrationsthema an Relevanz.

Es spricht viel dafür, dass diese Faktoren im Sommer 2018 nicht gegeben sind: Horst Seehofer erscheint aufgrund eigener strategischer Fehler und des langen Beharrens der Kanzlerin auf ihrer Position nicht als durchsetzungsstark; viele Wähler scheinen großen Zweifel daran zu haben, ob Transitzentren und Schleierfahndung wirklich einen substanziellen Beitrag zur Herstellung staatlicher Kontrolle darstellen; drittens, große Teile der Bevölkerung schütteln ihren Kopf über diese massive Eskalation über ein relativ überschaubares politisches Problem und interpretieren die Regierungskrise als das Gegenteil zu staatlicher Handlungsfähigkeit; viertens ist es eine offene Frage, ob es der CSU in den wenigen Monaten bis zur Landtagswahl im Oktober 2018 gelingt, noch genug andere thematische Akzente zu setzen, um das Flüchtlingsthema aus dem öffentlichen Scheinwerferlicht zu verdrängen. Die Strategie der CSU, Wähler von der AfD zu überzeugen, kann so eigentlich nur gelingen, wenn von Juli bis Oktober zwei Narrative im öffentlichen Raum verfangen: das eines durchdachten Kompromisses in der Flüchtlingspolitik, der konservative Kräfte als Sieger hervorbrachte, und das eines Wahlkampfes, der im Endspurt fast ohne das Flüchtlingsthema auskommt.

Verantwortung tragen Merkel und Seehofer gleichermaßen

Beide Unionsparteien müssen einen sehr hohen Preis für ihre Unfähigkeit zahlen, sich nicht viel früher öffentlichkeitswirksam zusammengerauft zu haben. Dies gilt für den Herbst 2015 genauso wie für den Sommer 2018. Die CDU/CSU hat massiv an Wählerzustimmung verloren. Denn gerade konservative Wählerschichten goutieren Streit in identitätspolitischen Fragen überhaupt nicht. Sie wollen, dass die Politiker, die ihr Vertrauen genießen, Probleme lösen. Gerade bei Themen, die die nationale Identität betreffen, erwarten sie von ihrem Spitzenpersonal nach einer Debatte Geschlossenheit. Streit über Migrations-, Außen- und Europapolitik verunsichert konservative Wählerschichten und lässt sie an der Fähigkeit ihrer Repräsentanten zweifeln, ihre persönlichen Sorgen *anzuerkennen*, die staatliche Ordnung zu *sichern* und die nationale Identität zu *schützen*.[3] Wenn ein öffentlichkeitswirksamer Streit über Fragen nationaler Identität und Sicherheit zu Ungunsten des konservativen Lagers innerhalb der konservativen Partei ausgeht, wandern viele Wähler zu Rechtspopulisten ab.[4] Der öffentliche Streit in der CDU/CSU war also ein klassisches Eigentor.

Den enttäuschten Wählern geht es um *gefühlten Respekt* auch im Kleinen. In einem fabelhaften Buch über den Aufstieg der norwegischen Rechtspopulisten nennt der Autor Marsdal Magnus in der Kapitelüberschrift »Respekt für

Grandiosa!« die beliebteste Fertigpizza in Norwegen und damit ein Symbol des Lebenswandels bodenständiger Wählerschichten, das diese von der abgehobenen nationalen Elite nicht mehr anerkannt und beschützt sehen. Mit dem Kapiteltitel will der norwegische Autor unterstreichen, dass die urbanen akademischen Meinungsmacher Norwegens endlich damit aufhören sollen, auf die bodenständige Landbevölkerung Norwegens herabzusehen. Und eben diese Bevölkerungsschicht liebt nun einmal besagte Fertigpizza.[5]

In den Geschichtsbüchern über Bundeskanzlerin Angela Merkel wird stehen, dass sie die CDU-Vorsitzende war, die die AfD in den Bundestag brachte. Und in den Werken über Horst Seehofer, dass er die absolute Mehrheit für die CSU in Bayern massiv in Gefahr brachte. Für eine Lösung der Flüchtlingsfrage, welche die Wähler bei den Volksparteien gehalten hätte, wäre zweierlei nötig gewesen: eine medienwirksame Einigkeit aller beteiligten Spitzenpolitiker in der Migrationspolitik (der *Bürgerliche Kompromiss*) und anschließend ein wuchtiger Themenschwenk weg von der Identitätspolitik hin zu Sozial- und Wirtschaftsfragen. *Statt alte Wählerschichten zu halten und neue zu erreichen, haben CDU/CSU ihre Wählerschichten gespalten.* Besorgte, globalisierungsskeptische Bürger wanderten zur AfD. Verantwortlich hierfür sind beide: Angela Merkel und Horst Seehofer.

Progressive »Siege« helfen der liberalen Gesellschaft nicht

Man mag zur Flüchtlingspolitik der Bundesregierung in der Sache stehen, wie man will, aber sie war kein Meisterstück der politischen Kommunikation. Die öffentlichkeitswirksamen »Siege« des progressiven Lagers gegen Horst Seehofer und konservative Kräfte in der CDU, die vielen Ankündigungen konservativer Vorschläge ohne deren Durchsetzung und die Unfähigkeit, andere Themen außer Migrationsfragen zu platzieren, beunruhigten konservative Wähler.

Die deutschen Medien stellten völlig zu Recht ab Anfang 2016 Angela Merkel als Sieger im Flüchtlingsstreit mit Horst Seehofer dar. (Wie die Medien den Regierungsstreit im Sommer 2018 endgültig interpretieren, ist zum Zeitpunkt des Schreibens noch nicht absehbar.) So betitelte zum Beispiel der Berliner *Tagesspiegel* im März 2016 einen Kommentar über Horst Seehofers Kritik an der Kanzlerin mit »Schlecht gebrüllt, Löwe!«.[6] So wurde für globalisierungsskeptische Wähler klar, dass ihre Sorgen von den konservativen Kräften nicht geschützt werden konnten. Weder irgendein Vorschlag der CSU, der eine symbolische Grenze hätte ziehen können (Grenzschließungen, Transitzonen oder Obergrenze), noch der Beschluss des CDU-Parteitages, die doppelte Staatsbürgerschaft einzugrenzen, wurde umgesetzt und folglich auch nicht kommuniziert. Symbole nationaler Zugehörigkeit wurden also *nicht* bewahrt. Die Furcht vor Identitätsverlust erschien berechtigt.

Denn wie oben ausgeführt gilt: Politische Entscheidungen sind die notwendigen Bedingungen, um Wählerzustimmung zu erhalten; aber die öffentlichkeitswirksame Kommunikation eben dieser ist die hinreichende Bedingung, die final den Ausschlag gibt. Im September 2015, also *vor* dem Ausbrechen des Koalitionsstreites über das Asylpaket II, misst das Politbarometer, dass nur 3 (!) Prozent der Wähler der AfD zutrauen, die beste Migrationspolitik für das Land zu machen. Im Januar 2016, das heißt auf dem Höhepunkt der Flüchtlingsdebatte im Zuge der Kölner Silvesternacht, können die Rechtspopulisten die Zustimmungswerte für ihre Politik verdoppeln: 7 Prozent trauen ihr nun die beste Flüchtlingspolitik für das Land zu. Ende 2016, nachdem die

Kanzlerin die Wiedereinführung der Optionspflicht abgelehnt hat, glauben 9 Prozent der Bundesbürger, dass die AfD die beste Flüchtlingspolitik für Deutschland anbieten würde.

Im jahrelang andauernden Ringen der CDU, CSU und SPD über alle möglichen Fragen der Flüchtlings- und Integrationspolitik, also um Grenzschließungen, Leistungen für Asylbewerber, Transitzonen, Obergrenzen, Abschieberegelungen und das Staatsbürgerrecht, konnten konservative Kräfte kaum Akzente setzen, was letztlich alle Beteiligten schwächte: Viele konservative Bürger *verloren das Vertrauen in die Problemlösungskompetenz der Volksparteien* und sahen ihre Sorgen bei der AfD besser aufgehoben.

Erst *nach* der Bundestagswahl 2017 einigten sich CDU und CSU auf einen Kompromiss in der Flüchtlingspolitik – Jahre zu spät, um globalisierungsskeptische Wähler zu überzeugen. Und sofort nach der Regierungsbildung im März 2018 zerstritt sich der neue Bundesinnenminister Horst Seehofer mit der neuen, alten Bundeskanzlerin Angela Merkel über die Frage, ob der Islam zu Deutschland gehört. Im Sommer 2018 erleben wir schließlich einen massiven Regierungsstreit über eine migrationspolitische Kleinigkeit; nämlich darüber, wie mit der täglichen Handvoll von Asylbewerbern umgegangen werden soll, die bereits in anderen EU-Staaten Asyl beantragt haben. Im Sommer 2018 stehen wir also genau dort, wo wir vor drei Jahren schon einmal waren: bei einem medienwirksamen Konflikt in der CDU/CSU, der der AfD in die Karten spielt, solange er nicht in einen *Bürgerlichen Kompromiss* mit konservativen Leuchtturmprojekten und einem darauffolgenden Themenwechsel mündet.

Diese Debattenlage ist mit das Beste, was der AfD passieren kann. Ihre Gewinnerformel »Für die Nation, gegen die Eliten« beruht auf drei Säulen: dem Anti-Elitismus, dem Nationalismus und der Selbstdarstellung als demokratischer

Akteur. Indem die Bundesregierung sich in der Migrationspolitik nicht einigen kann, verstärkt sie den Eindruck des Staatsversagens, das den Anti-Elitismus der AfD begünstigt. Da die Regierungsparteien parallel aber keine Konfliktpunkte in der Sozial- und Wirtschaftspolitik erkennen lassen, entsteht der Eindruck des Elitenkartells. (Wie weiter oben besprochen, ist Streit um die beste Sozialpolitik gut für die Volksparteien.) Da vor allem die Bundeskanzlerin konservative Positionen öffentlichkeitswirksam zurückwies und man auf konservative Symbolpolitik verzichtete, verstärkte sich der Eindruck globalisierungsskeptischer Wähler, dass ihre eigene (konservative) Identität und die nationale Identität Deutschlands nicht verteidigt würden. Dies begünstigt den Nationalismus der AfD enorm, da sie so als einziger Schutzpatron (konservativer) deutscher Werte und Interessen auftreten kann.

Diese Situation wird noch dadurch verstärkt, dass es den großen Volksparteien nicht gelungen ist, das Migrationsthema aus dem Wahlkampf herauszuhalten. So konnte der Nationalismus der AfD auf viele offene Ohren treffen. Die Konsequenz all dessen war ein konstantes Umfragehoch der AfD, das wiederum half, parteiinterne Querelen im Zaum zu halten. Diese hätten sonst dazu geführt, dass der Bevölkerung viel klarer geworden wäre, dass es in der AfD verfassungsfeindliche Tendenzen gibt. Aufgrund des Umfragehochs blieb ein offener parteiinterner Konflikt aber aus und so konnte sich die AfD leichter als demokratische Alternative präsentieren. All diese Faktoren, die die AfD begünstigen, hängen also von der öffentlichkeitswirksamen Kommunikation von politischen Entscheidungen von CDU, CSU und SPD ab.

Wie die etablierten Parteien der AfD in die Karten spielen

Gewinnerformel	AfD-Rhetorik	Begünstigung der AfD-Position	Belastung der AfD-Position
Anti-Elitismus	Staatsversagen	Kritik an der Migrationspolitik der Bundesregierung (gebrochene Versprechen)	Betonung der Erfolge der Bundesregierung in der Migrationspolitik
	Elitenkartell	Keine sozialpolitischen Differenzen SPD/Union	Polarisierung in Sozial- und Wirtschaftspolitik
Nationalismus	Ausverkauf der Interessen der Bürger	Diskreditierung konservativer Positionen	Anerkennung konservativer Ansichten
	Notwendigkeit, nationale Identität zu verteidigen	Verzicht auf konservative Symbolpolitik	Konservative Symbolpolitik im Einklang SPD/Union
	Ein-Thema-Fokus: Flüchtlinge/Integration	Flüchtlinge/Integration wird Wahlkampfthema	Wahlkampf über Sozialpolitik ohne Referenz auf Migrationspolitik
Demokratische Alternative	Rechtsextreme Tendenzen werden heruntergespielt	Umfragehoch verhindert parteiinterne Konflikte	Parteiinterne Konflikte aufgrund Umfragetief

Und nun?

Wenn Sie der Regierungsstreit über die Flüchtlingsthematik näher interessiert, kann ich Ihnen das Buch *Die Getriebenen* von Robin Alexander ans Herz legen. Herr Alexander gibt darin einen eindrücklichen Einblick in den politischen Maschinenraum und zeigt auf, wie die Entscheidungen in der Flüchtlingspolitik getroffen wurden. Wenn Sie das Buch fertiggelesen haben, werden Sie vielleicht zu dem Schluss kommen, dass man das ja alles bitte schön deutlich besser hätte machen können. Um diesen Eindruck nachdrücklich zu relativieren, empfehle ich Ihnen hier kein zweites Buch, das die Komplexität von deutscher

Außen- und Parteipolitik darstellt. Vielmehr bitte ich Sie, sich in Gedanken vor ein Schachbrett zu setzen. Ungefähr so müssen Sie sich die Lage von bundespolitischen Entscheidungsträgern in diesen Jahren vorstellen: Die 16 Figuren, die sie bewegen können, sich dabei aber auch gegenseitig blockieren, sind die Bundestagsfraktionen, Landtagswahlen, der Koalitionspartner, Wirtschaftsinteressen, Mehrheitsverhältnisse im Bundesrat, parteiinterne Fehden und alte Rechnungen, Lobbygruppen, die Einschränkungen des Grundgesetzes, Leitmedien, Charaktereigenschaften von Spitzenpolitikern, die Lage am Arbeitsmarkt, aktuelle Umfragen und noch vieles mehr. Das sind die unzähligen Faktoren, die sie theoretisch direkt beeinflussen könnten, um eine deutsche Migrationspolitik zu betreiben – wie auch ihre jeweiligen Gegenüber, denn es gibt ja mehrere Parteien und Personen. Die Akteure spielen Simultanschach!

Aber damit nicht genug! Tatsächlich spielen sie außerdem mit ausländischen Partnern und Kontrahenten, die ebenfalls 16 Figuren auf dem Feld haben. Das wären die Innenpolitik in wichtigen Partnerstaaten, die Wirtschaftsinteressen dieser Staaten, außenpolitische Verbindlichkeiten und Verträge, unkontrollierbare Debatten in den soziale Medien, offene Rechnungen mit wichtigen Alliierten, bereits gegebene Zusagen, die sie nun nuancieren müssen, die NATO, die europäischen Institutionen in Brüssel und Straßburg, die geostrategischen Interessen von Moskau, Washington und Peking, nun auch noch der unkalkulierbare US-Präsident, die Sorgen und Nöte ihres wichtigsten Partners Frankreich, der zeitgleich laufende Brexit, die Krisen im Nahen und Mittleren Osten, der Euro-Kurs, die Europäische Zentralbank und vieles, vieles mehr.

Jeder, der sich wundert, warum das nicht alles viel reibungsloser gelaufen ist, sollte sich auch daran erinnern, dass er oder sie nicht jedes Schachspiel binnen zwanzig Minuten gewinnt. Schach ist, wie Politik, sehr, sehr kompliziert!

Hieraus folgt, dass wir uns in identitätspolitischen Debatten meines Erachtens vor übereilten Äußerungen hüten sollten. Und gerade diejenigen, die uns weismachen wollen, dass das alles ja ganz einfach zu regeln sei, sollten wir mit allergrößter Skepsis betrachten. Und da ist es vollkommen egal, ob es um einen eher progressiven oder einen eher konservativen Kopf geht.

Zwei weitere Punkte lohnt es sich, mitzubedenken: zum einen, dass es nicht allein die Entscheidungen zur Identitätspolitik sind, welche die Wähler bewegen, sondern noch viel mehr, wie sich diese anfühlen. Und das hängt von der politischen Kommunikation ab. Dieser Punkt ist elementar, daher wiederholenswert: Wenn Sie über diese Fragen politisch diskutieren, denken Sie bitte daran, dass die Fakten erst an zweiter Stelle kommen. Versuchen Sie herauszufinden, was Ihr Gegenüber zu einer politischen Frage empfindet, was sie oder er fühlt.

Daraus folgt, zweitens, eine ganz bittere Pille für eher progressive Köpfe: Wenn Sie wünschen, dass sich globalisierungsskeptische Wähler bei den Volksparteien wohlfühlen, sollten Sie den Konservativen gerade in der CDU/CSU beide Daumen drücken. Die AfD hätte bei der Bundestagswahl 2017 deutlich schlechter abgeschnitten, wenn Horst Seehofer mehr konservative Trophäen hätte präsentieren können.

Falls Sie progressiv eingestellt sind und Sie diese Feststellung verärgert: Progressive und Konservative haben, wenn sie über die Entfremdung zwischen Spitzenpolitikern und Bürgern und den Aufstieg der AfD diskutieren, tatsächlich vieles gemeinsam, insbesondere unterlaufen ihnen dieselben Missverständnisse. Um diese soll es im nächsten Kapitel gehen.

5
Warum den Volksparteien wirklich die Wähler weglaufen

»*Es ist von großem Vorteil, die Fehler, aus denen man lernen kann, möglichst früh zu machen.*«
(Winston Churchill)

Warum selbstgerechte Kommentare Eigentore sind

Das Aufkommen der AfD ist ein *Symptom* und ein *Katalysator* für die Entfremdung vieler deutscher Wähler von den Volksparteien. Daher beruht der Aufstieg auch dieser rechtspopulistischen Partei auf einer *Kombination aus psychologischen und parteipolitischen Prozessen*. Am besten ist die aktuelle politische Gemengelage Deutschlands zu beschreiben als *die unbeabsichtigte Folge des komplexen politischen Zusammenwirkens von CDU/CSU und SPD*. Nichtsdestotrotz wurde der Aufstieg der AfD von zahlreichen Meinungsbeiträgen begleitet, die eher grobschnittige, zum Teil banale Erklärungsversuche anboten (zum Beispiel zu sparsame Sozialpolitik oder latente Ausländerfeindlichkeit) und den Erkenntnissen der Forschung und der Komplexität von Wahlentscheidungen zum Teil deutlich widersprachen. Das ist wohl am besten mit dem politischen Sendungsbewusstsein und der Meinungsstärke mancher Journalisten und Publizisten zu erklären. Rosa Luxemburg soll hierzu einmal treffend festgestellt haben, »der Idealismus wächst mit dem Abstand zum Problem«.

Doch diese Kombination aus Selbstsicherheit (»ich weiß, was richtig ist«), Opportunismus (»alle suchen gerade nach einer Antwort, dann kann ich ja endlich mal schreiben, was ich schon immer dachte«) und dem Wunsch nach Selbstbestätigung (»und dass es richtig ist, erkenne ich daran, dass alle, die ich mag, meiner Meinung sind«) ist ausgesprochen kontraproduktiv. Denn so verbreiten sich nicht nur wenig fundierte Privatmeinungen. Es wird vor allem für Politiker und Parteistrategen enorm schwer, wirklich zu verstehen, warum viele Wähler so enttäuscht sind. Auf den nächsten Seiten will ich daher einige fundamentale Missverständnisse über die Entfremdung vieler Wähler von den Volksparteien und über den Aufstieg der AfD ausräumen.

Missverständnis 1: Deutschland spielt eine historische Sonderrolle

Die emotionalen und politischen Mechanismen, die der Entfremdung der Bürger von ihren Volksparteien und in der Folge ihrer Zuwendung zu Rechtspopulisten zugrunde liegen, gelten für alle westlichen Demokratien. Von Finnland bis Portugal, von Österreich bis in die USA. Sie gelten allerdings nicht für das östliche Mittel- und Osteuropa, da diese Staaten erst relativ junge Demokratien sind. Der parteipolitische Dualismus im postsowjetischen Raum besteht nicht zwischen zwei grundsätzlich prodemokratischen Kräften (Mitte-Links gegen Mitte-Rechts), sondern seit den 1990er Jahren zwischen Demokraten und Postkommunisten. Mittlerweile gesellten sich hier die Postfaschisten hinzu. Wir haben es dort also mit einem Systemkonflikt, nicht mit systeminterner Rivalität zu tun. Das ist auch mit ein Grund, warum die rechten Parteien in Westeuropa weitestgehend demokratisch aufgestellt sind, im östlichen Mittel- und Osteuropa aber starke antidemokratische Züge aufweisen. Der Politikansatz des ungarischen Ministerpräsidenten Viktor Orbán (etwa die Einschränkung der Pressefreiheit und der Gewaltenteilung) ist zum Beispiel nicht mehr mit grundlegenden demokratischen Prinzipien in Einklang zu bringen.[1]

Parteipolitische Mechanismen sind also für westliche Demokratien gut generalisierbar. Nationale historische Eigenheiten spielen eine untergeordnete Rolle. Der Schlüssel ist eher, wie diese Eigenheiten durch die Medien und die Parteien gehandhabt werden.[2] Die These, dass eine rechte Partei in Deutschland aufgrund der Erinnerungen an Hitler-Deutschland undenkbar sei, macht da keine Ausnahme. Sie galt für viele Kommentatoren sogar bis kurz vor der Bundestagswahl 2017. Mit dem Einzug der AfD musste man aber feststellen, dass es nicht die nationalsozialistische Vergangenheit war, die rechte Parteien kleinhielt, sondern die Integration konservativer Kräfte in die CDU/CSU und die SPD – eine These, die internationale Forscher schon lange mit größter Vehemenz vertraten.[3] Gleiches gilt für alle anderen Staaten Europas: In Frankreich glaubte man, der Widerstand gegen Nazi-Deutschland würde gegen den Front National immunisieren. Tut er nicht. In Schweden und den Niederlanden glaubte man, die sprichwörtliche Toleranz dieser Gesellschaften würde rechtspopulistische Parteien stoppen. Tut sie natürlich genauso wenig. Diese Liste ließe sich beliebig fortsetzen.

Daraus erschließt sich, dass das Aufkommen der AfD in Deutschland sehr ähnlichen Prozessen folgt wie in anderen westlichen Staaten.[4] Von ihnen können wir folglich sehr viel darüber lernen, wie man das Vertrauen in die Volksparteien wieder stärken kann. Jede Analyse, die daher auf »deutsche Besonderheiten« abstellt, kann uns nur wenig weiterhelfen. Wir sollten stattdessen *die Erfahrungen in anderen westlichen Staaten im Umgang mit der Entfremdung der Bürger von ihren Politkern* als großen Erfahrungsschatz ansehen.

Missverständnis 2: Die AfD ist mit der NSDAP vergleichbar

Die AfD mit der NSDAP zu vergleichen ist ein perfektes Beispiel für die enorme Kontraproduktivität dieses Deutschland-Zentrismus. Die Gleichsetzung des Erfolgs der AfD mit dem Aufstieg der NSDAP ist wohl einer der häufigsten argumentativen Kurzschlüsse in der aktuellen Debatte. Dieser Vergleich ist empirisch nicht haltbar und führt zu falschen politischen Konsequenzen. Denn der Aufstieg der NSDAP ging mit der Weltwirtschaftskrise 1929 und der Sparpolitik der damaligen Regierung unter Reichskanzler Heinrich Brüning einher. Daraus folgt dann für viele Kommentatoren der scheinbar logische Schluss, dass die AfD – wie damals die NSDAP – aufgrund einer verfehlten Sozialpolitik aufsteigen würde. Somit legt man den Fokus auf Sozial- und Wirtschaftspolitik, was aber am entscheidenden Thema vorbeigeht, nämlich der Identitätspolitik.

Die NSDAP war eine rechtsextreme Partei, die die erst wenige Jahre junge Weimarer Republik abschaffen wollte. Die AfD ist aber (noch) eine rechtspopulistische Partei, die nicht die Demokratie, sondern die etablierten Spitzenpolitiker und Meinungsmacher abschaffen möchte. Die NSDAP definierte sich über einen ethnischen Rassismus und zielte auf die Ausmerzung der »Schmach von Versailles« – dem von vielen Deutschen als bitter ungerecht empfundenen Friedensvertrag des Ersten Weltkrieges. Die AfD propagiert indessen (noch) keine kriegerische Außenpolitik und (noch) keinen offenen biologistischen Rassismus, sondern ein Ende der deutschen Einbettung in internationale Organisationen sowie einen kulturellen Rassismus.

Die NSDAP war folglich eine *antidemokratische Anti-System-Partei* und geprägt von einem *völkischen Nationalismus*, also der NPD ähnlich. Die AfD hingegen ist (noch) eine *pro-demokratische Anti-Eliten-Partei*, die Ausgrenzung nicht *ethnisch*, sondern *kulturell* begründet. Darüber hinaus operiert sie in einer enorm stabilen Demokratie, der Berliner Republik. Galt für die demokratische Stabilität Westdeutschlands mit ihrer Hauptstadt am Rhein das Motto »Bonn ist nicht Weimar«, so gilt dies für das wiedervereinigte Deutschland erst recht: »Berlin ist nicht Weimar.«

Der Vergleich der NSDAP im Jahr 1929 mit der AfD im Jahr 2017 hinkt also fürchterlich. Er ist nicht nur empirisch total falsch, da er Äpfel mit Birnen vergleicht. Er führt auch zu dem gänzlich kontraproduktiven Erklärungsansatz, vor allem ökonomische Faktoren hinter dem Aufstieg der AfD zu vermuten. Daraus ergäbe sich eine andere Sozial- und Wirtschaftspolitik als bestes Rezept gegen die AfD. Wie aber bereits mehrmals ausgeführt, wird dies kaum einen AfD-Wähler zurück zu den Volksparteien bringen. Wer die AfD somit mit der NSDAP vergleicht, tut der AfD einen doppelten Gefallen. Einmal, weil er damit alle AfD-Wähler als Nazis verunglimpft, die sich dadurch in ihrer These bestätigt fühlen, dass man sich mit ihren Anliegen sachlich nicht beschäftigen will. Sodann, indem man eine »Lösungsstrategie« mit dem Fokus auf Sozial- und Wirtschaftspolitik vorschlägt, der vielleicht in den 1930ern gegen die NSDAP oder in den 1990ern gegen die NPD geholfen hätte, aber mit Sicherheit nicht gegen die AfD im Jahre 2018.

Missverständnis 3: Die Wirtschaft spielt für AfD-Wähler die entscheidende Rolle

Aus dem Weimar-Vergleich abzuleiten, dass wirtschaftliche Schwierigkeiten die Triebfeder des Aufstieges der AfD sei, ist, wie gesagt, völliger Unsinn. Stattdessen ist es exakt umgekehrt: Rechtsextremistische Parteien wie die NSDAP früher und heute die NPD profitieren in manchen ostdeutschen Gebieten in der Tat von realen ökonomischen Problemen. Rechtspopulistische Parteien wie die AfD dagegen profitieren von einem Gesellschaftsklima, das von *ökonomischer Prosperität* geprägt ist – die notwendige Voraussetzung für die Ängste konservativer Bürger um ihr *gesamtes Lebensmodell*. Es geht hier aber nicht zuerst um Angst vor *ökonomischem* Abstieg, sondern vor *kultureller* Zurücksetzung. Es geht nicht um das Gefühl, Arbeitnehmer zweiter Klasse, sondern Staatsbürger zweiter Klasse zu sein. Beides kann Hand in Hand gehen, muss es aber nicht.

Steigende Arbeitslosigkeit und damit einhergehende parteipolitische Konflikte in sozial- und wirtschaftspolitischen Fragen sind Gift für Rechtspopulisten. Denn wie bereits ausgeführt, würden dann die Volksparteien ihre Lösungskompetenz in Wirtschafts- und Sozialpolitik in den Vordergrund stellen können und Identitätsthemen (die Rechtspopulisten groß machen) würden massiv an Bedeutung verlieren. Ohne leidenschaftliche ökonomische Debatten haben viele Bürger nicht mehr den Eindruck, dass ihre Alltagssorgen Beachtung finden. Und wenn sich die Spitzenpolitiker immer öfter einig sind, dann drängt sich langsam der Verdacht auf, dass »die da oben« vielleicht gemeinsame Sache machen. So fällt das Anti-Eliten-Narrativ der AfD auf fruchtbaren Boden. Wenn sich keiner mehr über Sozial- und Wirtschaftspolitik streitet, ist Raum für andere Themen, Migration, Integration und

Europa zum Beispiel, mit denen die Wähler die AfD immer noch fast ausschließlich verbinden.

Auch hier ist die Situation in West- und Nordeuropa vergleichbar. Es ist kein Zufall, dass *Rechts*populisten vor allem in den sehr wohlhabenden Gesellschaften mit starkem Wirtschaftswachstum und ausgebautem Wohlfahrtsstaat erfolgreich sind, in Österreich, Skandinavien, den Niederlanden oder eben bei uns. In den Staaten, wo die Wirtschaft seit einem Jahrzehnt am Boden liegt und die Arbeitslosigkeit auf Rekordhöhen stagniert, erstarken hingegen *Links*populisten, vorneweg in Italien, Spanien und Griechenland.

Nun werden viele wachsame Leser fragen: Aber die Lega Nord ist doch der große Wahlgewinner in Italien und bildet nun mit der linkspopulistischen Fünf-Sterne-Bewegung eine Regierung?! Das stimmt, aber wenn Sie sich die Umfragewerte aller rechtspopulistischen Parteien in Italien (also vor allem der Lega Nord und Silvio Berlusconis Forza Italia) über die letzten dreißig Jahre ansehen, dann werden Sie feststellen, dass deren Stimmenanteil relativ konstant bei circa 35 Prozent blieb. Die große tektonische Verschiebung der italienischen Politik in diesen Jahren ist der Aufstieg einer *links*populistischen Partei, deren Hauptthemen eine scharfe Elitenkritik und eine deutlich spendablere Sozialpolitik sind. Auch wenn die Fünf-Sterne-Bewegung schwerer politisch einzuordnen ist als andere populistische Parteien, steht sie doch eindeutig der Linkspartei näher als der AfD.

Rechtspopulisten in Staaten mit großen ökonomischen Problemen hingegen können seit Jahren kaum Wählerzuspruch verzeichnen. Der einzige Fall, in dem eine rechtspopulistische Partei von einer darbenden Wirtschaft profitieren kann, ist der französische Front National (FN). Diese Ausnahme bestätigt aber die Regel, denn in Frankreich werden ökonomische Probleme *von allen Parteien* mit kulturellen

Faktoren verknüpft. Bis auf Emmanuel Macrons neue Partei En Marche porträtieren dort beinahe alle Parteien die Globalisierung als zugleich kulturelle und ökonomische Bedrohung des »Modells Frankreich«.[5]

Dies erklärt auch, warum die AfD *eben nicht* die Partei der kleinen Leute ist. Wenn überhaupt, ist sie *auch* die Partei der kleinen Leute. Daten des Meinungsforschungsinstitutes YouGov belegen, dass AfD-Wähler vom Einkommen und der Ausbildung her eher den *Durchschnitt* der deutschen Gesellschaft darstellen. Und das ist eigentlich ein Charakteristikum, das früher den beiden Volksparteien vorbehalten war. 25 Prozent der AfD-Wähler verdienen weniger als 1500 Euro netto monatlich (insgesamt sind es 22 Prozent). Und 23 Prozent haben einen Hauptschulabschluss (insgesamt sind es 18 Prozent). Ein Viertel der AfD-Wähler hingegen verdient mehr als 3000 Euro netto im Monat – das entspricht exakt dem Bevölkerungsdurchschnitt. Und ein Drittel der AfD-Wähler hat mindestens (Fach-)Abitur (hier zeigt sich der größte Unterschied zur Gesamtbevölkerung mit 39 Prozent Hochschulreife).[6] Es gibt also unter den AfD-Wählern auch Geringverdiener und Mitbürger mit bodenständigen Bildungsabschlüssen, aber auf keinen Fall deutlich mehr als in anderen Parteien. Von wenigen Segmenten der Gesellschaft abgesehen, ist die AfD-Wählerschaft nach sozioökonomischen Parametern weder besonders arm noch besonders reich; weder besonders schlecht noch besonders gut ausgebildet.[7]

Denn was AfD-Wähler hauptsächlich motiviert – das generelle Misstrauen gegenüber den Volksparteien und die Kritik an der Migrationspolitik der Bundesregierung –, hat mit ihrer finanziellen Situation wenig zu tun. Die drei Themen, die für AfD-Wähler bei der Bundestagswahl 2017 entscheidend waren, sind Terrorismusbekämpfung, Kriminalitätsbekämpfung und Flüchtlinge.[8] Sozial- und wirtschaftspolitische Themen spielten für AfD-Wähler, wenn überhaupt, eine marginale Rolle.

So verwundert es nicht, dass es *keinen* Zusammenhang zwischen der Arbeitslosenquote im Wahlkreis und dem dortigen AfD-Erfolg gibt.[9] Auch diese Ergebnisse decken sich mit der europaweiten Wahlforschung: *Es sind kulturelle Identitätsthemen, die Wähler zu den Rechtspopulisten wandern lassen.* Ökonomische Fragen werden mit kulturellen Anliegen verwoben, aber auch dann sind sie deutlich unwichtiger als Europa- oder Migrationsthemen.[10] Für die AfD gilt daher die Umkehrung der Aussage von Bill Clinton: »*It's not the economy, stupid!*« Eine Politik, die versucht, AfD-Wähler durch die Verbesserung ihrer ökonomischen Lebensumstände zu überzeugen, kann daher mit Sicherheit nicht schaden. Aber Wähler zu den Volksparteien zurückzubringen wird ihr kaum gelingen. *Denn auch die Wahlentscheidung für die AfD beruht vor allem auf der Frage, ob der Bürger seine kulturelle Wertewelt bedroht sieht, und hat somit so gut wie nichts mit rationalen Sachfragen zu tun.*

Dies zeigt sich in der Gewinnerformel der AfD, die sich auf zwei Kernsorgen der Wähler stützt: die Entfremdung und Enttäuschung über die Volksparteien im Allgemeinen und die Kritik an ihrer Handhabung der Migrationspolitik im Besonderen. *Die Gewinnerformel der AfD – wie die aller anderen Rechtspopulisten auch – lautet daher: Für die Nation, gegen die Eliten!*[11] Es geht AfD-Wählern nicht um Fakten, sondern um Emotionen. Es geht nicht um Sachpolitik, sondern um empathische Ansprache. Es geht nicht darum, was ist, sondern darum, was man glaubt, dass ist.

Missverständnis 4: AfD-Wähler sind Verfassungsfeinde

Denke ich an die AfD in der Nacht, bin ich um den Schlaf gebracht, mögen einige seufzen, die den thüringischen Vorsitzenden der Partei, Björn Höcke, oder den ehemaligen von Sachsen-Anhalt, André Poggenburg, vor Augen haben. Beide scheinen offen mit verfassungsfeindlichen Gruppierungen, wie der sogenannten Identitären Bewegung, zu sympathisieren.[12] Es passt ins Bild, wenn Höcke sich zu öffentlichen Äußerungen hinreißen lässt, die eine unverkennbare Nähe zum Denken und der Rhetorik des Nationalsozialismus haben. Er spricht von einer »Tat-Elite«, möchte, dass Deutschland »erwacht«, und auch die »tausendjährige Zukunft Deutschlands« findet sich.[13] All diese Aussagen lassen eine klare Affinität zu nationalsozialistischem Gedankengut erkennen. Sie haben auf der einen Seite das Ziel, rechtsextremistischen, grundgesetzfeindlichen Kräften zu signalisieren: »Wir denken wie ihr, stimmt für uns!« Und auf der anderen Seite lassen sie genug Interpretationsspielraum, um bürgerliche, verfassungstreue Kräfte nicht direkt zu verschrecken. So verteidigte der AfD-Bundesvorsitzende Alexander Gauland die Aussage von Björn Höcke, dass »Reproduktionsverhalten« von Europäern und Afrikanern unterscheide sich voneinander, als »Nationalromantik« eines Mannes, »der Deutschland liebt«, obwohl die Nähe zur Rassenlehre der Nazis unübersehbar ist.[14] Wenn solche Männer in der ersten Reihe der AfD stehen, muss die AfD dann nicht ein Haufen Nazis sein?

So einfach ist es nicht. Es gibt einen Unterschied zwischen verfassungsfeindlichen, rechtsextremen Parteien einerseits und weitgehend grundgesetzkonformen, rechtspopulistischen Parteien andererseits. Rechtsextreme Parteien wie die Nationaldemokratische Partei Deutschlands (NPD) wollen die parlamentarische Demokratie abschaffen – sie ist also eine *Anti-System-Partei*. Darüber hinaus kann für sie nur Deutscher sein, wer deutsche Vorfahren hat – wer »deutsches Blut« hat. Man spricht hier von *ethnischem Rassismus*. Darüber hinaus besteht *offene Sympathie für die NS-Ideologie*.

Rechtspopulistische Parteien hingegen wollen nicht die Demokratie per se abschaffen, sie wollen »nur« die gesamten Spitzenpolitiker und Meinungsmacher austauschen und selbst die Macht in der Demokratie übernehmen – sie sind also keine *Anti-System-Partei,* sondern eine *Anti-Eliten-Partei*. Dabei kann es selbstverständlich sein, dass Teile der Partei das anders sehen; aber Satzung und öffentliches Auftreten folgen dem Konzept der Anti-Eliten-Partei. Wie in den vorhergehenden Kapiteln besprochen, beruht der Rechtspopulismus auf drei Säulen: einem nostalgischen Nationalismus mit starken illiberalen Tendenzen, einer Anti-Eliten-Rhetorik und dem Versuch, sich als demokratische Alternative darzustellen. Rechtspopulisten definieren daher nationale Zugehörigkeit auch weniger über Herkunft als über das Teilen von klar definierten Traditionen, Werten und Verhaltensweisen. Wer sich diesen unterordnet, sich assimiliert, kann theoretisch auch dazugehören. Daher spricht man hier von einem *kulturellen* Rassismus.

Auch wenn manche Köpfe in diesen Parteien mit der NS-Ideologie sympathisieren mögen, so ist *die öffentliche Distanzierung von NS-Gedankengut offizielle Parteilinie*. Auch (noch) in der AfD. Indem der AfD-Bundesvorsitzende Alexander Gauland dem Fußballnationalspieler Jérôme Boateng aufgrund seines Migrationshintergrundes unterstellte, dass ihn keiner zum Nachbarn haben wolle, überschritt er diese Grenze eindeutig. Es wundert daher nicht, dass Gauland versuchte, seine Aussagen zu relativieren, nachdem gerade konservative Medien sich deutlich gegen ihn positioniert hatten.[15]

Für rechtspopulistische Parteien geht es also darum, eine Demokratie zu schaffen, in der die von ihnen definierte Mehrheit der vermeintlichen Träger der Heimatkultur auf die Belange von Minderheiten keine Rücksicht nehmen muss. Es geht ihnen also um eine Form der *Tyrannei der Mehrheit* (Alexis de Tocqueville). Deswegen ist eines ihrer politischen Hauptziele die Abschaffung von Gesetzen, die Minderheiten schützen, zum Beispiel Muslime, Homosexuelle oder Flüchtlinge. Der griechische Populismusforscher Takis S. Pappas bezeichnet Rechtspopulisten daher auch als *illiberale Demokraten*.[16] Die definierte *vermeintliche* Mehrheit, insbesondere der christliche, heterosexuelle Mann mit deutschem Pass, soll frei von diesen gesetzlichen Zwängen sein Leben führen dürfen. Passend dazu bemerkt der *FAZ*-Redakteur Justus Bender: »AfD-Anhänger wollen frei sein von der, wenn man so will, Belastung durch das Andere.«[17]

Doch das allein macht einen nicht zum Nazi. In seinem urkomischen Roman *Mittelmäßiges Heimweh* lässt Wilhelm Genazino seine larmoyante Hauptfigur eine weit verbreitete Empfindung unserer Tage ausdrücken: »Eines meiner innersten Probleme ist es, dass ich nicht mit der Komplexität des Lebens in Berührung kommen will.« Viele AfD-Anhänger scheinen also eine Stimmung widerzuspiegeln, die gerade in globalisierten Gesellschaften weit verbreitet ist. Wie passt diese Stimmung mit Sympathien für Björn Höcke zusammen?

Innerhalb der AfD sind, wie in jeder anderen Partei auch, mindestens drei Gruppen zu unterscheiden: die Parteiführung, die Funktionäre und die Mitglieder und Sympathisanten.[18] Wie bereits an anderer Stelle erörtert, stehen Mitglieder des Bundesvorstandes – im Besonderen Höcke und Poggenburg – verfassungsfeindlichem Denken zuweilen sehr nahe. Dies gilt aber zum Beispiel nicht für die Vorsitzende der AfD-Bundestagsfraktion, Alice Weidel, oder den Chef der Berliner AfD, Georg Pazderski. Ihre Aussagen erinnern eher stark an sehr konservative Kreise der CDU, doch weniger an die NPD. Dem AfD-Bundesvorsitzenden Alexander Gauland hätte man bis vor wenigen Jahren mit Sicherheit kein Gedankengut unterstellt, das dem Grundgesetz widerspricht. Seine Aussagen in den letzten Jahren und im Besonderen seine Verteidigungen von Höcke und Poggenburg lassen nun allerdings deutliche Zweifel an seiner Verfassungstreue gerechtfertigt erscheinen. Was die Grundgesetztreue der Funktionäre und Mitglieder der AfD angeht, kann man nur spekulieren. Auf dem Parteitag im Dezember 2017 unterstützte annähernd die Hälfte der Mitglieder einen Kandidaten des Höcke-Lagers in einer Abstimmung gegen den als moderater geltenden Pazderski.

Bei den AfD-Wählern – und um die geht es für die Volksparteien hauptsächlich – kann aber von einer 50/50-Einteilung keine Rede sein. NPD-Wähler werden in Wahlstudien unter der Rubrik »sonstige Parteien« gebucht. Und der Anteil der Sonstige-Parteien-Wähler am AfD-Wahlerfolg 2017 ist gering. Nur 730 000 der 5,9 Millionen, die den Rechtspopulisten ihre Stimme gaben, kamen von »sonstigen Parteien«, wovon wiederum nur ein Bruchteil von der NPD hinüberwechselte. Der Rest der AfD-Wähler drittelt sich grob in ehemalige Unterstützer anderer großer deutscher Parteien, ehemalige Nichtwähler und in Wähler, die der AfD schon 2013 ihre Stimme gaben.[19] Und von diesen 1,5 Millionen AfD-Wählern wiederum, die 2013 auch schon für die Rechtspopulisten gestimmt hatten, kamen 2013 auch nur 500 000 von besagten »sonstigen Parteien«, der Rest vor allem von FDP, Linkspartei und CDU.[20] Daraus folgt, dass von den circa sechs Millionen AfD-Wählern 2017 maximal 1,2 Millionen von der NPD gewandert sein könnten. (Vermutlich sogar deutlich weniger, da die Rechtsextremisten bei der Bundestagswahl 2009 – vor dem Aufkommen der AfD – nur 770 000 Stimmen erhielten.)

Nun könnte man spekulieren, dass die Hälfte der Nichtwähler, die 2013 und 2017 die AfD gewählt haben, entweder alle von der NPD kamen oder zumindest mit ihr sympathisierten. Dies ist zwar mit Blick auf die nur 770 000 Wähler der NPD 2009 sehr unwahrscheinlich, lohnt aber als Gedankenexperiment: Wenn wir also alle AfD-Wähler, die vormals »sonstige Parteien« wählten (2013: 500 000 und 2017: 730 000), mit der Hälfte der »vormaligen Nichtwähler« (2013: 200 000 und 2017: 1,5 Millionen) zusammenrechnen, kommen wir auf 500 000 + 730 000 + 100 000 + 750 000, also knapp 2 Millionen AfD-Wähler mit womöglich rechtsextremen Sympathien. Selbst bei einer ungeheuer großzügigen Auslegung des Rückhaltes der NPD und rechtsextremistischen Gedankengutes in der deutschen Bevölkerung und der zeitgleichen Annahme, dass alle NPD-Wähler Nazis sind, könnte man so *maximal einem Drittel* der AfD-Wähler 2017 verfassungsfeindliche Tendenzen unterstellen.

In der AfD-Führung und auch unter deren Mitgliedern scheinen hingegen deutlich mehr Personen solche Sympathien zu zeigen (s. o.). Und die Bevölkerung nimmt dies auch wahr: 79 Prozent der Bundesbürger finden, dass rechtsextremistisches Gedankengut in der AfD weit verbreitet ist, und 75 Prozent sind der Ansicht, dass sich die Partei nicht genug davon abgrenzt.[21] Auch 39 Prozent der AfD-Wähler stellen ihrer Partei hier ein schlechtes Zeugnis aus – ein weiteres Zeichen der parteiinternen Spaltung an dieser Stelle.[22] *Somit sind Teile der Parteiführung und der Mitglieder der AfD deutlich verfassungsfeindlicher und rechtsextremer eingestellt als das Gros ihrer Wähler.*

Das ist von größter Wichtigkeit in der Analyse der Partei. Wer AfD-Wähler pauschal als Nazis beschimpft, erweist dem Anliegen der Volksparteien einen Bärendienst. In einem Klima, in dem CDU/CSU und SPD massiv an Vertrauen in globalisierungsskeptischen Wählerschichten verlieren und man ihnen fehlende Bürgernähe unterstellt, bestätigt die Nazi-Keule die AfD-Rhetorik: »Die da oben haben überhaupt keine Ahnung, was uns wirklich bewegt. Und jeder, der gegen Zuwanderung ist, soll mundtot gemacht werden.« Da hat die AfD auch einen Punkt, *denn die meisten AfD-Wähler haben mit rechtsextremem Gedankengut herzlich wenig zu tun.*

Dies ist im besonderen Maße zu beachten, da die AfD ja bewusst dieses Spiel spielt, um Aufmerksamkeit zu erzeugen: Man versucht gezielt, Provokationen zu platzieren, in der Hoffnung, dass dann der gesamte Politik- und Medienbetrieb überreagiert. Dann kritisieren alle die AfD, die AfD kommt so in die Medien, dann rudert die AfD öffentlichkeitswirksam zurück und kann auf diese Weise die anderen Parteien als moralisch abgehobene Elite darstellen, die die Bürgerinteressen nun einmal nicht versteht. Die Aussagen Gaulands zu Jérôme Boateng oder die Aussagen Höckes zum Holocaust-Mahnmal als »Denkmal der Schande« passen genau ins Bild.

Hier gilt es, kühl und besonnen zu reagieren. Und das heißt meistens: gar nicht zu reagieren! Als im Mai 2017 Alexander Gauland die NS-Zeit als »Vogelschiss« der deutschen Geschichte bezeichnete, war dies natürlich wieder eine geplante Provokation. Die gesamte deutsche Medien- und Politikszene stürzte sich darauf. Aber das braucht sie nicht. Diese Aussagen sind so lächerlich und reichen so klar ins rechtsextreme, verfassungsfeindliche Milieu, dass jeder Politiker, Journalist und Bundesbürger darauf wie folgt reagieren sollte: »Diese Aussage ist so wenig ernst zu nehmen, darauf muss ich wirklich nicht reagieren. Lassen Sie uns stattdessen über etwas anderes reden.« Haben wir Vertrauen darauf, dass wir kaum einem Bundesbürger erklären müssen, was eine ins Rechtsextreme reichende Äußerung ist, die unserem Deutschland schaden soll, und welche nicht. Wenn die AfD also eine neue Sau durchs Dorf treibt, gilt wahrscheinlich: Reden ist Silber, Schweigen ist Gold.

Missverständnis 5: Nur Männer wählen Rechtspopulisten

Kaum eine Erklärung für Erfolge rechtspopulistischer Parteien wird öfter strapaziert als die der *angry white men*, verärgerte, weiße Männer, denen sich die Welt zu schnell verändert und die sich daher das Deutschland der 1950er Jahre oder wenigstens der 1980er Jahre zurückwünschen. Als Homosexualität noch strafbar war, die Ausländer in der Stadt an einer Hand gezählt werden konnten, Frauen am Herd standen und nicht am Vorstandstisch saßen, Emanzipation, doppelte Staatsbürgerschaft und Minderheitenrechte außerhalb von Soziologie-Seminaren kein Thema waren, und vor allem Männer das Sagen hatten. Für die AfD stimmen in der Tat überproportional viele Männer – und die sind mit Blick auf das stattliche Durchschnittsalter deutscher Wähler von 52,1 Jahren *eher jung*.[23] Diese Ergebnisse für Deutschland decken sich mit der internationalen Wahlforschung zu rechtspopulistischen Parteien: Der Kern ihrer Wählerschaft ist im Durchschnitt männlich, etwas jünger als das Bevölkerungsmittel, verfügt über eine durchschnittliche Ausbildung und ist in der Tat verärgert – und zwar über Zuwanderung.[24]

Die Probleme an der These der verärgerten weißen Männer sind diese: Zum einen finden sich – je nach Land und Zeitpunkt – in der Wählerschaft von Rechtspopulisten 30 bis 50 Prozent Frauen. Gerade in Skandinavien, wo viele rechte

Parteien weibliche Spitzenkandidaten haben und die Ablehnung von Zuwanderung aus muslimischen Ländern mit dem Schutz von Frauenrechten begründet wird, sind Rechtspopulisten deutlich attraktiver für Frauen als aktuell noch bei uns.[25] Zum Zweiten ist die Haupttriebfeder rechtspopulistischer Wähler, die Globalisierungsskepsis, bei aktuell 45 Prozent der deutschen Wählerschaft zu finden. Das wäre dann immerhin eine ziemlich große und keineswegs nur männliche Minderheit. Und drittens ist nicht klar, warum diese Wählergruppe über Zuwanderung verärgert ist. Wie in den ersten Kapiteln besprochen, bedeutet ja ein konservatives Wertebild nicht automatisch eine konservative politische Position und erst recht nicht automatisch eine Stimme für die AfD.

Rechtspopulistische Parteien wie die AfD werden in der Tat besonders oft von verärgerten weißen Männern gewählt. *Aber der Fokus auf den Faktor Geschlecht verstellt den Blick darauf, was diese Männer schlussendlich wirklich motiviert (nicht ihr Geschlecht als Gruppenidentität, sondern eine subjektive Emotion), und macht blind für die Tatsache, dass die AfD ihr weibliches Wählerpotenzial schlicht noch nicht ausgereizt hat.*

Missverständnis 6: Die Flüchtlingszahlen sind entscheidend

Wie im vorhergehenden Kapitel über die Flüchtlingsfrage seit Herbst 2015 besprochen, kann man die AfD-Umfragewerte nicht anhand steigender oder fallender Flüchtlingszahlen erklären. Studien finden auch *keinen* Zusammenhang zwischen dem Ausländeranteil im Wahlkreis und dem dortigen AfD-Erfolg.[26] Dies deckt sich mit Zahlen der internationalen Wahlforschung. Es gibt in ganz Europa *keinen* Zusammenhang zwischen irgendeinem real oder objektiv greifbaren

Faktor in der Zuwanderungspolitik und dem Wahlerfolg rechtspopulistischer Parteien. Weder Zuwanderungszahlen, Integrationserfolge noch Migrationsgesetze haben einen relevanten Einfluss.[27]

Der Grund hierfür liegt schlicht darin, dass globalisierungsskeptische Wähler nicht per se etwas gegen Migranten haben. Sie wollen aber das *Gefühl* haben, dass Zuwanderung *kontrolliert* abläuft und die verantwortlichen Politiker die Sorgen der konservativen Wähler *anerkennen* und die nationale Identität *schützen*. Dies ist der Bundesregierung in der Flüchtlingspolitik nicht gelungen: Seit dem Abklingen der leidenschaftlichen ökonomischen Debatten Mitte der 2000er Jahre und mit dem progressiven Lavieren in der Sarrazin-Debatte plagten viele Wähler Zweifel, ob die Volksparteien noch ihre Alltagssorgen verstehen würden.

Als sich viele Deutsche aufgrund der raschen Zuwanderung von circa einer Million Flüchtlingen um die staatliche und gesellschaftliche Ordnung sorgten, schien die Bundesregierung vor allem mit sich selbst beschäftigt.[28] So sahen sich jene Wähler, die sich vor *Kontroll- und Identitätsverlust* fürchten, in ihren Sorgen bestätigt. Bis zur Bundestagswahl blieb das Flüchtlingsthema konkurrenzlos. Durch den Mangel an sozialpolitischen Konflikten der Volksparteien hatten viele Wähler den Eindruck, dass die großen Parteien den Kontakt zur Lebenswelt der Bürger verloren haben. Und durch die medienwirksamen Niederlagen der CSU in der Flüchtlingspolitik sahen globalisierungsskeptische Wähler auch ihre Interessen und Sorgen durch keine der etablierten Parteien mehr glaubhaft vertreten. Das erklärt, warum die AfD erst Monate nach den steigenden Flüchtlingszahlen, nämlich zum Beginn des Regierungsstreites im Oktober 2015, an Zustimmung gewann. Und warum die fallenden Flüchtlingszahlen der AfD nicht schadeten, da der öffentlichkeitswirksame Regierungsstreit munter weiterging, ohne dass konservative Akzente in der Migrationspolitik gesetzt worden wären. *Der entscheidende Faktor für Wahlentscheidungen ist also nicht die Flüchtlings- oder Zuwanderungszahlen selbst, sondern die politische Debatte darüber.*

Missverständnis 7: Konflikte innerhalb ihrer Parteien schaden den Rechtspopulisten

Die meisten Wähler der AfD sind nicht auf der Suche nach Lösungen, sondern wollen durch ihre Stimme für die AfD den anderen Parteien einen Denkzettel verpassen. Bei der Bundestagswahl 2017 gaben nur 31 Prozent der AfD-Wähler an, die AfD aufgrund ihres Programms gewählt zu haben, aber 61 Prozent aufgrund der Enttäuschung über andere Parteien. Ohne die massive Ernüchterung über die anderen Parteien hätte die AfD die 5-Prozent-Hürde nicht überwunden. Auch wenn die AfD dieses Gefühl natürlich befeuert, bedurfte es erst der »realen« Enttäuschung bei vielen Wählern, bevor die AfD dieses Gefühl ausschlachten konnte.[29] *Was die AfD somit programmatisch und personell zu bieten hat, spielt für ihre Wähler eine viel geringere Rolle als bei anderen Parteien.* Parteiinterne Konflikte anderer Parteien vermitteln den Wählern den Eindruck eingeschränkter Handlungsfähigkeit und Problemlösungskompetenz. Die AfD wird aber nicht als Ersatz-Regierung in der Opposition gesehen, sondern als Stachel im Fleisch der Volksparteien.

Die Anführer von rechten Parteien werden dann als charismatisch angesehen, wenn ihnen zum einen von den Medien Aufmerksamkeit zuteilwird und ihnen zum andern Lösungskompetenz in Migrationsfragen zugesprochen wird.[30] Auf das Erste haben Rechtspopulisten kaum Einfluss und das Zweite ist eher auf die Programmatik von Rechtspopulisten und die Fehler der Volksparteien zurückzuführen. Folglich hängen die Umfragewerte der AfD kaum mit deren Führungspersonal zusammen, und parteiinterne Konflikte innerhalb der AfD haben so gut wie keinen Einfluss auf deren Umfragewerte. Als im Frühling 2015 der Streit zwischen Bernd Lucke und Frauke Petry tobte, verlor die AfD. Aber das hatte nichts mit dem Streit zu tun, sondern war ein zufälliges zeitliches Zusammentreffen. Der eigentliche Grund für die sinkenden AfD-Umfragewerte war, dass zu diesem Zeitpunkt Wolfgang Schäuble das konservative Profil der CDU/CSU schärfte. Dass es seit Mitte 2016 mehrere Auseinandersetzungen zwischen Alice Weidel, Alexander Gauland und Björn Höcke gab, interessierte die Wähler dagegen kaum. Die AfD fuhr in diesen Monaten ihre besten Wahlergebnisse ein, weil die Union ihr konservatives Profil wieder vernachlässigte. *Entscheidend für das Fortkommen der AfD sind parteiinterne Konflikte in der SPD und der CDU/CSU.* Der spröde Bernd Lucke und die schneidige Frauke Petry haben als verfeindetes Duo der AfD bis Frühling 2015 zu Umfragehöhen verholfen. Das Gleiche gilt für Alice Weidel, Alexander Gauland und Björn Höcke – ob die drei zusammenarbeiten oder gegeneinander arbeiten, spielt kaum eine Rolle.

Hierzu gibt es nur eine Einschränkung: Wenn der nationalkonservative Höcke-Flügel allzu offensichtlich das Ruder in der Partei übernähme, würde dies bürgerliche Wählerschichten wohl vergraulen. Die Tatsache, dass bereits im April 2017 75 Prozent der Wähler der Ansicht waren, dass sich die AfD nicht genug von rechtsextremen Tendenzen in den eigenen Reihen abgrenzt, ist eine ernste Gefahr für die Partei.[31] Interne Konflikte aber entscheiden sich in der AfD – wie in anderen Parteien auch – an der Frage, wer mehr Wählerstimmen verspricht. Solange die AfD mit einem öffentlichkeitswirksamen, erzkonservativen Flügel um Weidel und Gauland Wahlen gewinnt, sollten die beiden relativ sicher im Sattel sitzen. Erst wenn die Volksparteien eigene konservative Akzente setzen und bürgerliche Kräfte zurückgewinnen, könnten die Extremisten in der AfD Oberwasser bekommen. So geschah es im Frühling 2015, als man Bernd Lucke vorhielt, mit seinem Anti-Euro-Kurs nicht mehr genug Wähler zu erreichen, da Wolfgang Schäuble diese Position besetzt hätte. *Auch hier zeigt sich, dass die Zukunft der AfD – selbst die ihrer internen Debatten – sehr stark von den innerparteilichen Prozessen der Volksparteien abhängt.*

Missverständnis 8: Medien können gar nicht progressiv genug sein

Die Emotionen von Wählern werden über die Darstellung politischer Debatten in den Leitmedien erzeugt. Über die Rolle der deutschen Medien und des Internets im Prozess der Entfremdung vieler Bürger von ihren Volksparteien über die letzten Jahre müsste ein eigenes Buch von Medien- und Kommunikationswissenschaftlern geschrieben werden. Fest steht: Da viele Bürger das Gefühl haben, dass viele Leitmedien parteiisch berichten, fällt es rechten Akteuren mittlerweile leicht, dieses Gefühl aufzugreifen und für ihre Propaganda auszunutzen. So haben einige Wähler das Vertrauen in unsere Leitmedien verloren.[32]

Zwei Aspekte will ich hier anreißen. Erstens wurde während der Ukrainekrise 2014 und der Flüchtlingsdebatten 2015 von vielen Bürgern *die Berichterstattung als parteiisch wahrgenommen*. Im ersten Fall als zu russlandkritisch, im zweiten als zu migrantenfreundlich. Das Problem ist nicht, dass Medien eine Meinung vertreten, sondern dass Medien zwischen Faktenberichterstattung und Meinungsäußerung klar unterscheiden müssen. Nur so können sie das Vertrauen der Bürger behalten. Genauso wie sich viele Bürger von den zunehmenden Minderheitenrechten eingeschränkt sehen, fühlen sie sich von der empfundenen Volkspädagogik einiger Journalisten (»alle Russen sind böse und alle Flüchtlinge sind gut«) in ihrer eigenen Urteilskraft nicht mehr ernst genommen. Das Zauberwort lautet *gefühlte Bevormundung*.

Wenn Medien eine klare politische Meinung vertreten, müssen sie zumindest deutlich aufzeigen, wo sie Fakten und wo Meinungen präsentieren, oder sogar der gegenteiligen Meinung ebenfalls Raum geben. Wenn die ZEIT oder die *Süddeutsche* also zum Beispiel einen Leitartikel zu den Vorteilen einer multikulturellen Gesellschaft bringen, sollte es auch einen zweiten geben, der sich mit ihren Nachteilen auseinandersetzt.

Zweitens ist *der aktuelle Umgang der Medien mit der AfD das Beste, was den Rechtspopulisten passieren kann*. Indem viele Leitmedien permanent über die AfD und Flüchtlingsthemen berichten, verschaffen sie der Partei und ihrem wichtigsten Thema erst die überlebenswichtige Aufmerksamkeit. Die Republikaner brachen in den frühen 1990er Jahren, als sie noch starke bürgerliche Kräfte in ihren Reihen wussten, auch deswegen massiv in der Wählergunst ein, weil deutsche Leitmedien aufhörten, über sie zu berichten.[33] Und auch in Zeiten des Internets und der sozialen Medien kommt den klassischen deutschen Leitmedien wie Fernsehen, Tages- und Wochenzeitungen diese Türsteher-Funktion unverändert zu.[34] Dass die Umfragewerte der AfD davon abhängig sind, wie diese Leitmedien über die Volksparteien berichten, unterstreicht den noch immer besonderen Einfluss klassischer Leitmedien auf die politische Willensbildung in Deutschland.

Für die AfD gilt, *there is no such thing as bad publicity*. Wie oben erwähnt, schadet parteiinterner Streit CDU/CSU und SPD, da Wähler von ihnen konstruktive Regierungsarbeit erwarten. Das gilt hingegen nicht für eine Partei, die als Fundamentalopposition gewählt wird. Wählern, die weder den Leitmedien noch den Volksparteien trauen, werden von negativen Berichten über die AfD nicht abgeschreckt, im Gegenteil! Die Denklogik von AfD-Sympathisanten geht so: »Wenn die ZEIT, die *Süddeutsche*, Volker Beck, Ralf Stegner oder die Kanzlerin die AfD verurteilen, dann muss an der AfD etwas dran sein. Denn ich traue weder der ZEIT noch der Kanzlerin!«[35]

Die von vielen empfundene Parteilichkeit der deutschen Leitmedien und die Aufmerksamkeit, die sie der AfD zukommen lassen, sind daher mit Sicherheit eine Antriebsfeder für die Entfremdung vieler Wähler von den Volksparteien. Allerdings haben auch Journalisten Eigeninteressen. Sie wollen zum einen ihre politische Sichtweise durchbringen und zum anderen ihre Reichweite steigern. Und Artikel, die die AfD skandalisieren, verkaufen sich nun einmal gut. So verstärken die Medien die Entfremdung zwischen Wählern und Volksparteien. Dass einflussreiche Journalisten ihre eigene Meinung am liebsten lesen und Medien gerne möglichst viel Geld verdienen wollen, ist bedauerlich, aber nachvollziehbar. Und doch liegt es im Interesse der deutschen Demokratie, dass beide Logiken wieder zurücktreten hinter *die Leitidee, entweder meinungsfrei oder bei einer klaren Trennung von Meinung und Fakten zu berichten.*

Missverständnis 9: Die SPD ist schuld!

Wer im Sommer 2016 vom Mars gekommen wäre und seitdem deutsche Tageszeitungen läse, könnte den Eindruck bekommen, die SPD sei eigentlich so ziemlich an allem beteiligt, was in der deutschen Politik schiefging: verlorene Landtagswahlen im Frühling 2017, der Kollaps der Schulz-Kampagne im Sommer 2017, die schleppende Regierungsbildung im Frühling 2018. Da liegt es nahe zu fragen, ob wir der SPD nicht auch den Einzug der AfD in den Bundestag im September 2017 zu verdanken haben.

Die Antwort lautet: teils, teils. In der Vergangenheit verzögerte die SPD mit ihren parteiinternen Debatten oftmals die Geschlossenheit der bundesdeutschen Spitzenpolitiker in Migrationsfragen, was wiederum Rechtspopulisten Auftrieb gab – zum Beispiel bei der langwierigen Suche nach dem Asylkompromiss im Winter 1992. Doch von wenigen Ausnahmen abgesehen, war es in diesen Jahren vor allem der Streit *in* der Union und nicht der zwischen Union und SPD, der die Bundesregierung blockierte.

Die SPD stellte sich zwar in vielen Bereichen gegen die CSU, befand sich dabei aber in Gesellschaft der CDU. In den wenigen Punkten, in denen CDU und CSU einigermaßen mit einer Stimme sprachen, zum Beispiel beim Asylpaket I und II im Winter 2015/16, ließ sich die SPD zwar bitten, stimmte aber dann doch einem *Bürgerlichen Kompromiss* zu.

Allerdings versäumte es die SPD, neben dem Migrationsthema andere Debatten derart hochzuziehen, dass sie die geballte Aufmerksamkeit der Wähler hätten binden können. Also sozial- und wirtschaftspolitische Positionen so pointiert zu kommunizieren, dass sie andere Themen verdrängt hätten. Dies hatte zwei negative Folgen: Zum einen blieb das Migrationsthema dominierend, was der AfD enorm nutzte. Und zum Zweiten blieb von der SPD der Eindruck, die Partei der Partikularinteressen zu sein. Eine Partei, die sich vor allem für Homosexuelle und Flüchtlinge stark macht. Daran ist inhaltlich vielleicht nichts auszusetzen, nur ist es wahltaktisch kontraproduktiv. Forsa-Chef Manfred Güllner fasst es in seiner Analyse treffend zusammen: »Politik für Randgruppen ist kaum gefragt.«[36]

Indem die SPD als eine Partei wahrgenommen wird, die Partikularinteressen vertritt, spaltet sie ihre Wählerschaft. Jede Durchsetzung einer Frauenquote hat das Potenzial, Männer zu verschrecken, die mit der SPD sympathisieren. Jede Forderung nach mehr Leistungen für Asylbewerber hat das Potenzial, den klammen Arbeiter oder Angestellten vor die Frage zu stellen, warum stattdessen nicht er etwas mehr Geld in die Tasche bekommt. All diese Positionen beeinträchtigen die SPD nicht automatisch. Aber sie schaden ihr massiv, wenn sie den öffentlichen Eindruck der Partei dominieren. Wie der amerikanische Politikwissenschaftler Mark Lilla beschreibt, bringt der Fokus auf Identitätspolitik Wähler von progressiven Parteien nicht zusammen, sondern trennt sie.[37] Was die SPD stattdessen bräuchte, ist ein übergeordnetes Narrativ, das die *gemeinsamen Interessen* all ihrer Sympathisanten betont. Sie müsste sich daher auf die *sozialpolitischen Interessen* fokussieren, die ihre Wähler verbinden, und diese in ein klar verständliches und pointiertes Gesamtnarrativ einweben, das man in drei Sätzen erklären kann.

Welche Position sie in gesellschafts- und identitätspolitischen Fragen bezieht, wäre dann zweitrangig. So fuhren die niederländischen Sozialdemokraten in den frühen 1990er Jahren ihre größten Erfolge mit einer sehr progressiven Gesellschaftsagenda ein, die SPD 1998 und 2002 mit einer konservativen und die schwedische SAP in den 2000ern mit einer ausgleichenden Agenda in Europa- und Migrationsfragen. Gemeinsam war all diesen Wahlsiegen, dass die Wahlkämpfe von leidenschaftlichen sozial- und wirtschaftspolitischen Debatten geprägt waren.

Der öffentliche Eindruck von heute, eine Partei der Partikularinteressen zu sein, hatte den Effekt, dass die SPD alte

Wählerschichten nicht halten und neue nicht dazugewinnen konnte. *Genau wie die Union hat die SPD ihr Wählerpotenzial gespalten.* Dies ist ein Hauptgrund, warum die SPD gerade viele Arbeiter (und Angestellte), die ihre Sorgen mangels ökonomischer Profilierung der SPD kaum mehr repräsentiert sehen, an die AfD verloren hat. Der amerikanische Autor J. D. Vance hat diesem Gefühl der Arbeiterschicht in den USA ein lesenswertes Denkmal gesetzt: *Hillbilly Elegy* zeichnet die unzähligen Alltagserfahrungen nach, die schließlich dazu führten, dass einstmalige Demokraten nun für Donald Trump stimmen.[38] Denn auch wenn die Arbeiterschicht in Deutschland schmilzt, macht sie immer noch ein Fünftel der Gesamtbevölkerung aus.[39] Wenn die SPD die Zustimmung dieser Wählergruppe sicher hätte, würde sie besser dastehen als in den Umfragen des Sommers 2018, die sie deutlich unter 20 Prozent sehen.

Wer der SPD daraus aber einen Strick drehen möchte, dass sie ihre klassischen Wählerschichten nicht mehr erreicht, sollte bedenken, dass es keine sozialdemokratische Partei in Kontinentaleuropa gibt, der es gerade besser ergeht. British Labour ist eine Ausnahme, profitiert aber – so zynisch es klingen mag – vom Kollaps des britischen Wohlfahrtsstaates und der Empathielosigkeit der konservativen Regierungschefin Theresa May in diesen Fragen. So ist es in Großbritannien einfacher, mit Sozialpolitik zu polarisieren. Dies ist in Europas größter Volkswirtschaft, die seit einem Jahrzehnt wächst, eine Regierungschefin hat, die sozialdemokratische Vorschläge am liebsten selbst umsetzt und mit der man in einer Großen Koalition regiert, deutlich schwerer.[40] *Da die SPD in den vergangenen Jahren in der Migrationspolitik fast immer den Konsens mit der CDU/CSU suchte, hat sie in dieser Frage kaum zum Aufstieg der AfD beigetragen. Demgegenüber muss man der SPD anlasten, dass es ihr nicht gelungen ist, ein sozialpoli-*

tisches Gesamtnarrativ zu entwickeln, das Arbeiter- und Angestellte gleichermaßen hätte ansprechen können.

Missverständnis 10: Die AfD ist eine existenzielle Bedrohung für die CDU/CSU

In der aktuellen Debatte wird oft die These vertreten, die AfD sei eine fundamentale Bedrohung für die CDU/CSU. Das bürgerliche Lager würde so gespalten, und die Union hätte deshalb enorme strategische Nachteile. Diese Analyse ist total falsch. Rein parteitaktisch gesehen, ist die AfD das Beste, was der Union passieren konnte. *Der größte Verlierer des Aufkommens der AfD ist nicht die CDU/CSU und das bürgerliche Lager, sondern die SPD und das progressive Lager.*

Konservative Parteien profitieren dreifach vom Aufstieg der Rechtspopulisten: *Erstens dadurch, dass diese sehr viele Arbeiter und Angestellte von den Sozialdemokraten an sich ziehen.* Diese Verluste scheinen größer zu sein als die Abwanderung konservativer Wähler von den Mitte-rechts-Parteien. Der Aufstieg von Rechtspopulisten verringert also deutlich das Wählerpotenzial der europäischen Sozialdemokraten,[41] insbesondere der SPD.[42]

Zweitens erwächst allein den konservativen Parteien durch Rechtspopulisten ein weiterer *Koalitionspartner.* Rechtspopulisten bieten ein sehr verlockendes Gemeinschaftsgefühl an, das Arbeiter und Angestellte anspricht. Didier Eribon schreibt in seinem sehr zu empfehlenden Buch *Rückkehr nach Reims* über den Weg der französischen Arbeiterschaft weg von den Sozialisten hin zum Front National: »Die Eigenschaft, Franzose zu sein, wurde zum zentralen Element des Gemeinschaftssinns und löste als solches das Arbeitersein oder Linkssein ab.«[43] Selbst wenn die AfD Wähler zu gleichen Teilen aus dem linken Lager (SPD, Grüne und Linkspartei) und dem rechten Lager (CDU/CSU und FDP) ziehen würde, würde dies immer noch bedeuten, dass die Wähler aus dem linken Lager nun das bürgerliche Lager vergrößern. Ein Beispiel: In Schweden dominierte jahrzehntelang das linke Lager die Politik. Gerade die Sozialdemokraten fuhren spektakuläre Wahlsiege mit bis zu 40 Prozent ein. Zusammen mit den anderen linken Parteien Schwedens erreicht das Mitte-links-Lager so fast immer gut 60 Prozent der Wählerstimmen. Das Mitte-rechts-Lager hatte kaum eine Chance, an die Regierung zu kommen. Mit dem Aufstieg der rechtspopulistischen Schwedendemokraten hat sich dieses Bild diametral gewandelt. Sie stehen nun bei etwa 20 Prozent und ziehen viele Wähler von den Sozialdemokraten ab. In der Folge hat das bürgerlich-konservative Lager (die Rechtspopulisten inbegriffen) nun eine Umfragemehrheit von zuweilen mehr als 60 Prozent. Die Mehrheitsverhältnisse zwischen dem Mitte-links- und dem Mitte-rechts-Lager haben sich somit umgedreht! Dieser krasse Anstieg ist allein der Tatsache zu verdanken, dass nun 10 Prozent der schwedischen Wähler (vor allem Arbeiter und Angestellte), die früher für die Sozialdemokraten gestimmt haben, nun die Rechtspopulisten wählen. Es kann daher gut sein, dass die schwedischen Konservativen die nächste Regierung mithilfe der Schwedendemokraten anführen werden. Denn die schwedischen Konservativen werden wohl vor der Wahl stehen, entweder Juniorpartner der Sozialdemokraten oder Anführer einer Regierung mit den Rechtspopulisten zu werden. Der gleiche Mechanismus hat den Konservativen Sebastian Kurz (ÖVP) zum jüngsten Kanzler in Österreich gemacht. Er belegt einen europaweiten Trend.[44]

Drittens führt der Aufstieg von Rechtspopulisten dazu, dass ihr Lieblingsthema – Migration und Integration – *in der Öffentlichkeit permanent präsent bleibt.* Und das wiederum stärkt die Konservativen, zu deren Kernkompetenzen Innere Sicherheit und Migration zählen. Die Sozialdemokraten sind hingegen dann stark, wenn die Sozial- und Wirtschaftspolitik heftig diskutiert wird. Sozialdemokraten müssen sich so zu politischen Fragen verhalten, in denen sie sich strukturell im Nachteil befinden.[45] *Rein parteitaktisch gesehen ist die AfD daher ein Ärgernis für die CDU/CSU, aber eine existenzielle Bedrohung für die SPD.*

Missverständnis 11: Der Schaden durch die AfD wird sich in Grenzen halten

Doch für die CDU/CSU ist dies kein Grund zur Freude. Ganz im Gegenteil. Das Aufkommen von Rechtspopulisten verändert das Land in einer Weise, die den Werten und Interessen von Konservativen diametral widerspricht, denn der massive Wettbewerbsnachteil der Sozialdemokraten erleichtert und verstärkt vier politische Prozesse:

Der Einfluss von Rechtspopulisten auf den legislativen Prozess ist meist *indirekt*, indem er die regierenden Konservativen/Christdemokraten dazu motiviert, konservativere Positionen in identitätspolitischen Fragen (Europa- und Migrationspolitik) zu beziehen.[46] *Der Aufstieg von Rechtspopulisten führt also – erstens – kurzfristig meist zu einer konservativeren Migrations- und Integrationsgesetzgebung.* Wie in den vorhergehenden Kapiteln beschrieben, ist aber weniger der Inhalt eines Gesetzes entscheidend, sondern seine Kommunikation gegenüber dem Wähler. Und hier haben Rechtspopulisten einen enorm destruktiven Einfluss. Denn sie motivieren etablierte Konservative dazu, beständig über Migrationsfragen zu reden und neue konservative Vorschläge zu machen, um globalisierungsskeptische Wähler zurückzugewinnen. Dies kann dazu führen, dass die nationale Debatte permanent von identitätspolitischen Fragen dominiert wird.

Der Aufstieg von Rechtspopulisten löst – zweitens – eine enorme langfristige gesellschaftliche Polarisierung aus, die wir aktuell besonders gut in den USA, Großbritannien und Frankreich beobachten können.[47] Progressive und Konservative liegen sich dann in ideologischen Schützengräben gegenüber. Die Gesellschaft ist gespalten in ein Pro-Globalisierungs- und ein Anti-Globalisierungslager.[48] Es erscheint kaum mehr möglich, in schwierigen politischen Fragen einen parteiübergreifenden Konsens zu erreichen, um große gesellschaftliche Fragen zu beantworten und den sozialen Frieden zu erhalten. Und wie anfangs angesprochen, ist es genau diese Konsensfähigkeit, auf der das Erfolgsmodell Deutschland beruht. Geht uns diese Fähigkeit verloren, wird das ganze Land verlieren.

Diese extreme Polarisierung ist besonders schwer zu überwinden, da sie den Kern der nationalen und persönlichen Identität betrifft. Es geht nicht um unterschiedliche ökonomische Interessen, die viel leichter zusammenzubringen wären. Es geht ums große Ganze. In solchen Debatten kommt das Schlimmste im Menschen zum Vorschein: Hass, Aggression, Verachtung, Rachsucht. Die Spaltung der USA in Trump-Befürworter und -Gegner kann als gutes Beispiel gelten.

Der Aufstieg von Rechtspopulisten löst einen bürgerkriegsähnlichen Debattenzustand aus. Und dieser führt dazu, dass – drittens – deutlich weniger politische Energie für sozial- und wirtschaftspolitische Fragen bleibt.[49] Die massiven strukturellen Probleme der französischen und italienischen Volkswirtschaften belegen diese These gut. Der nunmehr fast dreißigjährige Reformstau in beiden Volkswirtschaften ist zu einem Gutteil auf den Aufstieg populistischer Kräfte seit den 1990er Jahren zurückzuführen.

Doch der Aufstieg von Rechtspopulisten spaltet nicht nur die nationalen Gesellschaften. Wenn etablierte Christdemokraten/Konservative versuchen, durch eine nationalistische Außenpolitik globalisierungskritische Wähler zurückzugewinnen, kann dies erhebliche außenpolitische Folgen haben. Der europapolitische Kollateralschaden der harten Linie Wolfgang Schäubles in der Griechenlandpolitik war immens. Zwar hat der Kurs des damaligen Bundesfinanzministers der AfD enorm geschadet, zugleich aber wichtige Alliierte Deutschlands massiv vor den Kopf gestoßen. Ganz Südeuropa und halb Frankreich werden den strikten deutschen Sparkurs für die Eurozone auf Jahre nicht vergessen. Dies ist ein Hauptgrund, warum die Bundesregierung, als sie Monate später in der Flüchtlingspolitik um die Solidarität anderer EU-Staaten bat, auf taube Ohren stieß. *Man sieht sich eben immer zweimal im Leben. In der Politik sogar meist viel öfter.*

Das alles ist aber nichts im Vergleich zum politischen Schiffbruch des früheren konservativen britischen Premierministers David Cameron. Er versprach im Vorlauf auf den Wahlkampf ein Referendum über den Austritt aus der EU, sollte er die absolute Mehrheit der Mandate erreichen. Dies sollte konservative Parteigenossen und Wähler, die mit der rechtspopulistischen UKIP sympathisierten, auf seine Seite ziehen. So kam es zum Brexit-Referendum, von dem Cameron glaubte, dass es nie zu einem EU-Austritt führen würde.[50] Der Ausgang ist bekannt. Der britische Fall illustriert exemplarisch, was für katastrophale Folgen das Spielen mit identitätspolitischen Themen in der Außenpolitik haben kann. Großbritannien hat sich durch diese kurzsichtige Wahlkampfstrategie David Camerons ökonomisch geschadet und international isoliert. *Der Aufstieg von Rechtspopulisten kann also – viertens – außenpolitische Konsequenzen auslösen, die dem nationalen Interesse diametral entgegenstehen.*

Der mögliche Teufelskreis im Umgang mit Rechtspopulisten

Quelle: Timo Lochocki, August 2018

Wenn es den Volksparteien nicht gelingt, die enttäuschten Wähler von der AfD zurückzuholen, nehmen wir in Deutschland Kurs auf eine schmerzhaft polarisierte Gesellschaft, die unfähig zu ökonomischen Reformen ist und eine Migrations- und Außenpolitik betreibt, die unserem nationalen Interesse widerspricht. Kurz: Der Aufstieg der Rechtspopulisten kann ein ungeheures destruktives Potenzial entfalten. *Das Aufkommen der AfD ist eine massive Bedrohung für die Zukunftsfähigkeit der Berliner Republik.*

Missverständnis 12: Ein Rechtsruck ist ein sicheres Gegenmittel

Wenn wir dieses Katastrophenszenario verhindern wollten, müssen wir uns aber vor allzu einfachen Lösungsvorschlägen hüten. Ein sogenannter Rechtsruck der CDU/CSU als solcher nutzt aus zwei Gründen gar nichts. Erstens, wenn nur Vorschläge kommen, die dann nicht umgesetzt werden, haben wir wieder die Situation wie im Winter 2015/16. Das beständige Ankündigen und dann Nichtliefern durch die CSU hat die AfD ja erst stark gemacht. Zweitens, das Setzen von konservativen Akzenten zur Rückgewinnung von AfD-Sympathisanten ist eine Gratwanderung. Denn was man ankündigt, muss man ja nicht nur umsetzen können, man muss auch mit den politischen Konsequenzen leben können.

Die britischen Konservativen haben durch die Ankündigung der Umsetzung eines kompromisslosen Brexits die rechtspopulistische UKIP enorm geschwächt. Ob sie das aber durchhalten können, steht auf einem anderen Blatt. Anfang Juli sieht es so aus, als würde die britische Regierung doch bemüht sein, enge Wirtschaftsbeziehungen zur EU aufrechtzuerhalten. Wenn sie dies erreichen möchte, wird sie aber der EU in anderen Bereichen entgegenkommen müssen. Und dies wiederum könnte UKIP wieder Auftrieb verschaffen. Dennoch ist hier gut erkennbar, dass eine möglichst nationalistische Haltung (zum Beispiel der kompromisslose Brexit) Wähler rechtspopulistischer Parteien zurückholen kann. Aber zu welchem Preis! Wenn Kanzlerin Merkel die Berliner Republik aus dem Euro führte, würde dies bestimmt die globalisierungskritischen Wähler von einer Renaissance des konservativen Lagers überzeugen. Allein, es würde eine nationale und weltweite ökonomische Katastrophe auslösen. Gleiches gilt für realistischere Vorhaben: Ein Zuwanderungsgesetz mit konservativen Akzenten darf gut qualifizierte Einwanderer nicht verschrecken. Ein Integrationsgesetz darf den sozialen Frieden nicht stören und vor allem nicht die Millionen integrierter Mitbürger mit Migrationshintergrund vor den Kopf stoßen. *Ein Rechtsruck als solcher nutzt also gar nichts, sondern könnte bei unbedachter Umsetzung entweder die AfD stärken oder dem ganzen Land massiven Schaden zufügen. Konservative Akzente wollen stattdessen nach Abwägung mehrere Faktoren wohlüberlegt gesetzt werden.* Der zweite Teil des Buches wird sich damit ausführlich auseinandersetzen.

An dieser Stelle sind wahrscheinlich bereits mehrere progressive Leser vor Empörung aus dem Lesesessel gefallen und denken sich: »Rechtsruck? Geht ja gar nicht!« Doch wie bereits detailliert ausgeführt, ist ein *Bürgerlicher Kompromiss* zwischen den Volksparteien in Identitätsfragen tatsächlich ein fundamentaler Baustein für die Rückgewinnung von enttäuschten Wählerschichten. Damit ist nicht gemeint, dass man die AfD-Programmatik in Gänze übernehmen sollte oder sich die Volksparteien komplett von ihren progressiven Themen und Positionen verabschieden sollten – das wäre weit übertrieben und überflüssig.

Es geht darum, punktuell, aber überzeugend und stringent konservative Akzente zu setzen. Zum Beispiel, indem die Optionspflicht bei der Staatsbürgerschaft wieder eingeführt wird und weit vor einer entscheidenden Wahl medienwirksam als *Bürgerlicher Kompromiss* zwischen CDU/CSU und SPD dargestellt wird. Und wenn das bedeutet, ein Anliegen aufzugreifen, das die AfD ebenfalls teilt, ist das legitim. *Es geht um die Möglichkeit, besonnene und strategische Politik zu machen, die im langfristigen gesamtgesellschaftlichen Interesse liegt und das Vertrauen in die Volksparteien zum Wohle der gesamten Gesellschaft wieder stärkt.*

Gerade von progressiven Kommentatoren liest man in diesem Zusammenhang oft, dass eine konservative Akzentuierung bedeuten würde, AfD-Vorschläge umzusetzen. Als die SPD-Vorsitzende Andrea Nahles im Mai 2018 fordert, dass diejenigen, die weder geduldet noch als Asylbewerber anerkannt werden, zügig abgeschoben werden sollten, wirft ihr der Journalist Jakob Augstein vor, Positionen zu vertreten, die allein AfD-Anhänger gut fänden. Somit würde die SPD ohne Not Positionen der AfD aufgreifen, die aber sonst niemand teilen würde.[51] Und damit nicht genug; diese »Rückholaktionen« von AfD-Wählern könnten ja gar nicht funktionieren, denn die Wähler wüssten schließlich, wo die Vorschläge herkämen. Man unterstellt globalisierungsskeptischen Wähler folgende Denke: »Ah, AfD wirkt.« Oder: »Wenn die CSU eine Obergrenze von 200 000 Flüchtlingen fordert, dann gehe ich doch lieber zur AfD, die fordern nämlich eine Obergrenze von null!« Man wählt also angeblich lieber das Original. Diese These ist interessant, hat aber wenig mit der Realität zu tun.

Ob eine konservative Akzentuierung Wähler zu den Volksparteien zurückbringt, hängt vor allem davon ab, ob es bei einer Ankündigung bleibt oder ob solche Vorhaben wirklich glaubhaft umgesetzt werden. Dass eine konservative Akzentuierung der Volksparteien der AfD per se nützen würde, ist also schlicht Quatsch. Wenn die Bundesregierung einen *Bürgerlichen Kompromiss* glaubhaft medienwirksam kommunizieren kann, ist sogar das genaue Gegenteil richtig. Der betreffende Vorschlag kommt ja gar nicht von der AfD, sondern aus den Volksparteien. Eine Initiative aus dem Bundeskabinett oder den Bundestagsfraktionen der Regierung geht zurück auf SPD, CDU oder CSU. Wenn Wähler dann das Original – also den Urheber des Vorschlages – wählten, dann müssten sie bei den Volksparteien ihr Kreuz machen. Wenn eine solche Initiative aber in einen Streit innerhalb der Bundesregierung und eine öffentlichkeitswirksame Niederlage konservativer Kräfte mündet, dann nutzt es der AfD. Es liegt also an der Umsetzung und der Kommunikation. *Die Grundthese, dass globalisierungsskeptische Wähler bei jedem Versuch einer konservativen Akzentuierung den Volksparteien weiter den Rücken kehren würden, ist also gänzlich falsch.* So waren die Verschärfung der deutschen und der schwedischen Asylgesetze in den frühen 1990er Jahren ein entscheidender Grund, warum die rechtspopulistischen Republikaner und die schwedische Ny Demokrati massiv in der Wählergunst einbrachen.

Missverständnis 13: Das Wort »Identität« nehmen wir nicht mehr in den Mund

Die Sympathisanten der AfD sind zum Großteil grundgesetzestreue Bürger, die nicht durch ökonomische Sorgen, sondern von der Angst vor Kontroll- und Identitätsverlust motiviert sind. Sie suchen bei der AfD keine rationalen Problemlösungen, sondern sehnen sich nach einer Anerkennung ihrer Emotionen. Deswegen spielen AfD-Interna und Führungspersonen eine sehr untergeordnete Rolle. Die strategischen Entscheidungen der CDU/CSU und der SPD werden bestimmen, ob die Volksparteien das Vertrauen globalisierungsskeptischer Wähler zurückgewinnen können. Die Zukunft der AfD hängt davon ab, ob es gelingt, einen *Bürgerlichen Kompromiss* in identitätspolitischen Fragen (Europa-, Außen- und Migrationspolitik) herzustellen. Wie dieser aussehen könnte, werde ich in einem der folgenden Kapitel darstellen. Gelingt dies nicht und wächst die AfD weiter, wäre dies eine existenzielle Gefahr für die SPD und würde die Zukunftsfähigkeit der Berliner Republik grundlegend bedrohen.

Es gibt einen fundamentalen Unterschied zwischen der Motivation der meisten AfD-Wähler und den möglichen Folgen ihrer Wahlentscheidung: *Sind die meisten AfD-Sympathisanten von durchaus nachvollziehbaren Enttäuschungen und durch die Hoffnung auf eine Verbesserung motiviert, so ist das Ergebnis ihrer Empörung – die AfD – in der Lage, der Berliner Republik derart zu schaden, dass dies auch den Wünschen der meisten AfD-Wähler diametral entgegensteht.*

Die Wahlentscheidung für die AfD wird also für viele ihrer Wähler das Gegenteil vom dem erreichen, was sie sich herbeisehnen. Denn AfD-Wähler suchen ja Sicherheit und Kontrolle, die sie aber in einer polarisierten, handlungsunfähigen und wirtschaftlich am Boden liegenden Gesellschaft, die die Folge weiterer AfD-Gewinne wäre, nicht finden würden.

Der Schlüsselbegriff für die nächsten Jahre lautet Identität, und zwar im individuellen wie im nationalen Sinne. Beide Volksparteien haben durch ihr Vorgehen den persönlichen und nationalen Identitätshalt vieler Bürger verletzt. Die SPD hat durch ihr Verhalten den identitätsstiftenden Charakter von Arbeit, Leistung und sozialpolitischer Solidarität, die CDU/CSU den von nationaler Gemeinschaft angegriffen. Die SPD hat durch den Eindruck, beständig Partikularinteressen zu vertreten, vielen Wählern signalisiert, dass deren Lebenswelt ihr weniger wichtig ist. Indem die Sozialdemokraten es nicht schafften, ein einigendes sozialpolitisches Narrativ aufzubauen, verschlissen sie den Identitätsanker, der vielen Deutschen lange Halt gab: Teil der arbeitenden, leistungsstarken und solidarischen Klasse zu sein.[52] Die SPD soll natürlich weiterhin für Mitbürger mit Migrationshintergrund und erwerbstätige Frauen einstehen; aber das Leitnarrativ darf nicht die Stützung von Einzelinteressen sein, sondern die Förderung der Interessen der arbeitenden Schichten.

Die CDU/CSU hingegen hat durch ihre zum Teil offene Ablehnung konservativer Ansichten und Traditionen die Identität vieler konservativer Deutscher infrage gestellt. Durch interne Streitigkeiten in der Flüchtlingsdebatte vermittelte die Union ferner den Eindruck, dass sie nicht in der Lage oder willens sei, die nationale Identität zu verteidigen. Die CDU/CSU hat durch diese Strategie zwar viele Wähler im progressiven Lager gewonnen, doch droht nun der riesige konservative Wähleranteil zur AfD überzulaufen.

Die folgende Grafik fasst diese Mechanismen zusammen.

Wie SPD und CDU/CSU die Identitäten vieler Wähler verletzte

	SPD	CDU/CSU
Individuelle Ebene	Die Betonung von Partikularinteressen gibt vielen Wählern, die nicht zur aktuell politisch bedachten Gruppe gehören, ein Gefühl von Geringschätzung.	Die Nichtbeachtung traditionsbewusster Ansichten wird als mangelnde Anerkennung der Lebenswelt konservativer Bürger empfunden.
Nationale Ebene	Die Unfähigkeit der SPD, gemeinsame sozialpolitische Interessen zu kommunizieren, verhindert die Identifizierung der Wähler als arbeitende, leistende, solidarische Schicht.	Die politischen Niederlagen konservativer Kräfte in der Flüchtlingsdebatte schaffen den Eindruck, die Union sei unfähig oder nicht willens, die nationale Identität anzuerkennen und zu bewahren.

Dies ist der Grund, warum viele Bürger so schlecht auf die Volksparteien zu sprechen sind. Diese haben ihrer Kernwählerschaft das verweigert, was ihnen besonders in einer globalisieren Welt Halt gibt: *die Anerkennung und den Schutz ihrer Identität(en)*. *Was die globalisierungsskeptischen Wähler suchen, sind klare und gemeinsame Signale aller Volksparteien, dass sie deren Identitäten (die persönliche und die nationale) in einer globalisierten Gesellschaft anerkennen und schützen.*

Missverständnis 14: Der Aufstieg der AfD ist unaufhaltsam

Nun mögen einige Leser meinen, dass all die Beobachtungen in diesem Kapitel vielleicht bedenkenswert seien, doch sei die AfD bei einem Wählerpotenzial von 45 Prozent sowieso nicht aufzuhalten. Doch dem ist nicht so. Wie viele von diesen 45 Prozent der Bundesbürger zur AfD wandern, liegt nämlich überwiegend in den Händen der Volksparteien. Wie die Griechenland-Debatten um Wolfgang Schäuble und der Flüchtlingsstreit um Horst Seehofer zeigen, ist die AfD insbesondere vom Verhalten der CDU/CSU, aber auch von dem der SPD stark abhängig. Dies gilt für alle Rechtspopulisten in Westeuropa – über ihren Erfolg bestimmen die *Kommunikationsstrategien* der Sozial- und Christdemokraten in der Immigrations-, Europa-, Sozial- und Wirtschaftspolitik.[53]

Auch unsere Volksparteien können somit den Graben, der sich zwischen ihren Wählern und ihnen aufgetan hat, wieder zuschütten. Die AfD ist *Projektionsfläche* und *Katalysator* für die Entfremdung und die Enttäuschung durch CDU/CSU und SPD. Sobald dieser Entfremdung wirksam entgegengetreten wird, bekommt die AfD massive Probleme. Wie das gelingen kann, werde ich in den folgenden Kapiteln darstellen.

Und nun?

Wenn Sie mehr über das Innenleben, die Wählerschaft, die Gründe für den Auf- und Abstieg von Rechtspopulisten oder deren Einfluss erfahren möchten, kann ich Ihnen eine Sammlung hochinformativer wissenschaftlicher Artikel empfehlen. Der niederländische Populismusforscher Cas Mudde, dem ich zwar in einigen zentralen Stellen deutlich widerspreche, hat den hierzu sehr lesenswerten Sammelband *The Populist Radical Right. A Reader* herausgegeben.

Zunächst einmal ist meines Erachtens jeder Erklärungs- oder Lösungsansatz, der in zwei Sätze passt, Unsinn. Im besten Falle läuft so ein Vorschlag auf gut gemeinten Humbug hinaus, im schlimmsten Falle auf eine Anleitung zum Desaster. Es ist menschlich, nach vermeintlich einfachen Antworten zu suchen, und wir mögen Lösungen, die in unser politisches Weltbild passen. Eher progressive Leser werden sich daher besonders gut gemerkt haben, dass Horst Seehofer eine zentrale Rolle beim Aufstieg der AfD spielte, eher konservative Leser hingegen, dass Angela Merkels Beitrag mindestens genauso groß ist. Nicht anders werden sich eher progressive Kräfte nach dem Lesen des vorherigen Kapitels bestätigt fühlen in ihrer Ansicht, dass ein »Rechtsruck« der etablierten Parteien hochgefährlich sein kann. Konservative Kräfte hingegen haben sich notiert, dass es ohne deutliche konservative Akzente unmöglich sein wird, globalisierungsskeptische Wähler wieder an die Volksparteien zu binden.

Beide Lösungsansätze aber greifen für sich genommen viel zu kurz. Weder der Verzicht auf einen »Rechtsruck« noch das Durchsetzen konservativer Akzente würde allein funktionieren. Wie vielschichtig, komplex und manchmal auch zufällig politische Prozesse ablaufen, hat für mich ein wunderbares Buch unterstrichen, das in einer ganz anderen Epoche spielt. Christopher Clarks *Die Schlafwandler* über Europas Weg in den Ersten Weltkrieg ist meines Erachtens ein fantastisches Beispiel dafür, wie zahlreiche Prozesse zusammenlaufen, die dann zu weitreichenden Konsequenzen führen. Dieses Buch macht bewusst, dass simple Erklärungen (nur die Deutschen wollten den Ersten Weltkrieg und haben ihn allein zu verantworten) niemals richtig sein können. Das galt 1918 und gilt genauso 2018.

Hieraus könnte man ableiten, dass wir uns vor allzu simplen Erklärungen und Lösungen in Acht nehmen müssen. Je besser sich ein Argument anhört, desto wahrscheinlicher ist es, dass wir der These emotional so zugeneigt sind, dass wir folglich viele andere wichtige Punkte ausblenden. Umgekehrt könnte gelten, dass ein Erklärungsansatz, der uns emotional irritiert und über den wir lange nachdenken müssen, vermutlich viel näher an der Realität und einer umsetzbaren Lösung liegt. Also Vorsicht bei Ideen, die sich zu gut anfühlen – sie sind meist im Wortsinne zu gut, um wahr zu sein. Viele westliche Demokratien sind diesem süßen Gift schon auf den Leim gegangen: Progressive wie Konservative sind eher grobschlächtigen Logiken gefolgt und haben so Rechtspopulisten den Weg bereitet. Wie das vonstattenging und was wir daraus lernen können, werde ich im nächsten Kapitel besprechen.

6
Was wir von anderen lernen können

»*Überall dasselbe Schauspiel,*
nur von anderen Personen aufgeführt.«
(Marc Aurel)

Progressive Pyrrhussiege

Auch in anderen westlichen Gesellschaften ist die Skepsis gegenüber der Globalisierung ähnlich verbreitet wie in Deutschland. Nach einer Studie der Bertelsmann Stiftung antworten 35 bis 55 Prozent der Europäer auf die Frage, ob sie die Globalisierung als Chance oder als Bedrohung wahrnehmen, mit letzterer Einschätzung. Wie in den ersten Kapiteln ausgeführt, liegt Deutschland in dieser Studie mit circa 45 Prozent Globalisierungsskeptikern noch im Lager der »globalisierungsfreundlichen« Demokratien.[1] Die Wählernachfrage nach einem globalisierungsskeptischen Programm ist also überall so groß, dass rechtspopulistische Parteien allerorten erfolgreich sein sollten. Die eigentliche Frage ist also nicht, wieso sie in einigen Staaten Zuspruch erhalten, sondern warum sie *nicht überall* erfolgreich sind.[2]

In Deutschland scheiterten Rechtspopulisten vor allem daran, dass die CDU/CSU und die SPD vor der Flüchtlingskrise von 2015 in den wenigen leidenschaftlichen und öffentlich geführten Debatten über Identitätspolitik einen medienwirksamen *Bürgerlichen Kompromiss* schmiedeten. In den

Staaten, in denen Rechtspopulisten besonders stark sind – zum Beispiel in Schweden, den Niederlanden, Frankreich und auch den USA –, haben Volksparteien dies nicht geleistet. In den großen Debatten über Identitätsthemen hatten sich dort stattdessen jene Kräfte durchgesetzt, die in der Bevölkerung als progressiv wahrgenommen wurden, während konservative Kräfte das Nachsehen hatten – ähnlich den Niederlagen der CSU in der Flüchtlingspolitik 2015/16.

Diese progressiven Erfolge waren jedoch *Pyrrhussiege*. Dieser Begriff geht auf den König Pyrrhos zurück, der im dritten Jahrhundert Krieg gegen die Römer führte. Er gewann eine wichtige Schlacht in Süditalien, musste dafür aber enorme Verluste hinnehmen, die er nicht mehr ausgleichen konnte. Nach besagter Schlacht soll er ausgerufen haben: »Noch so ein Sieg, und wir sind verloren!« Und so kam es dann auch. Er gewann die Schlacht, verlor aber den Krieg. In einer ähnlichen Situation befinden sich aktuell viele linke beziehungsweise progressive Parteien und Bewegungen in Europa: Wie ich in diesem Kapitel ausführen werde, gewannen sie vor Jahren medienwirksam identitätspolitische Debatten gegen die Konservativen. Der Preis dafür war der Aufstieg von Rechtspopulisten. Dieser wiederum führt zu einer Hegemonie rechten Gedankengutes und des bürgerlich-rechten Lagers sowie zu politischen Entscheidungen, die dem nationalen Interesse, etwa einer konsensorientierten Innen- und Außenpolitik, sozialstaatlichem Ausgleich und einer liberalen Gesellschaftsordnung, unter Umständen entgegenstehen. Denn gerade Volkswirtschaften, die von hoch qualifizierten Einwanderern und einer weltweit vernetzten Wirtschaft abhängig sind, leiden sehr unter den nationalistischen Politiken rechtspopulistischer Akteure. Großbritannien ist das einzige Land, in dem die Rechtspopulisten nach ihrem kometenhaften Aufstieg vor dem Kollaps stehen; zumindest so lange, wie die Regierung von Theresa May den Eindruck vermittelt, einen relativ kompromisslosen Brexit durchzuziehen. Die Kosten dafür würden noch Generationen tragen. Wie kam es dazu, und welche Lehren können wir hieraus für Deutschland ziehen?[3]

Die Niederlande: von Bolkestein zu Wilders

Parteien sind keine homogenen Einheiten, sie umfassen Fraktionen und Interessensgruppen. Erst wenn wichtige Gruppen einer Partei glauben, dass das Migrationsthema Wählerstimmen verspricht, wird es auf die Agenda gesetzt,[4] so geschehen in den Niederlanden in den frühen 1990er Jahren. Die rechtsliberale Volkspartei für Freiheit und Demokratie (VVD) unter ihrem damaligen Chef Frits Bolkestein befand sich in der Krise. Stand sie Mitte der 1980er Jahre noch bei 20 Prozent, bewegte sie sich danach stetig auf die 10-Prozent-Marke zu. Es brauchte ein neues Thema, um Wähler zu gewinnen. Laut Umfragen gab es zu diesem Zeitpunkt circa ein Viertel der Niederländer, welche die sprichwörtliche niederländische Toleranz in Zweifel zogen. Es begannen Integrationsdebatten, die durch die steigenden Flüchtlingszahlen aus dem ehemaligen Jugoslawien ausgelöst wurden. Viele konservative Wähler zweifelten in der Folge stark an der damals sehr progressiven niederländischen Einwanderungs- und Integrationsgesetzgebung. Frits Bolkestein startete also 1991 eine Kampagne für eine konservative Wende in der niederländischen Zuwanderungspolitik.

Er forderte Zuwanderer auf, sich an die niederländische Kultur zu assimilieren, propagierte eine deutlich restriktivere Asylpolitik und einen Vertrag zwischen den Einwanderern und dem niederländischen Staat, dessen Einhaltung überwacht werden sollte. Die anderen Parteien waren außer sich. Insbesondere die damals starke niederländische Sozialdemokratie (PvdA) um den späteren Premierminister Wim Kok war entsetzt. Sie verstand sich als Hüterin der progressiven niederländischen Zuwanderungspolitik. In der Wahl 1994 konnte Frits Bolkestein die Ernte für seine Kampagne einfahren. Die VVD gewann spektakuläre 20 Prozent. Damit lag sie beinahe gleichauf mit den Sozial- und Christdemokraten (PvdA und CDA).

Bolkestein und seine rechtsliberale VVD, die wirtschafts- und sozialpolitisch der FDP, integrationspolitisch der CDU/CSU nahestanden, waren strahlende Wahlsieger und sollten Teil der neuen Regierung werden. Es gab hier nur ein kleines Problem: Keine andere Partei teilte die Standpunkte der rechtsliberalen VVD in der Zuwanderungspolitik. Die Verhandlungen über eine Regierungsbildung zogen sich daher über mehrere Monate hin. Die VVD musste sich den progressiven Standpunkten ihrer Koalitionspartner – den progressiven niederländischen Sozialdemokraten (PvdA) und der linksliberalen D66 – in vielen Punkten beugen. Die Folge der Regierungsbildung 1994 war also gerade *kein Bürgerlicher Kompromiss*. Die PvdA und die D66 hatten sich durchgesetzt. Doch globalisierungsskeptische Wähler blieben der VVD noch treu, da Bolkestein in der gesamten Legislaturperiode als Anwalt konservativer Interessen auftrat.

Der Wahlkampf 1998 verlief wieder nach einem ähnlichen Muster wie 1994: Frits Bolkestein pochte auf eine deutlich konservativere Migrationspolitik und traf damit auf Ablehnung bei fast allen anderen Parteien. Viele konservative Bürger hatten nun Zweifel daran, ob es gelingen würde, die niederländische Kultur mit einer konservativen Integrationspolitik zu bewahren. Doch auch die Regierungsbildung 1998 lief wie die 1994: Die progressiven Sozialdemokraten (PvdA) und die linksliberalen D66 formten eine Regierung mit der rechtsliberalen VVD. Und wieder gab es *keinen Bürgerlichen Kompromiss* in der niederländischen Migrationspolitik.

Als dann bei der Wahl 2002 der Rechtspopulist Pim Fortuyn zur Wahl stand, dachten viele globalisierungsskeptische Niederländer: »Endlich ein neuer politischer Akteur, der vielleicht das umsetzen kann, was Frits Bolkestein seit Jahren nicht gelingt!« Obwohl Pim Fortuyn kurz vor der Wahl einem politisch motivierten Attentat zum Opfer fiel, gewann seine Partei, die Liste Pim Fortuyn (LPF), aus dem Stand phänomenale 17 Prozent und wurde damit zweitstärkste Partei. Da die Rechtspopulisten ohne ihren Anführer höchst instabil waren, belastete ihre Regierungsbeteiligung die neue Koalition aus CDA, VVD und LPF. Es gab 2003 Neuwahlen, in denen die LPF stark verlor.

Aber schon 2006 formierte sich eine neue rechtspopulistische Partei – die Partei für die Freiheit (PVV) von Geert Wilders. Sie schwankt seither in den Umfragewerten zwischen 10 und 20 Prozent. Und auch sie ist stark abhängig von der Kommunikationsstrategie der konservativen niederländischen Parteien. So verlor die PVV die letzten Jahre enorm an Zustimmung, als Premierminister Mark Rutte (VVD) Wolfgang Schäubles Forderungen gegenüber Griechenland vehement unterstützte und sich in mehreren medienwirksamen Schlagabtäuschen gegen den türkischen Premierminister Recep Tayyip Erdoğan als Verteidiger niederländischer Interessen und Werte darstellen konnte. Diese konservative Profilierung ist ein Hauptgrund, warum die niederländischen Rechtspopulisten in diesen Jahren nicht über circa 15 Prozent Wählerzustimmung hinauskommen. Denn die konservative VVD schafft es, in den meisten identitätspolitischen Debatten auch klare konservative Akzente zu setzen. So verliert die VVD kaum Wähler an die Rechtspopulisten und kann die politischen Mehrheiten zum Beispiel für europäische Kooperationen – gerade mit der Bundesrepublik – garantieren.

Schweden: der plötzliche Kollaps der Toleranz

In Schweden spielte sich fast das Gleiche wie in den Niederlanden ab, nur ein Jahrzehnt später. Auch in Schweden war Migrationspolitik lange kein Thema der politischen Auseinandersetzung. Es gab eine Art Verhaltenskodex unter den Parteien, Migrationsfragen nicht zu thematisieren. Dies ist höchst bemerkenswert, ist Schweden doch aufgrund seiner sehr progressiven und generösen Asylpolitik seit den 1960er Jahren Einwanderungsland. Dieser Kodex hielt, bis die schwedischen Liberalen (FP) in eine existenzielle Krise stürzten. Die kleine schwedische Partei stand während der 1990er Jahre bei circa 10 Prozent, sackte aber bis zur Jahrtausendwende immer weiter ab. Jahr 2001 stand sie nur noch bei 5 Prozent. Es bestand die Gefahr, dass die Partei bei der Wahl zum schwedischen Reichstag 2002 zum ersten Mal in ihrer Geschichte an der 4-Prozent-Hürde scheiterte.

Da entdeckte der rechte Flügel der Partei die Sorgen der konservativen Schweden über die damals sehr progressive Einwanderungs- und Integrationspraxis für sich. Der Schwerpunkt der Wahlkampagne der FP 2002 lag auf der Forderung, die schwedische Staatsbürgerschaft nur denjenigen zuzuerkennen, die nachweislich Schwedisch beherrschten – keine besonders radikale oder unzumutbare Forderung, ja eigentlich eine Selbstverständlichkeit. Doch ähnlich wie in den Niederlanden war die Reaktion der anderen Parteien gewaltig. Besonders die damals sehr starken schwedischen Sozialdemokraten

(SAP) lehnten jede Einschränkung der progressiven Einwanderungspraxis ab. Diese sei ein Signum schwedischer Toleranz. Sie wiesen daher jede Forderung der FP energisch zurück. Doch die Liberalen fuhren einen spektakulären Wahlsieg ein. Sie erreichten bei der Wahl 2002 13,4 Prozent der Wählerstimmen – ein Anstieg um fast 200 Prozent gegenüber ihrem Ergebnis von 1998 (4,7 Prozent). Die Forderungen der FP wurden jedoch nicht umgesetzt.

Nach der Wahl regierten die Sozialdemokraten weiter und setzten ihre progressive Zuwanderungspolitik fort. Die Liberalen gingen in die Opposition und maßen dem Thema nun deutlich weniger Aufmerksamkeit zu. Auch als nach der Wahl 2006 eine bürgerliche Koalition erstmals unter Teilnahme der FP (die ohne das Migrationsthema auf 7,5 Prozent sank) die Regierung übernahm, gab es keine klaren konservativen Akzente in der Immigrationspolitik. Die Furcht war zu groß, dass die starken Sozialdemokraten als Vertreter schwedischer Toleranz daraus Kapital schlagen könnten. Es gab also *keinen* medienwirksamen *Bürgerlichen Kompromiss,* sondern eher ein progressives Weiter so.

Immer mehr Schweden, für die Migrationspolitik ein zentrales Thema war, stach dieses Weiter so ins Auge. War das Thema 1998 für nur 10 Prozent der Schweden relevant, schnellte der Wert während der FP-Kampagne 2002 auf 20 Prozent hoch. Mit den Themenwechseln der Liberalen in den Folgejahren sank dieser Wert etwas, um dann seit 2010 wieder kontinuierlich zu steigen. Die Folge: Das Fehlen einer Partei, der man die Durchsetzung einer konservativen Migrationsagenda zutraute, führte zum Aufstieg der rechtspopulistischen Schwedendemokraten (SD).

Die SD zogen 2010 mit nur 4,7 Prozent in den Reichstag ein, wachsen seitdem kontinuierlich und halten das Migrationsthema permanent in der nationalen Diskussion. In der

Flüchtlingsdebatte 2015 lag die Partei in manchen Umfragen bei 25 Prozent und war somit stärkste (!) politische Kraft in Schweden. Zum Jahreswechsel 2017/18 stand sie immer noch bei über 20 Prozent. Sie lag damit nicht weit hinter den einstmals unerreichbaren schwedischen Sozialdemokraten und den Konservativen (M). Die Rechtspopulisten profitieren davon, dass es in den Augen vieler Wähler seit der erstmaligen Politisierung der Migrationsfrage 2002 keiner schwedischen Partei gelungen ist, ein konservatives Politikangebot für die Sorgen vieler globalisierungsskeptischer Wähler anzubieten und dies in Regierungshandeln umzusetzen. Erst als Ende 2017 die Konservativen (M) einen neuen Vorsitzenden wählen, der ein konservativeres Profil ankündigt, brechen die Schwedendemokraten in der Wählergunst ein. Sie stehen im August 2018 bei etwa 20 Prozent.

Frankreich: Was François Mitterand und Nicolas Sarkozy verbindet

Der Front National (FN) in Frankreich ist wohl die berühmt-berüchtigtste rechtspopulistische Partei in Europa, nicht zuletzt wegen ihrer starken rechtsextremen Beimischungen. Ihre Chefin Marine Le Pen schaffte es 2017 in die Stichwahl der französischen Präsidentschaftswahl. Europa hielt damals den Atem an, ob eine der größten NATO-Mächte bald von Nationalisten regiert würde. Marine Le Pen gewann aber im entscheidenden Wahlgang »*nur*« 33,9 Prozent der Wählerstimmen, Emmanuel Macron wurde französischer Präsident. Bei einer Wahlbeteiligung von fast 75 Prozent entschieden sich also 25 Prozent der Franzosen für Le Pen und den FN. Fast jeder vierte Franzose stimmte für die Rechtspopulisten. Um die Wucht dieser Zahlen in einen Kontext zu setzen: *Marine Le Pen und der Front National konnten im zweiten*

Wahlgang mehr Wähler überzeugen als Bundeskanzlerin Merkel und die CDU/CSU in der Bundestagswahl 2017.
Wie kam es dazu? Der Front National war nicht immer so stark. Doch immer wieder kamen ihm die etablierten französischen Parteien zu Hilfe. Ende der 1980er Jahre gewann der FN erstmals größere Wählersympathien. Ursache war eine Wahlkampfstrategie des damaligen sozialistischen Präsidenten François Mitterand. Seine Wahl im Mai 1981 war eine Sensation gewesen. Denn Mitterand war der erste französische Nachkriegspräsident, der aus einer linken Partei kam. Da es auf den ersten Blick widersprüchlich erscheint, dass in Frankreich ein linker Präsident vom Aufstieg des Front National profitierte, während in Deutschland vor allem die SPD von der AfD bedroht wird, möchte ich hier etwas weiter ausholen. In Frankreich gilt kein Verhältniswahlrecht, in dem Wählerstimmen sich recht genau in Mandate übertragen, sondern ein Mehrheitswahlrecht. Derjenige, der die meisten Stimmen in einem Wahlbezirk bekommt, erhält das Mandat, der Gegner geht vollkommen leer aus. Dieser Mechanismus greift auch bei der Präsidentschaftswahl. Entscheidend ist es, in möglichst vielen Wahlkreisen stärkste Partei zu werden, wozu es aber nicht zwingend der meisten Wählerstimmen im ganzen Land bedarf. Das kann zu sonderbaren Verzerrungen führen. So haben in der französischen Parlamentswahl 2016 Macrons Partei En Marche und ihre Verbündete nur 32,4 Prozent der Stimmen in ganz Frankreich gewonnen, sie erhielten aber circa 60 Prozent der Mandate. In Frankreich geht es also eher darum, eine Strategie zu entwickeln, sich möglichst die meisten Wahlkreise zu sichern. Und hier waren gerade in den 1980ern die französischen Linken gegenüber den französischen Konservativen strukturell im Nachteil. Besonders die ländlichen Gebiete stimmten stets für konservative Präsidentschaftskandidaten.

Noch dazu war die französische Linke in Kommunisten und Sozialisten gespalten. Mitterand hatte beide für seine Kampagne mit Mühe und Not zusammenführen können. Dennoch stand diese informelle Koalition einem deutlich größeren und geschlosseneren konservativen Wählerblock gegenüber.

Laut dem griechischen Politikwissenschaftler Antonis Ellinas kam Mitterand mit Blick auf die Präsidentschaftswahlen 1988 auf die Idee, den konservativen Wählerblock zu spalten.[5] So wollte er verhindern, dass das gesamte bürgerliche Lager einen gemeinsamen Kandidaten unterstützte. Das Aufkommen des Front National kam ihm gerade recht. Jean-Marie Le Pen (der Vater von Marine) vertrat Positionen, die weitaus radikaler waren als die seiner Tochter dreißig Jahre später. Seine massive Kritik etwa am Abtreten des ehemaligen Kolonialgebietes in Algerien hatte in den 1960er und 1970er Jahren bei vielen konservativen Wählern offene Ohren gefunden. Le Pen gelang es, den Verlust Algeriens zum Symbol des nationalen Niedergangs zu stilisieren. Im Laufe der 1980er gelang es ihm darüber hinaus, geschickt die steigenden Zuwanderungszahlen aus den nun ehemaligen Kolonien als radikalen Angriff auf das vermeintlich weiße, katholische Frankreich zu instrumentalisieren.

Mitterand wusste natürlich, dass es konservative Vorgängerregierungen gewesen waren, die den französischen Truppenabzug aus Algerien befohlen hatten. Sie konnten also für den angeblichen nationalen Niedergang und die steigenden Zuwanderungszahlen mindestens ebenso »verantwortlich« gemacht werden wie er selbst. Die Agenda des FN bot das perfekte Mittel, um das bürgerliche Lager zu spalten. Der linke Mitterand wurde zum Wahlkampfhelfer des Rechtsextremisten Jean-Marie Le Pen: Er ermöglichte ihm mehrere TV-Auftritte, um seinen Bekanntheitsgrad zu steigern, und sorgte dafür, dass die Sozialisten Migrationsfragen in ihren Wahlkampagnen thematisierten.

Diese Strategie ging in der Tat auf. In der französischen Präsidentschaftswahl 1988 gewann Mitterand im zweiten Wahlgang knapp gegen seinen konservativen Herausforderer Jacques Chirac. Auch wenn Jean-Marie Le Pen als Viertplatzierter nicht in die Stichwahl kam, spielte der FN doch eine große Rolle. Denn im ersten Wahlgang erhielt Le Pen sensationelle 14,4 Prozent der Stimmen für eine Kampagne, die sich gegen alle etablierten französischen Parteien richtete – also auch gegen die Konservativen um Jacques Chirac. Derart gegen das Establishment aufgebracht, konnten sich viele der FN-Wähler im zweiten Wahlgang nicht dazu durchringen, das in ihren Augen kleinere Übel – den Konservativen Chirac – zu wählen. Ohne den Einfluss des FN hätte Mitterand die Wahl mit großer Sicherheit verloren.

Von 1988 bis zu den frühen 2000ern pendelte der FN in nationalen Umfragen stets zwischen 10 und 15 Prozent, blieb aber in entscheidenden Wahlen immer weit hinter den Mittelinks- und Mitte-rechts-Parteien zurück. Dies änderte sich 2002. Le Pen zog mit 16,9 Prozent spektakulär in die Stichwahl der französischen Präsidentschaftswahl gegen den amtierenden Konservativen Chirac ein. Der Front National erhielt also in der ersten Wahlrunde mehr Stimmen als die Sozialisten, die nur 16,2 Prozent erhielten! Das Wählerpotenzial des FN schien angestiegen zu sein.

Dann verlor Le Pen 2007 allerdings deutlich an Wählersympathie. Er erreichte nur 10,4 Prozent der Stimmen. In der Parlamentswahl des gleichen Jahres brach der Front National sogar von 11,3 Prozent (2002) auf 4,3 Prozent ein. In den Folgejahren erlebte der FN eine Renaissance. Bei den Europawahlen 2014 sammelten die Rechtspopulisten ein Viertel (!) der französischen Wählerstimmen ein. Bei der Präsidentschaftswahl 2017 erreichte Marine Le Pen im ersten Wahlgang 21,3 Prozent und im zweiten sogar 33,9 Prozent der Stimmen. Wie sind der Einbruch 2007 und der massive Anstieg in den Folgejahren zu erklären?

Der Schlüssel ist die Präsidentschaftskampagne des konservativen Nicolas Sarkozy 2007. Sarkozy wurde als harter Innenminister der Vorgänger-Regierung bekannt und machte eine sehr konservative Migrations- und Integrationsgesetzgebung zu seinem Markenzeichen. Er bemühte sich, das Thema Innere Sicherheit auf der nationalen Agenda zu halten, um sich gegenüber parteiinternen Rivalen Vorteile im Kampf um die Präsidentschaftskandidatur zur sichern. Diese Rechnung ging auf. Er wurde Kandidat der konservativen Partei (UMP) und gewann 2007 den Präsidentschaftswahlkampf gegen die linke Kandidatin Ségolène Royale. Das Profil des harten Innenpolitikers betonte er auch im Wahlkampf und band so viele Sympathisanten des FN an sich.

Es verwundert nicht, dass die Franzosen seit Mitte der 2000er Jahre die Bekämpfung der Kriminalität und Zuwanderungspolitik gleichauf mit sozialpolitischen Reformen als wichtigste politische Aufgaben benennen. Im Laufe des Jahres 2007 verschärfte Sarkozy den Ton gegenüber Einwanderern immer wieder, forderte harte Polizeieinsätze gegen kriminelle Migranten, wollte die Entwicklungshilfe für Afrika stark kürzen und forcierte verschärfte Abschiebungsregeln. Im Jahr 2010 forderte er gar die Aberkennung der französischen Staatsbürgerschaft für Kriminelle mit Migrationshintergrund. Theoretisch hätte dies dem FN schaden können, aber dazu hätte es der Umsetzung dieser Vorschläge bedurft!

Im Ergebnis verfehlten viele dieser Ankündigungen jedoch ihren Zweck. Einige Vorschläge mussten zurückgenommen werden, da sie nicht umgesetzt werden konnten. Die Situation ist gut vergleichbar mit jener der CSU im Winter 2015/16. Die meisten der Sarkozy-Vorschläge führten nicht dazu, dass sich die Franzosen sicherer fühlten, im Gegenteil. Nicht nur konnte Sarkozy viele Vorschläge nicht umsetzen, er befeuerte damit auch einen Kulturkampf. Für viele Liberale und Sozialisten waren die konservativen Vorschläge ein Sakrileg. Jeder konservative Vorschlag löste eine Welle an Empörung und Aggression auf der politischen Gegenseite aus. Hierin liegt ein Grund für die katastrophale Spaltung der Gesellschaft links des Rheins, die wir seit Jahren halb staunend, halb in Sorge beobachten. Die aggressive und stark polarisierte Debatte über Innere Sicherheit und Migration und das Lavieren des wichtigsten konservativen Politikers schufen ein Gefühl der Unsicherheit. Globalisierungsskeptische Wähler beobachteten ebenfalls die Spaltung des Landes: einerseits ein lavierender konservativer Politiker, der ankündigte, aber nicht lieferte, andererseits eine politische Linke, die jeden konservativen Vorschlag als Teufelswerk abtat. In der Folge konnte der Front National die enttäuschten konservativen Wählerschichten einsammeln, deren Hoffnungen Sarkozy 2007 erst weckte, im Laufe seiner Regierungszeit dann aber bitter enttäuschte.

In Frankreich lief somit ab 2007 der gleiche politische Mechanismus ab, den wir in den 1990er Jahren in den Niederlanden, in den 2000er Jahren in Schweden und seit 2015 bei uns beobachten. Die Tatsache, dass es 2017 zu einem Präsidentschaftsduell zwischen dem liberalen Emmanuel Macron und der rechtspopulistischen Marine Le Pen kam, ist die logische Konsequenz dieser Entwicklung. Die beiden ehemaligen großen Volksparteien – die Sozialisten und die Konservativen – haben durch ihre ständigen Streitereien über Identitätspolitik jene Themen aus dem Diskurs gedrängt, in denen ihnen die Wähler mehr vertrauen: Sozial-

und Wirtschaftspolitik. Darüber hinaus haben sie durch nie eingelöste Versprechen in identitätspolitischen Fragen immer mehr konservative Wähler in die Fänge des FN getrieben. Marine Le Pen wurde so für das bürgerliche Lager viel attraktiver als die Konservativen, Emmanuel Macron wiederum zum noch ungebrochenen Versprechen des progressiven Lagers. Mit ihrem Duell im Präsidentschaftswahlkampf 2017 schloss sich der Kreis: Es ging im Wahlkampf so gut wie nie um konkrete sozial- oder wirtschaftspolitische Aspekte. Stattdessen stritt man darum, wer die Nation Frankreich, ihre Kultur, ihre Zukunft besser verteidigen könne. Es war ein Wahlkampf, der den Kulturkämpfen in den USA und Großbritannien stark ähnelte.

Machen wir uns nichts vor: Emmanuel Macrons Unterstützung ist bei weitem nicht so groß, wie seine Mehrheiten suggerieren. In der ersten Runde zur Präsidentschaftswahl erhielt er 24 Prozent, Marine Le Pen 21 Prozent. Und in der zweiten Runde erhielt Marine Le Pen immer noch 34 Prozent der Wählerstimmen. Nun könnte man sagen, dann hätten ja zwei Drittel der Franzosen für den liberalen Macron gestimmt. Wie instabil die Lage aber ist, wird klar, wenn wir dieses Szenario auf den deutschen Fall übertragen: In der ersten fiktiven deutschen Wahlrunde würden die FDP, die AfD, die SPD und die CDU/CSU jeweils circa 20 Prozent erhalten; in der zweiten fiktiven Runde, in welcher der Bundeskanzler direkt gewählt wird, tritt dann Christian Lindner gegen Alexander Gauland an. Und in dieser Wahl stimmt dann jeder dritte Deutsche für einen Bundeskanzler Gauland. Wer also glaubt, Frankreich sei durch die Wahl Macrons stabilisiert, irrt gewaltig. Frankreich ist tief gespalten und verschnauft gerade etwas, ist dabei aber ungefähr so konsolidiert wie der Mittlere Osten.

Der französische Fall zeigt deutlich, dass institutionelle Faktoren wie das Wahlrecht einen starken Einfluss darauf haben, wie sich politische Debatten in Wählerwanderungen und greifbare politische Macht niederschlagen. So konnte in Frankreich mit seinem Mehrheitswahlrecht der linke Präsident Mitterand vom Aufstieg des Front National profitieren, da es das bürgerliche Lager spaltete und das Mitte-links-Parteienbündnis so mehr Stimmen bekam als das Mitte-rechts-Lager. In Staaten mit Verhältniswahlrecht wie den Niederlanden oder Deutschland spielen strategische Koalitionsoptionen eine große Rolle. Da es hier nicht vorrangig darum geht, wer stärkste Partei wird, sondern welche Koalition die meisten Mandate bekommt, sind die Mitte-links-Parteien hier im Nachteil. Denn die Mitte-rechts-Parteien können ja mit den Rechtspopulisten koalieren – was in Frankreich kaum möglich ist. Die CDU/CSU hätte somit aktuell auch dann mehr Machtoptionen als die SPD, wenn sie nicht stärkste Partei wäre. Denn sie könnte ja mit drei kleinen Partnern regieren: der FDP, den Grünen und der AfD. Die SPD verfügt hingegen eigentlich nur über zwei kleinere Koalitionspartner: die Linkspartei und die Grünen. Da die Linkspartei in den Augen vieler SPD-Politiker aufgrund einiger außenpolitischer Positionen nicht regierungsfähig ist, hat die SPD sogar nur einen kleinen möglichen Koalitionspartner gegenüber den dreien der CDU/CSU. Die AfD stärkt also die CDU/CSU indirekt gegenüber der SPD. Es könnte theoretisch eine Situation eintreten, in der die SPD zwar über mehr Mandate im Bundestag als die CDU/CSU verfügt, aber trotzdem nicht regieren kann. So eine Situation könnte in Frankreich, Großbritannien oder den USA kaum eintreten. Denn dort stellt derjenige fast automatisch die Regierung, der die meisten Mandate oder Wahlmänner erringen kann. Dies bedeutet aber nicht, dass derjenige die Oberhand behält, der die meisten Wählerstimmen verbuchen kann. Denn im Gegenteil zum deutschen System werden Stimmen hier nicht direkt in Mandate übersetzt.

Die USA: der lange Weg zu Donald Trump

In seinem sehr lesenswerten Buch *Why The Right Went Wrong* erzählt der Publizist E. J. Dionne Jr. eine Geschichte, die spätere europäische Entwicklungen widerspiegelt.[6] Dionne beschreibt die Herausforderungen, vor denen die Republikanische Partei in den USA seit den 1960er Jahren stand – und immer noch steht. Der Wertewandel macht die amerikanische Gesellschaft immer progressiver und der wachsende Bevölkerungsanteil der Afroamerikaner und Zuwanderer aus Mittel- und Südamerika betrachtet mehrheitlich die progressiven Demokraten als seine politische Heimat. Diese langfristigen demografischen Entwicklungen scheinen den Demokraten auf mittlere Sicht das deutlich größere Wählerreservoir zu bescheren, denn zugleich schrumpft der Anteil der republikanischen Kernwählerschaft – die weiße Mittelschicht mit nord- und westeuropäischem Zuwanderungshintergrund. Einige Parteistrategen der Republikaner sehen als einzige Chance, diesen demografischen Nachteilen zu entgehen, ihre Wählerschaft auch in Zukunft weitreichender zu mobilisieren als die Demokraten die ihre.

Die Rechnung ist logisch: Wenn das demokratische Wählerpotenzial zwar um 10 Prozent größer ist als das republikanische, aber 25 Prozent mehr Republikaner als Demokraten zur Wahl gehen, gewinnen die Republikaner trotzdem die meisten Mandate und somit die Wahl. Damit die weiße Mittelschicht also öfter wählen geht, bedarf es starker Beweggründe: Angst und Stolz. Angst vor ökonomischem Abstieg, vor Zuwanderern, vor Homosexuellen, vor dem nationalen Niedergang; Stolz auf den eigenen Lebenswandel, auf die Nation, auf den ökonomischen Erfolg, auf die Familie. Die Republikaner verknüpften schon in den 1970er Jahren die beiden mächtigen Emotionen in ihren Wahlkampagnen in einem Slogan, der uns sehr bekannt vorkommen sollte: »*Let's Make America Great Again!*«

Der triumphale Wahlsieg Ronald Reagans 1980 galt als Beweis, wie stark emotional vorgetragene Identitätspolitik Wähler mobilisieren kann. Dass Reagan 1980 gegen den sehr unpopulären Kandidaten Jimmy Carter antrat, der durch eine Wirtschaftskrise und außenpolitische Niederlagen geschwächt war, geriet bald in Vergessenheit. Stattdessen war nun für viele konservative Parteistrategen der Beweis erbracht, welches Kraut gegen die demografische Überlegenheit der Demokraten gewachsen war: die massive emotionale Ansprache von Identitätsthemen und die Ankündigung einer konservativen Migrations-, Außen-, und Gesellschaftspolitik.

Alle folgenden Wahlkämpfe nahmen immer mehr zuwanderungsskeptische und nostalgische Elemente auf. Die Botschaften wurden immer radikaler, immer minderheitenfeindlicher und immer boshafter. Doch das ist gar nicht das Hauptproblem. Die viel größere Problematik liegt darin, dass die Republikaner viele ihrer Ankündigungen und Forderungen aus den Wahlkämpfen *gar nicht umsetzen konnten oder wollten*. So machten Teile der Republikaner *vor* Donald Trump Wahlkampf gegen internationalen Handel und hielten die USA doch seit 1995 in der Welthandelsorganisation (WTO); sie plakatierten gegen Zuwanderung und schränkten sie doch nur teilweise ein; sie lehnten die Ehe für alle und progressive Abtreibungsgesetze radikal ab, stimmten dann aber doch Arbeitskompromissen mit den Demokraten zu. Auf diese Weise haben die Republikaner über Jahrzehnte hinweg immer mehr globalisierungsskeptische Wähler durch Angstkampagnen motiviert, für sie zu stimmen, und gleichzeitig immer wieder enttäuscht.

Letztlich führte dies dazu, dass sich innerhalb der republikanischen Partei 2009 die rechtspopulistische Tea Party gründete. Diese Gründung sollte die Interessen globalisierungsskeptischer Wähler parteiintern bündeln. Bei dem Versuch, die Tea-Party-Sympathisanten zu überzeugen, überschlugen sich die republikanischen Kandidaten in den letzten Jahren mit immer radikaleren Vorschlägen, um dann freilich auch wieder die allermeisten dieser Maximalforderungen in der politischen Praxis aufzugeben, da sie Kompromisse mit den Demokraten eingehen mussten und wollten. Irgendwann waren die ultrakonservativen Kräfte bei den Republikanern stärker als die gemäßigten. Die globalisierungsskeptischen Wähler hatten die Mehrheiten für gemäßigte Republikaner absichern sollen. *Nun wurde die Revolution von ihren Kindern gefressen:* Die republikanische Basis war radikalisiert und von ihren Spitzenpolitikern enttäuscht. Nun wollte man einen Kandidaten an der Spitze haben, der zu ihnen gehörte. 2016 gewann der Immobilienmogul Donald Trump mit Anti-Eliten-Slogans und nationalistischen Vorschlägen (also der Gewinnerformel aller Rechtspopulisten) die parteiinternen Vorwahlen gegen den Erzkonservativen Ted Cruz. Gemäßigte Kandidaten spielten keine Rolle.

Die Stichwahl gegen die demokratische Hillary Clinton gewann Donald Trump vor allem deshalb, weil ihr Politikangebot die einstige demokratische Kernwählerschaft – Arbeiter und Angestellte – im Regen stehen ließ. Ihre Agenda bestand vor allem aus einer progressiven Gesellschaftspolitik. Aber die konservativen Arbeiter und Angestellten waren durch Minderheitenschutz oder Frauen- und Homosexuellenrechte nicht zu motivieren. Stattdessen hätten sie sich eine konservativere Gesellschaftspolitik oder eine durchdachte Sozial- und Wirtschaftspolitik gewünscht, die auch sozial Schwachen zugutekommt. Hillary Clintons Niederlage und die Niederlagen der europäischen Sozialdemokraten folgen daher den gleichen Mustern: zu viel progressive Identitätspolitik und zu wenig Sozial- und Wirtschaftspolitik, die Geringverdiener, Arbeiter und Angestellte gleichermaßen anspricht.

Großbritannien: der ungeheure Preis einer Fehlkalkulation

Der britische Fall und der Weg zum Brexit wurden bereits an anderer Stelle besprochen. Es lohnt sich, hier zu wiederholen, dass die Politisierung des Europa-Themas nicht etwa auf die rechtspopulistische UKIP zurückgeht. Der spätere konservative Premierminister David Cameron nutzte das Versprechen eines Referendums über die britische EU-Mitgliedschaft als parteiinterne Taktik. Um Vorsitzender der Tories zu werden, war er auf die Unterstützung der konservativen Kräfte innerhalb der Partei angewiesen. Da Cameron für eine relativ progressive Gesellschaftspolitik stand (zum Beispiel für die Ehe für alle), brauchte er ein Symbolprojekt, um auch Konservative anzusprechen.

Die traditionelle EU-Skepsis der konservativen Hinterbänkler und vieler Wähler kamen ihm da gerade recht. Cameron persönlich stand (und steht) der EU-Mitgliedschaft Großbritanniens sehr positiv gegenüber. Er, der sich gerade über wirtschaftspolitische Fragen profilierte, betonte die enormen ökonomischen Vorteile, die das Vereinigte Königreich innerhalb der EU genoss. Konservative Tories und Wähler hingegen sehen die Unterordnung unter europäische Richtlinien als nationale Schmach. Ihnen bot er daher an, im Falle eines Wahlsieges 2010 die Beziehungen mit der EU neu zu verhandeln und auf Basis des Ergebnisses dieser Nachverhandlungen ein Referendum zur britischen EU-Mitgliedschaft abzuhalten.

Wieso tat Cameron das, wenn er doch persönlich glaubte, dass ein EU-Austritt eine Schnapsidee wäre? Als er das Versprechen öffentlich machte – einige Monate vor der

Wahl 2010 –, sprachen alle Zahlen dafür, dass er mit den britischen Liberalen in eine Koalition würde eintreten müssen. Die Liberalen sind klare Befürworter der EU-Mitgliedschaft. Cameron ging davon aus, dass sie in den Koalitionsverhandlungen darauf bestehen würden, ein Referendum auszuschließen. Und genau so kam es dann auch. Die konservativ-liberale Regierung, die Cameron 2010 bildete, sah kein EU-Referendum vor. Cameron konnte seinen konservativen Hinterbänklern und Wählern glaubhaft versichern, dass er ja gern gewollt hätte, aber mit den proeuropäischen Liberalen sei dies eben nicht zu machen.

2013 – also drei Jahre, nachdem die Tories um David Cameron ein Referendum über die britische EU-Mitgliedschaft auf die politische Agenda gesetzt hatten – stieg die rechtspopulistische UKIP erstmals spürbar in der Wählergunst. Der Grund war die Enttäuschung vieler Menschen über David Camerons Räumung seiner einstmals so antieuropäischen Haltung zugunsten einer moderateren Position. Die Tories verloren nun deutlich in den Umfragen, Labour und UKIP zogen gleichermaßen Wähler an.

Um die Geister, die er rief, wieder einzufangen, spielte Cameron vor der Wahl 2015 das gleiche Spiel wie 2010: Neuverhandlungen mit Brüssel und ein anschließendes Referendum. Dann passierte etwas gänzlich Unerwartetes – die Tories gewannen die Wahl. Und zwar so deutlich, dass sie keinen Koalitionspartner brauchten. Nun gab es kein Zurück mehr. David Cameron musste liefern und die britischen Beziehungen zur EU neu verhandeln sowie anschließend ein Brexit-Referendum ansetzen. Der frühere SPD-Fraktionsvorsitzende Herbert Wehner soll nach einer gewonnen Bundestagswahl Vertrauten zugeraunt haben: »Wir haben gewonnen, jetzt haben *wir* das Problem.« Ähnliches wird sich David Cameron 2015 gedacht haben.

Die Verhandlungen mit der EU liefen 2015/16 schleppend. Besonders Berlin und Paris verspürten wenig Lust, Großbritannien entgegenzukommen. Relevante Konzessionen würden nur Nachahmer ermuntern, ebenfalls »bessere Konditionen« unter Drohung eines Referendums zu verlangen. Camerons Versuche, seine mäßigen Verhandlungsresultate als Erfolg zu verkaufen, wurden von der konservativen Presse in der Luft zerrissen. Schlimmer noch, Cameron setzte in seiner Referendumskampagne ganz auf ökonomische Argumente. Die Briten sollten aus Sorge um ihr Erspartes für den EU-Verbleib votieren. Ganz anders seine Gegner: Der Vorsitzende der Rechtspopulisten Nigel Farage und Camerons parteiinterner Rivale Boris Johnson hoben nicht auf Geld ab, sondern auf Identität. Ihre Kampagnen für einen Austritt Großbritanniens aus der EU folgten einem simplen Narrativ: »Die britische Nation, ihre Werte, ihre Traditionen, alles, was Großbritannien stark macht, wird durch die EU bedroht. Früher, ohne die EU, ist doch alles besser gewesen. Wenn man nur aus der EU austritt, wird alles wieder rosig: Weltmacht, Wohlstand für alle, weniger Ausländer.«

Als sich auch der Labour-Vorsitzende Jeremy Corbyn zu keiner klaren proeuropäischen Position durchringen konnte, war die Gefechtslage so klar wie ungünstig: *ein unbeliebter Premierminister, der auf die Furcht vor ökonomischem Abstieg setzt, gegen zwei Showmaster, die für eine wiedererstarkte Nation trommeln.* Der Ausgang ist bekannt. Wie bei fast jeder Wahl, in der Rationalität (ökonomische Argumente) gegen eine gute emotionale Story (Furcht um beziehungsweise Stolz auf die nationale Identität) ins Feld zieht, gewinnt Letztere. Am 23. Juni 2016 stimmen 52 Prozent der Briten für den Austritt des Vereinigten Königreiches aus der Europäischen Union.

David Cameron gab den Posten des Premierministers an Theresa May ab. Bis Anfang Juli 2018 – als sie den Willen zu engen wirtschaftlichen Beziehungen zur EU ankündigte – präsentiert sie sich als Vertreterin eines harten Brexit-Kurses, relativ kompromisslos gegenüber der EU. Dies lässt die Sorgenfalten auf der Stirn der britischen Arbeitgeber- und Arbeitnehmerverbände immer tiefer werden, die unbedingt den Zugang zum europäischen Binnenmarkt behalten wollen. Auch daher wird May wohl Anfang Juli ihren Brexit-Kurs nuanciert haben und mehr wirtschaftliche Kooperationen mit der EU angekündigt haben. Es steht noch aus, wie diese Kurswende von britischen Konservativen bewertet werden wird. Bis Anfang Juli sind globalisierungsskeptische Wähler, die David Cameron und später Nigel Farage und Boris Johnson abkauften, dass die EU die britische Identität bedrohe, aber sehr angetan von Theresa May. Während die britischen Tories und British Labour ungefähr gleich stark sind, liegen die Rechtspopulisten der UKIP im Juli 2018 bei nur circa 5 Prozent.

Österreich und die Schweiz: ein Gefühl permanenter Bedrohung

Die Schweiz und Österreich sind europäische Paradebeispiele für die zentrale Bedeutung von kulturellen Konfliktthemen und die untergeordnete Rolle von ökonomischen Faktoren beim Aufstieg von Rechtspopulisten. In beiden Staaten folgte dieser dem bekannten Muster, doch sind diese in einem Punkt ein Sonderfall: Wir haben es in beiden Staaten mit der Transformation einer kleinen etablierten Kraft in eine rechtspopulistische Partei zu tun.[7]

In den 1980er Jahren gab es in beiden Staaten ein hochemotionales Symbolthema, das die nationale Identität der Alpenrepubliken infrage stellte. In der Schweiz stellte sich Ende der 1980er Jahre die Frage nach einem möglichen EG-Beitritt. In Österreich begann im Zuge der Reder- und der

Waldheim-Affäre zur Mitte des Jahrzehnts eine Debatte über die österreichische Rolle im Zweiten Weltkrieg. Walter Reder war ein führendes Mitglied der SS und beging mehrere Kriegsverbrechen. Er wurde nach dem Krieg in Italien zu lebenslanger Haft verurteilt, kam aber 1985 frei und wurde bei seiner Rückkehr nach Österreich vom FPÖ-Verteidigungsminister Friedhelm Frischenschlager begrüßt. Kurt Waldheim war Offizier in der Wehrmacht und nach dem Krieg im österreichischen diplomatischen Dienst tätig. 1985 wurde er zum Bundespräsidenten gewählt. Die offene Frage, ob er an Kriegsverbrechen beteiligt war, führte zu einer innen- und außenpolitischen Krise der Alpenrepublik.

Zwei dieser drei Debatten wurden von den konservativen Flügeln der damals noch moderaten Schweizer Volkspartei (SVP) und der Freiheitlichen Partei Österreich (FPÖ) angestoßen. Die progressiven Kräfte dieser damals eher klassisch-liberalen, mit der deutschen FDP einigermaßen vergleichbaren Parteien lehnten dieses Vorgehen ab. Allerdings hatten diese Flügel in beiden Parteien schmerzhafte Wahlniederlagen in den Vorjahren zu verantworten. In Österreich schickte sich der populistische Anführer der FPÖ, Jörg Haider, an, Waldheims Verwicklungen in Nazi-Gräueltaten vehement zu bestreiten. Um konservative Wähler anzusprechen, positionierte in der Schweiz Christoph Blocher die SVP als die einzige Partei, die sich vehement gegen einen EG-Beitritt der Eidgenossen aussprach.

Beide Themen trafen einen wunden Punkt: Gerade konservative Österreicher sonnten sich gern in dem Irrglauben, das »erste Opfer« der deutschen Nazis gewesen zu sein. Die »Selbstviktimisierung« Österreichs war eine Kernlüge der österreichischen Nachkriegsgeschichte, ihre Infragestellung rührte massiv an der nationalen Identität. Als im Laufe der Debatten sich keine etablierte österreichische Partei mehr fand, welche die in NS-Verbrechen verwickelten Reder und Waldheim offensiv verteidigen wollte, hatte die FPÖ ihr programmatisches Alleinstellungsmerkmal. Bei der Wahl 1986 verfolgte die FPÖ erstmals eine klar rechtspopulistische Strategie und konnte damit ihren Stimmenanteil auf 9,7 Prozent fast verdoppeln.

In der Schweiz war die EG-Mitgliedschaft leicht als Zentralangriff auf die Schweizer Identität darzustellen. In einem Land, das sehr stolz auf seine nationale Unabhängigkeit, seine regionale Autonomie und die direkte Bürgerbeteiligung durch Referenden ist, konnte die EG leicht als supranationales technokratisches Monster porträtiert werden. Da es auch der SVP keine andere Partei damit gleichtun wollte, fand sie hier in den frühen 1990er Jahren ihr Alleinstellungsmerkmal. Bei der Wahl 1995, der ersten Wahl nach dem Referendum über die EG-Mitgliedschaft 1992, konnte die SVP ein Viertel mehr Wähler ansprechen als noch 1991 und erzielte 14,9 Prozent.

Im Zuge der Wahlerfolge mit Themen, welche die populistischen Flügel setzten, traten die liberalen Mitglieder von FPÖ und SVP nach und nach aus. Spätestens ab Mitte der 1990er Jahre sind die FPÖ und die SVP als klassische rechtspopulistische Parteien anzusehen. Seitdem haben beide Parteien ihr inhaltliches Spektrum stark erweitert. Neben die Schweizer EU-Skepsis und der Verharmlosung der österreichischen Rolle im Zweiten Weltkrieg traten vor allem die Themen Zuwanderung und nationale Identität sowie der Islam.

Aus drei Gründen ist es in den letzten dreißig Jahren kaum einer etablierten Partei in den Alpenrepubliken gelungen, dieser Mischung aus Anti-Elitismus und Nationalismus etwas entgegenzusetzen. Der erste Grund ist der Unwillen der etablierten Parteien, eine vergleichbare europapolitische Agenda zu vertreten. Wie das Brexit-Beispiel zeigt, würde ein klarer Anti-EU-Kurs fraglos viele SVP- und FPÖ-Wähler überzeugen können, wieder zu anderen Parteien zu wechseln. Aber die nationale Katastrophe, die aus einem EU-Austritt (Österreich) oder einem Kappen der Wirtschaftsbeziehungen mit der EU (Schweiz) erwachsen würde, will keine von ihnen verantworten. Zum Zweiten sind beide Länder geprägt von einem Regierungsstil, der auf eine parteiübergreifende Zusammenarbeit setzt. In der Schweiz wird dies an den Allparteienregierungen besonders deutlich, in Österreich immerhin an den vielen großen Koalitionen und der paritätischen Besetzung zentraler öffentlicher Posten durch Sozial- und Christdemokraten. Eine Polarisierung, die dem Anti-Eliten-Narrativ der Rechtspopulisten entgegenwirken könnte, ist daher viel schwerer möglich als zum Beispiel in Frankreich oder Großbritannien. Und drittens erschweren die beständig guten Wirtschaftsdaten beider Volkswirtschaften, wirtschaftspolitische Fragen im nationalen Diskurs so zu stärken, dass darunter der Zuspruch für die Rechtspopulisten leiden würde.

Dass es trotz allem möglich ist, in diesem Debattenklima Wähler für eine eigene Agenda zu gewinnen, beweist der kometenhafte Aufstieg des neuen österreichischen Kanzlers Sebastian Kurz (ÖVP). Er konnte zwar keine Wirtschaftskrise herbeizaubern, um die Wirtschaftskompetenz der Sozial- und Christdemokraten herauszustellen. Aber indem er sich gegen das Establishment der österreichischen Christdemokraten inszenierte und eine klare Law-and-Order-Politik ankündigte, konnte er zumindest zwei Schwertern der FPÖ die Schärfe nehmen: der Behauptung, man sei die einzige Anti-Establishment-Partei, sowie der Selbstdarstellung als alleinige Verteidigerin der nationalen Identität.

Portugal, Spanien und Irland: die Einhegung der Konservativen

Nach diesen Beispielen dafür, wie Konservative den Nährboden für Wahlerfolge der Rechtspopulisten schufen, stellt sich die Frage, ob sich nicht auch Gegenbeispiele finden. Gibt es nicht auch konservative Parteien, die dieses Problem nicht haben? Ja, die gibt es. Die deutsche CDU/CSU gehörte bis vor wenigen Jahren dazu. Doch auch aktuell gibt es in drei europäischen Ländern keine Spur von erfolgreichen Rechtspopulisten: in Portugal, Spanien und Irland. Dort nehmen die rechten Flügel in den konservativen Parteien eine mächtige Position ein, während leidenschaftliche Debatten zur Sozial- und Wirtschaftspolitik die öffentliche Wahrnehmung prägen. Identitätspolitische Fragen (Migrations-, Außen- und Europapolitik) spielen so eine untergeordnete Rolle.

In den südeuropäischen Staaten zum Beispiel, die von der Eurokrise besonders hart betroffen sind, gewinnen aus diesem Grund *Links-* und nicht Rechtspopulisten Zuspruch. Rechtspopulisten brauchen die Abwesenheit von wirtschaftspolitischen Fragen, um sich über Identitätspolitik profilieren zu können. In ganz Südeuropa stagnieren oder verlieren die Rechtspopulisten seit Jahren. Selbst bei der jüngsten Wahl in Italien verloren die Lega Nord und Silvio Berlusconis Forza Italia zusammengenommen im Vergleich zu ihren Ergebnissen in den letzten Jahrzehnten an Zustimmung. Die eigentliche Wahlgewinnerin in Italien, die Fünf-Sterne-Bewegung, ist eine eher linkspopulistische Partei. Diesen Effekt kann man genauso in Griechenland beobachten. Die etablierten Parteien streiten sich dort vor allem um Sozial- und Wirtschaftspolitik.

Und in den vereinzelten medienwirksamen Debatten über Identitätspolitik können sich die Mitte-rechts-Parteien erfolgreich als Anwälte konservativer Wählerschichten darstellen. In Spanien ging bis vor Kurzem Ex-Premierminister

Mariano Rajoy gegen die Unabhängigkeitsbewegungen in Katalonien vor und stand so als Bewahrer der spanischen Nationalidentität da. Dadurch gelang es ihm, eine Reihe von Korruptionsskandalen in seiner konservativen Partei abzufedern, die in anderen Staaten wohl zu massiven Zustimmungseinbußen geführt hätten. So standen die spanischen Konservativen im Frühling 2018 trotz allem immer noch bei circa 25 Prozent Wählerzustimmung.

Auch in Irland gibt es genug Identitätsthemen, über die sich die dortigen Konservativen profilieren können, insbesondere der schwelende Konflikt zwischen Katholiken und Protestanten und die Abgrenzung gegenüber Großbritannien. In Portugal scheint der Nationalstolz insgesamt nicht so ausgeprägt, als dass Europa- und Migrationsthemen zum Wahlkampfschlager taugten. Jedenfalls mobilisieren die konservativen Parteien sehr selten mithilfe von anti-EU- oder anti-deutschen Kampagnen. Stattdessen streitet man sich dort um das liebe Geld, das trotz des zaghaften Wirtschaftswachstums der letzten Jahre immer noch knapp ist, ähnlich wie in Deutschland bis Mitte der 2000er Jahre.

Die Lehren für Deutschland: Die Konservativen müssen vorangehen

Dieses Kapitel legt hoffentlich überzeugend dar, dass die großen Veränderungen, die wir gerade in vielen westlichen Demokratien beobachten, sehr wenig mit tieferliegenden historischen oder ökonomischen Faktoren zu tun haben. Tiefgreifende, langfristige, hochkomplexe soziale oder ökonomische Prozesse wirken dabei zwar im Hintergrund, geben aber eben *nicht* den Ausschlag für solche grundstürzenden politischen Ereignisse. Solche Prozesse sind notwendige Bedingungen – etwas, das vorhanden sein muss, damit etwas passieren kann, zum Beispiel das regelmäßige Essen, um Sport machen zu können. Die entscheidenden Auslöser sind aber hinreichende Bedingungen – das, was einen Prozess in Gang setzt, also vielleicht der Druck der Freundin, ein Anruf von Freunden oder ein nahender Wettkampf, der uns motiviert, Sport zu treiben. Diese Auslöser gehen in der Politik auf etwas recht Profanes zurück: auf *Wahlkampfstrategien.*

Manchmal entfalten diese ihre destruktive Wirkung erst nach Jahrzehnten. So gewann in den 1980er Jahren Ronald Reagan die Wahlkämpfe mit der Ankündigung, den Kalten Krieg gegen Russland für die USA zu entscheiden. Donald Trump gewinnt dreißig Jahre später den Wahlkampf 2016 aus Konsequenz der von Reagan losgetretenen wahltaktischen Prozesse. Und obwohl Trump wie Reagan für die Republikaner antreten, ist Trumps Außenpolitik genau das Gegenteil zu der von Reagan: sie schwächt nicht etwa Russland, sondern erlaubt Putin eine massive Ausweitung der russischen Einflusssphäre in Syrien und der Ukraine. Die britischen Konservativen, einstmals vehemente Befürworter der EU aufgrund der massiven Vorteile, die der britischen Wirtschaft hieraus erwuchsen, drängen nun darauf, ein Programm des ökonomischen Protektionismus umzusetzen, das ihrer Bevorzugung des Freihandels voll widerspricht – und das nur für einen kurzfristigen Vorteil im Wahlkampf. Oder Frankreich: Der entscheidende Geburtshelfer des rechtspopulistischen Front National war das Kalkül des ersten linken Präsidenten der Fünften Republik. *Wohin man blickt, forderten erfolgreiche Wahlkampfstrategien einen ungeheuren Preis für die Partei und für das Land.*

Das Muster ist hierbei stets gleich: Zuerst propagiert ein Flügel einer etablierten Partei identitätspolitische Themen, da diese parteipolitische Vorteile versprechen. Dadurch steigt zweitens die öffentliche Aufmerksamkeit dafür und daraufhin das Wählerbedürfnis nach einer konservativen Antwort auf die nun als bedeutsam wahrgenommene migrations-, außen- oder europapolitische Herausforderung. Die Wähler wollen nun eine konservative Reaktion sehen. Wenn die konservativen Kräfte aber zu schwach sind oder merken, dass ihre Idee vielleicht gar keine so gute ist, können sie ihre Ankündigungen nicht umsetzen. In der Folge wandern dann – drittens – die erst mobilisierten, dann enttäuschten globalisierungsskeptischen Wähler zu den Rechtspopulisten. Denn nun fällt deren Diktum auf fruchtbaren Boden: »Denen da oben kann man nicht trauen, die versprechen viel und halten nichts!« Oder etablierte konservative Kräfte können sich – viertens – mit ihren politischen Forderungen durchsetzen. Dann stellt sich die Frage, was für nationale und internationale Konsequenzen dies hat. Als Wolfgang Schäuble seine harte Linie gegenüber Griechenland 2015 durchhielt, ließ das die weltweiten Finanzmärkte beben und brachte Deutschland gerade in Europa viele Gegner ein. Der innenpolitische Effekt war aber: Globalisierungsskeptische Wähler wurden an die CDU/CSU gebunden und Rechtspopulisten brachen in den Umfragen ein. Die Frage ist nur, zu welchem Preis.

Aus diesen allgemeingültigen Mechanismen lassen sich drei Konsequenzen für Deutschland ziehen: Erstens, reale Herausforderungen in der Migrations-, Außen- und Europapolitik sind *nur sehr selten* der Auslöser für politische Entscheidungen und Wählerbewegungen. In diesen Politikbereichen gibt es viele Aufgaben, die man theoretisch jeden Tag leidenschaftlich diskutieren könnte. *Entscheidend ist vielmehr,* wann *etablierte politische Kräfte (nicht die Populisten, die machen das sowieso immer) diese Fragen thematisieren und* wie *parteiinterne Mechanismen dann welchen Lösungsweg in den Vordergrund rücken.*

Zweitens, der CDU/CSU und vor allem ihren konservativen Kräften (und eventuell auch solchen in der SPD) kommt in den nächsten Jahren eine Schlüsselrolle zu. Von ihren Vorschlägen hängt die Zukunft der AfD und damit in gewisser Weise auch der Berliner Republik ab. Die progressiven Teile der CDU und der SPD werden darauf reagieren, aber die Agenda-Setzung liegt bei den konservativen Kräften in den Volksparteien. Das kann man als Progressiver oder Linker unfair finden, aber globalisierungsskeptische Wähler hören nun mal vor allem denjenigen zu, denen sie am meisten vertrauen. Die SPD (und vor allem ihr linker Flügel) hat die gleiche Fähigkeit zur Agenda-Setzung in sozialpolitischen Fragen, auf die dann der Rest der Parteienlandschaft reagieren müsste.

Drittens, gänzlich unabhängig von den ökonomischen, wirtschaftlichen und vielleicht auch militärischen Folgen dieser konservativen Vorschläge wird sich daran die Zukunft der deutschen Volksparteien entscheiden. Gelingt es, aus diesen Vorschlägen einen medienwirksamen *Bürgerlichen Kompromiss* zu schmieden, der von der CSU über die CDU hin zur SPD reicht, könnte dies die AfD empfindlich treffen. Wenn die Folge aber ein Regierungsstreit ist, der in eine öffentlichkeitswirksame Niederlage der konservativen Kräfte mündet, wird die AfD wohl bald die SPD überholen und Deutschland in ein paar Jahren so zerstritten und reformunfähig sein wie Frankreich und Italien. *In der nächsten leidenschaftlichen identitätspolitischen Debatte können die deutschen Volksparteien und das ganze Land daher viel gewinnen und noch mehr verlieren.*

Und nun?

Da für unsere Außenpolitik gerade die innenpolitischen Entwicklungen in den USA von größter Bedeutung sind, interessiert Sie vielleicht der Weg zu Donald Trump näher. Hier gäbe es unzählige Bücher zu empfehlen. Für mich war allerdings das in diesem Kapitel erwähnte *Why The Right Went Wrong* von E. J. Dionne Jr. besonders aufschlussreich, da es komplexe parteipolitische Aspekte miteinbezog. Die europäischen Entwicklungen werden in meiner Dissertation *The Rise of Populism in Western Europe* ausführlich beschrieben, auf die ich schon andernorts verwiesen habe. Ferner möchte ich Ihnen das Buch des griechischen Kollegen Antonis Ellinas, *The Media and the Far Right*, ans Herzen legen. Auch er untersucht mehrere europäische Länder und kommt zum gleichen Schluss wie ich: Die Entwicklungen in Westeuropa gleichen sich viel mehr, als sie sich unterscheiden.

Die Progressiven unter Ihnen sollten sich damit anfreunden, dass die Zukunft dieses Landes in den nächsten Jahren kaum in ihren Händen liegt. Wenn Arbeits- und Sozialpolitik nicht mit Wucht andere Themen verdrängen, werden die konservativen Kräfte in den Volksparteien vorerst die politische Agenda bestimmen können. Bis auf Weiteres wird es auf Identitätspolitik ankommen. Je weniger Sie politisch mit Horst Seehofer, Alexander Dobrindt und Jens Spahn verbindet, desto rascher sollten Sie sich damit anfreunden, dass diese drei Herren aktuell die vielleicht einflussreichsten politischen Akteure dieses Land sind.

Dies ist für den eher konservativ geneigten Leser aber kein Grund zum Jubeln. Denn bis auf die schwedischen und die deutschen in den frühen 1990er Jahren haben die etablierten Konservativen ihre Chance nämlich nie genutzt. Nur hier konnten durchdachte konservative Akzente wie der Asylkompromiss die Rechtspopulisten kleinhalten, ohne dem langfristigen nationalen Interesse massiv zu schaden. Andernorts haben die europäischen Konservativen mit ihrer kurzsichtigen medienwirksamen Identitätspolitik fast jedes Land vor die Wand gefahren – entweder durch Forderungen, die man nicht einhalten konnte, oder durch Forderungen, die man gar nicht einhalten wollte, dann aber musste. Auf den deutschen Konservativen – gerade den oben genannten drei Herren – lastet daher eine große Verantwortung, an der schon unzählige Kollegen gescheitert sind.

Für Politiker und Wähler, ob nun progressiv oder konservativ, bedeutet dies, dass sie konservative Vorschläge sehr besonnen beurteilen sollten. Denn diese Vorschläge sind entweder Balsam auf die deutsche parteipolitische Seele oder der Schmetterlingsschlag, der einen Tornado auslöst. Politiker und Wähler gleichermaßen sollten ihr erstes Bauchgefühl prüfen – die Zustimmung oder Ablehnung eines Vorschlages könnte in die falsche Richtung weisen, wenn die mittelfristigen Folgen nicht bedacht werden. Von welchen Faktoren es abhängt, kluge Entscheidungen in identitätspolitischen Debatten zu treffen, behandelt das nächste Kapitel.

7
Der neue Nexus von Partei- und Außenpolitik

»*Krise kann ein produktiver Zustand sein. Man muss ihr nur den Beigeschmack der Katastrophe nehmen.*«
(Max Frisch)

Deutsche Macht und deutsche Ohnmacht

Der Aufstieg der AfD hat zu großen Teilen eine missglückte öffentliche Kommunikation von CDU/CSU und SPD in der Flüchtlingspolitik ab 2015 zur Ursache. Das Migrationsthema ist neben Außen- und Europafragen der wichtigste Themenkomplex der sogenannten Identitätspolitik, an deren medienwirksamer Kommunikation sich die Zukunft der Volksparteien entscheiden wird. Der Aufstieg von Donald Trump, des Front National und auch der Brexit hatte hier ihren Ursprung. Wie und wann unsere Volksparteien Identitätspolitik in der kommenden Legislaturperiode kommunizieren, ist die Sollbruchstelle im Verhältnis zu ihren Wählern. Gelingt es, hier einen medienwirksamen *Bürgerlichen Kompromiss* herzustellen, werden viele Wähler zu den Volksparteien zurückkehren. Langwieriger Regierungsstreit, gar öffentlichkeitswirksame Siege des progressiven Lagers würden hingegen die AfD stärken. Europa-, Außen- und Migrationspolitik sind aber die wohl kompliziertesten Politikfelder der Berliner Republik im Jahr 2018. Unzählige Faktoren aus der Innen- und Außenpolitik müssen hier berücksichtigt werden. Denn das Handeln der Bundesregierung kann wie ein fallender Dominostein eine heftige Kettenreaktion auslösen. Und dies nicht nur in Deutschland, sondern in ganz Europa oder sogar weltweit.

Diese Verschränkung von Partei- und Außenpolitik ist aus mehreren Gründen ein Novum für Deutschland: Zum Ersten, da die Garantiemacht der NATO und der EU, die USA, unter Donald Trump mit Jahrzehnten amerikanischer Außenpolitik bricht. Die US-Administration ist dabei, das strategische Interesse an Europa zu verlieren und globale Konflikte danach zu beurteilen, welche Allianz kurzfristig am meisten »Gewinn« verspricht. Langfristige strategische Gemeinsamkeiten mit der EU, etwa der freie Welthandel oder die Verbreitung der Demokratie, können so binnen Minuten Makulatur sein. Diese Veränderungen bedeuten nichts weniger als eine tektonische Verschiebung der zentralen außenpolitischen Koordinaten, an denen sich die Außenpolitik der Bundesrepublik seit 1949 orientierte: eine enge Partnerschaft mit den USA, der Konflikt zwischen Washington und Moskau und somit das amerikanische Selbstverständnis als militärische Schutzmacht Europas. Wenn die USA sich hier neu orientieren, bedeutet dies nichts anderes, als dass Deutschland und Europa binnen weniger Jahre das werden leisten müssen, was bisher für sie noch die USA übernehmen: den militärischen und geheimdienstlichen Schutz ihrer Interessen.

Die Interessensphären der Exportnation Deutschland reichen weit über Europa hinaus – de facto geht es darum, den weltweiten Freihandel zu ermöglichen und zu erhalten. Dieser wird durch den globalen Militäreinsatz der USA an wirtschaftlichen Knotenpunkten gewährleistet. Der Rückzug der Amerikaner aus der Rolle des globalen Polizisten und Handelsaufsehers erfordert eine fundamentale Neujustierung all unserer außenpolitischen Prämissen. Denn Deutschland war vielleicht wie kein zweites Land auf die amerikanische Weltordnung ausgelegt, die nun implodiert: Die deutsche Exportwirtschaft profitierte wie keine zweite vom globalen und innereuropäischen Freihandel, den die USA militärisch absicherten. Und da die USA weltweit die Sicherheit garantierten und die EU Europa stabilisierte, brauchte Deutschland erstmals in seiner Geschichte kein nennenswertes Militär zu unterhalten, um seine nationalen Interessen abzusichern. All dies geht nun zu Ende. Indem die von den USA geführte Weltordnung untergeht, *zerbricht* auch die deutsche Wirtschafts- und Militärdoktrin.

Es gibt nun zwei Möglichkeiten: Entweder reformieren wir unsere gesamte Wirtschaft so grundlegend, dass sie von ihrer Exportorientierung loskommt – dann brauchen uns die internationalen Zusammenhänge nicht so sehr kümmern; oder wir Deutsche und Europäer müssen einen massiven Teil der sicherheitspolitischen und militärischen Ordnungsfunktionen selbst wahrnehmen, um weitestgehende ökonomische Kooperationen abzusichern. Da sich unsere Wirtschaft nicht über Nacht von Grund auf verändern wird und die Bundesrepublik sich bereits jetzt massiven sicherheitspolitischen Bedrohungen ausgesetzt sieht (siehe die folgenden Seiten), spricht viel für die Option zwei: *Deutschland muss sehr schnell sicherheits- und militärpolitisch erwachsen werden. Wir müssen in der Lage sein, das zu bewahren und zu schützen, was uns Sicherheit und Wohlstand schenkt: allem voran Europa, mit der Eurozone im Besonderen.*

Hierzu kommt zweitens, dass der deutsche Einfluss in Europa wohl niemals so groß war wie in diesen Jahren. Deutschland nimmt innerhalb der Europäischen Union eine fast hegemoniale Rolle ein. Eine politische Macht, die aufgrund ihrer Wirtschaftskraft und finanziellen Ressourcen *kurzfristig* die mit Abstand stärkste ist (wichtigste Ausnahme: das deutsche Militär), aber *langfristig* ohne wichtige Verbündete nicht erfolgreich sein kann. Diese gewachsene Macht bedeutet aber im Umkehrschluss, dass jede Entscheidung, die in Berlin gefällt wird, massive Auswirkungen auf unsere Partnerstaaten haben kann – und umgekehrt. Wir brauchen das französische und britische Militär, die Unterstützung der finnischen und griechischen Partner in internationalen Verhandlungen, und unsere Wirtschaft hängt auf Gedeih und Verderb an einer funktionierenden Eurozone. Für Deutschlands Erfolg, der bis 1945 oftmals im Konflikt mit seinen europäischen Nachbarn gedacht wurde, gilt nun: *2018 ist das demokratische Deutschland in Europa so mächtig und zugleich so abhängig von seinen Partnern wie noch nie zuvor.*

Die Fähigkeit zur permanenten internationalen Kooperation auf allen Ebenen liegt somit mehr denn je im nationalen Interesse Deutschlands. *Kooperation als solche wird zur Staatsräson und die Stärkung der europäischen Zusammenarbeit zum parteiübergreifenden, nationalen Interesse. Nationale Alleingänge lagen noch nie so wenig im nationalen Interesse Deutschlands wie heute.* Der Unwillen der Trump-Administration, sich für unsere Sicherheit zu engagieren, und die gestiegene Bedeutung Deutschlands innerhalb Europas führten zu einer massiv gewachsenen Verantwortung und Beanspruchung der deutschen Außenpolitik. Die Sicherheitsexperten Leon Mangasarian und Jan Techau stellen daher ganz treffend fest: »In den kommenden Jahren werden außen- und sicherheitspolitische Fragen auf Deutschland zukommen, von denen das Land heute noch nicht mal zu träumen wagt.«[1]

Daraus folgt drittens, dass jede identitätspolitische Debatte daraufhin abzuklopfen ist, welche internationalen Entwicklungen die deutsche Parteipolitik beeinflussen können –

und im Umkehrschluss, welche internationalen Folgen unsere parteipolitischen Debatten haben können. Die Leitkulturdebatten in den späteren 1990er Jahren oder die politischen Konflikte über ein Zuwanderungsgesetz hatten zum Beispiel relativ wenige Konsequenzen über Deutschlands Grenzen hinaus. Aber die Eurozonen- oder Flüchtlingsdebatten 2015 hatten massive Auswirkungen auf unsere Partnerstaaten.

Diese Verschränkung von Partei- und Außenpolitik besitzt ferner aus einem vierten Grund einen ungekannten Komplexitätsgrad. Waren es früher allein die deutschen Volksparteien, die identitätspolitische Debatten anstoßen konnten, sitzt nun ein neuer Spieler mit im Boot – die AfD. Der Bundestagseinzug der AfD verändert die parteipolitischen Dynamiken in der Außen-, Europa- und Migrationspolitik fundamental. Zum einen kann die AfD nun mitentscheiden, wann und wie über diese Themen diskutiert wird. Sie hat so das Monopol der Meinungsführerschaft der großen Volksparteien gebrochen, das bis dato *alle* identitätspolitischen Debatten bestimmte.

Darüber hinaus verändert die Präsenz der AfD die parteistrategischen Kalkulationen von CDU/CSU und SPD. Das massive Potenzial der 45 Prozent der globalisierungskritischen Wähler, die nun jederzeit die AfD stärken können, wird beide Volksparteien zwingen, Identitätspolitik viel stärker als bisher von einem wahltaktischen Aspekt her zu denken. Und hieraus erwächst eine folgenreiche Abwägung: Wenn die beiden Volksparteien durch eine konservative, globalisierungsskeptische Außen-, Europa- und Migrationspolitik AfD-Wähler wiedergewinnen wollen, schränkt dies ihren politischen Handlungsspielraum enorm ein. Denn eine eher national ausgerichtete Politik könnte zwar AfD-Wähler erreichen, aber auch zugleich internationale Partner verprellen (siehe Griechenland- und Flüchtlingsdebatten) oder den

Interessen der Berliner Republik diametral widersprechen (zum Beispiel durch eine Verhinderung der Einwanderung von qualifizierten Fachkräften). *Die Volksparteien sind nun daher erstmals gezwungen, permanent kurzfristige parteitaktische Interessen gegenüber langfristigen nationalen und internationalen Interessen abzuwägen.* Dies ist in dieser Schärfe aufgrund der gewachsenen deutschen Macht in Europa und dem Aufkommen der AfD ein *totales Novum* für die Berliner Republik.[2]

Unsere Spitzenpolitiker befinden sich also in einem Interessenskonflikt, den der irische Politikwissenschaftler Peter Mair beschrieben hat: Sie müssten wählen zwischen ihrer Funktion als Repräsentant nationaler (und regionaler) Wähler einerseits und ihrer Rolle als Vertreter Deutschlands in international vernetzten Institutionen (zum Beispiel der Eurozone oder der NATO) andererseits.[3] Wenn die Interessen der Wähler mit dem nationalen und internationalen Interesse zu jeder Zeit deckungsgleich sind, ist das kein Problem. Was aber tun, wenn eine Politik, die im langfristigen nationalen Interesse liegt, zu einer kurzfristigen regionalen Problematik führt? (Zum Beispiel, dass Regelungen der Eurozone dazu führen, eine bestimmte deutsche Fabrik schließen zu müssen.) Oder wie vorgehen, wenn unsere Spitzenpolitiker vom langfristigen Nutzen einer Strategie überzeugt sind, ihnen aber kurzfristig nicht einfällt, wie sie das einer bestimmen Wählerschicht erklären sollen (zum Beispiel die Erklärung der Aufrüstung der Bundeswehr gegenüber progressiven und somit eher pazifistischen Wählerschichten)?

Mit Blick auf die AfD und die deutsche Innenpolitik kann man sich leicht folgendes Szenario ausmalen: Es ist Sommer 2019. Der französische Präsident Emmanuel Macron bittet um finanzielle Unterstützung aus Berlin, um die Eurozone zu stabilisieren. Zugleich beschließt die NATO, noch mehr Soldaten der Bundeswehr nach Polen zu verlegen, um russischen Aggressionen an der NATO-Ostflanke entgegenzutreten. Zeitgleich beginnen die Landtagswahlkämpfe in Sachsen, Brandenburg und Thüringen. Die AfD steht mit ihrer nationalistischen Agenda in allen drei Ländern vor der SPD. In Brandenburg und Sachsen könnte sie sogar stärkste Partei werden. Die Bundesregierung muss sich entscheiden: Setzt sie eine proeuropäische, anti-russische und internationalistische Agenda oder nicht? Unterstützt sie also die Eurozone finanziell und sendet deutsche Truppen an die NATO-Ostflanke, oder nicht? Tut sie es, wäre das Gift für die Wahlkämpfer der CDU und SPD vor Ort. Globalisierungsskeptische Wähler suchen ja genau das Gegenteil zu mehr internationaler Verantwortung der Bundesrepublik – sie wünschen sich einen Rückzug ins Nationale, wie es die AfD verspricht. Die Bundesregierung stünde also vor einem Dilemma: *Kurzfristig Wahlen gewinnen oder dem langfristigen deutschen und europäischen Interesse entsprechend handeln?* Da ist guter Rat teuer. Diese in dieser Wucht noch nie dagewesene Verzahnung aus Partei- und Außenpolitik bedeutet, dass jeder Versuch, globalisierungsskeptische Wähler zurückzugewinnen europa- und außenpolitische Aspekte jederzeit mitdenken muss. Denn jede öffentliche Kommunikation der deutschen Volksparteien muss nun versuchen, zwei Ziele gleichzeitig zu erreichen: kurzfristig Wähler von der AfD zurückgewinnen und langfristig dem nationalen Interesse dienen. Wie oben ausgeführt, erscheint dies beinahe unmöglich, da sich beides zu widersprechen scheint. Dem ist aber nicht so. Um zu erörtern, wie wir diesem Dilemma entkommen, müssen wir uns erst noch einmal die kommenden außenpolitischen Herausforderungen dieses Landes vergegenwärtigen.

Der neue Nexus von Partei- und Außenpolitik in Deutschland hat Folgen weit über unsere Grenzen hinaus, nicht zuletzt weil die Parteipolitik in vielen unserer Partnerstaaten schon lange von populistischen Parteien geprägt wird. In der Folge wird dort Außen- und Europapolitik vehement und zu einem guten Teil polemisch debattiert. Jede medienwirksame parteipolitische Debatte in Deutschland kann demnach eine Reaktion im Wahlkampf eines Nachbarlandes hervorrufen, welche leicht den Populisten nützt und weniger den Volksparteien.

Es liegt natürlich im deutschen Interesse, dass unsere Alliierten von Parteien regiert werden, die keine antideutschen oder antieuropäischen Ansichten vertreten. *Wir müssen uns dessen bewusst werden, dass die Aussagen deutscher Spitzenpolitiker – und sei es in einem Landtagswahlkampf oder in einer rein innenpolitischen Frage – heute von Parteistrategen in ganz Europa genau beobachtet werden* – genauso wie die interessierten Köpfe dieses Landes die US-Vorwahlen mit Argusaugen betrachten, da sie Rückschlüsse darauf zulassen, wer nächster US-Präsident wird. Jede Aussage, jede parteiinterne Rangelei in Deutschland könnte Aufschluss darauf geben, welche Politik Europas »deutsches Herz« (Angelo Bolaffi) mittelfristig verfolgen wird. Und dies wiederum kann massive Folgen für die Innenpolitik anderer Staaten haben. *Unsere Spitzenpolitiker sprechen so jederzeit, und ob sie wollen oder nicht, immer zu zwei Zielgruppen: den deutschen Wählern und den internationalen Partnern.*

Dieser Mechanismus ist während der Eurokrise mehrmals zutage getreten. Die linkspopulistische Syriza-Partei in Griechenland kam erst dadurch an die Macht, dass die Vorgängerregierungen ihre Ankündigungen gegen den deutschen

Widerstand nicht durchsetzen konnten. Dann, als Syriza die Regierung übernahm, litt sie aber genau wie ihre Vorgänger sehr darunter, auf deutschen Druck hin harte Sparauflagen umsetzen zu müssen. Dies war schließlich nichts anderes als das Gegenteil ihrer Wahlversprechen. Ihre Umfragewerte sinken entsprechend, während das bürgerliche Lager stärker wird. Wenn Deutschland nun ein Interesse daran hätte, diese linkspopulistische Partei im Amt zu halten, sollte es die Sparauflagen lockern, doch das Gegenteil ist der Fall. Das Revival des bürgerlichen Lagers in Griechenland ist daher zu einem Gutteil deutscher Politik geschuldet und liegt in unserem nationalen Interesse. Ein Schelm, wer dahinter eine Strategie aus Berlin vermutet.

So wie Berlin Regierungen in Partnerstaaten zu schwächen vermag, so kann es auch befreundete Parteien an der Macht stärken. Die mittlerweile implodierte konservative spanische Regierung von Mariano Rajoy hatte über die letzten Jahre ein sehr ähnliches Anliegen wie ihr linkspopulistisches Pendant in Griechenland: eine Lockerung der Sparauflagen. Im Gegensatz zu Athen zeigte sich das Bundesministerium der Finanzen hier aber sehr konziliant. Der damalige Bundesfinanzminister Wolfgang Schäuble intervenierte gar persönlich bei der EU-Kommission in Brüssel, um den befreundeten Konservativen in Spanien mehr Handlungsspielraum zu schenken. Dies ermöglichte es der Regierung um Premierminister Rajoy, mehr soziale Wohltaten zu verkünden und sich als europaweit angesehener Staatsmann zu präsentieren. Auch aus diesem Grund konnten die spanischen Konservativen die letzte Wahl in Spanien gerade eben gewinnen; sie versuchten anschließend, sich mit knallharter Law-and-Order-Politik zu rehabilitieren, bis sie doch noch von lange schwelenden Korruptionsskandalen eingeholt wurden.

Die massiven parteipolitischen Umwälzungen, die wir gerade in Spanien beobachten – den Aufstieg der katalonischen Separatisten, die massiven Korruptionsskandale der Konservativen, die hohe Unterstützung für die Liberalen und die Etablierung der linkspopulistischen Podemos – sind eine Folge des knappen Wahlsieges der spanischen Konservativen. Und dieser Wahlsieg wiederum wurde stark durch deutsches Handeln begünstigt. *Lieber Leser, lassen Sie sich das mal auf der Zunge zergehen: Die deutsche Finanzpolitik ist ein entscheidender Grund für das aktuelle Erdbeben in der spanischen Parteipolitik.* Das wäre so, als würde ein anderes Land der Grund dafür sein, dass sich CDU/CSU und SPD über Nacht halbieren und die Linkspartei und die FDP bei jeweils 25 Prozent stehen. So mächtig ist Deutschland mittlerweile. Allein, es merkt hierzulande fast keiner. *Deutschland ist somit ein sehr einflussreicher Faktor in der Parteipolitik anderer Staaten. Mit diesem Einfluss sollten wir mit Bedacht und strategisch wohl überlegt umgehen.*

Die parteipolitische Kommunikation in Deutschland hat aber nicht nur Einfluss auf Wahlkämpfe in Nachbarstaaten, sondern in der Folge auch auf die politischen Lösungen, die aus diesen parteipolitischen Prozessen erwachsen. Denn die Lösung eines internationalen Problems hängt naturgemäß davon ab, welche Parteien regieren, mit welchen Wahlkampfslogans sie die Wahl gewonnen haben und wie stabil die Regierung ist. So nützt es der Bundesregierung zum Beispiel wenig, wenn eine befreundete Partei die Wahl in Frankreich oder den Niederlanden mit einer Forderung gewinnt, die sie nicht mittragen kann. Da unsere parteipolitische Kommunikation in den Wahlkampf des Nachbarstaates eingreifen kann, sollten sich unsere Politiker hüten, allzu abenteuerliche Ideen zu befeuern. Je polemischer es in Wahlkämpfen zugeht, desto wahrscheinlicher ist es, dass an der

Komplexität des Problems und der Notwendigkeit internationaler Kooperation vorbeidiskutiert wird. *Es ist daher eine Aufgabe der deutschen Regierung, die parteipolitischen Polemiken in anderen Staaten nicht zu fördern (wie zum Beispiel in Griechenland geschehen).*

Solange Außen-, Migrations- und Europapolitik kein Gegenstand nationaler parteipolitischer Polemiken waren, dominierten ein außenpolitischer Konsens und eine recht geräuschlose europaweite Kooperation zwischen vielen europäischen Staaten. Der sogenannte *permissive* Konsens. Es spielte eine deutlich geringere Rolle, wer regierte. Im Grunde traf man stets auf die gewohnte irische oder italienische Position. Mit dem Aufflammen leidenschaftlicher identitätspolitischer Debatten in unseren Partnerstaaten ist es damit allerdings vorbei. Da nun Wahlkampf mit Europa- und Außenpolitik betrieben wird, müssen sich die großen Parteien in diesen Fragen ja unterscheiden, um sich hervorzutun. Es treten also unterschiedliche europa- und außenpolitische Visionen gegeneinander an. Manche liegen in deutschem Interesse, manche nicht. *Durch die leidenschaftlichen identitätspolitischen Debatten wird somit nationale Parteipolitik als Faktor der internationalen Politik immer bedeutsamer.*

Dies führte dazu, dass im Jahr 2018 parteipolitische Konstellationen, und weniger geopolitische nationale Interessen, die Determinante internationaler Kooperationen geworden sind. Im Idealfall ist die parteipolitische Kommunikation deutscher Identitätspolitik also in der Lage, drei Fliegen mit einer Klappe zu schlagen: *Erstens, sie überzeugt globalisierungsskeptische deutsche Wähler, die mit der AfD sympathisieren; sie stärkt zweitens prodeutsche und proeuropäische Parteien in unseren Partnerstaaten; drittens, sie erlaubt eine langfristig angelegte, internationale Kooperation, um globalen Herausforderungen wirkungsvoll begegnen zu können.*

Was uns bevorsteht

Bevor darüber nachgedacht werden kann, wie die Volksparteien diese Quadratur des Kreises bewerkstelligen können, muss geklärt werden, was überhaupt auf uns zukommen könnte. Die weltpolitische Lage lässt einige Herausforderungen für die nächsten Jahre als sehr wahrscheinlich hervortreten. Da der neue Nexus von Partei- und Außenpolitik sich fast nur bei identitätspolitischen Fragen entfaltet, sind migrations-, europa-, und außenpolitische Herausforderungen die Schlüsselthemen.[4]

Wenn der ideologische Graben zu tief wird

Migrationspolitisch steht das Land wohl vor vier zentralen Herausforderungen: Erstens, *der Integration und dem friedlichen Zusammenleben* derjenigen, die schon in Deutschland leben und bleiben sollen. Die Bundesrepublik ist spätestens seit den Zuzügen der 1960er Jahre ein Einwanderungsland. Wer das verneint, argumentiert parteitaktisch und nicht faktenbasiert. Und gerade im Vergleich mit anderen westlichen Demokratien sind wir in Deutschland integrationspolitisch ordentlich aufgestellt. Die meisten unserer Mitbürger mit Migrationshintergrund sind relativ gut in den Arbeitsmarkt integriert. Laut OECD-Daten von 2016 ist der Unterschied in der Erwerbsquote zwischen Staatsbürgern und Zuwanderern in Deutschland mit 8 Prozent relativ gering. In Frankreich und Österreich beträgt dieser Unterschied zehn Prozent, in den Niederlanden und Schweden gar beachtliche 15 Prozent[5] – ein klares Zeichen dafür, dass sich Mitbürger mit Migrationshintergrund in Deutschland gut in den Arbeitsmarkt integrieren und deutsche Unternehmen eine relativ gute Integrationsarbeit leisten. Beim

Minderheitenschutz und Integrationshilfen für Neuankömmlinge und deren Nachkommen liegt Deutschland im internationalen Mittelfeld. Dies gilt auch für die gezielte Förderung von Zugewanderten im Bildungssystem.[6] Dieser Integrationsstand bedeutet nicht, dass alles perfekt läuft, aber auch, dass nicht alles im Argen liegt. Im Großen und Ganzen waren die Deutschen mit der Integrationspolitik der vergangenen Jahrzehnte relativ zufrieden. Die Schwäche von rechtspopulistischen Anti-Immigrations-Parteien ist dafür ein guter Indikator.

In den letzten Jahren beobachten wir allerdings, dass sich beide Parameter verschieben: Wir stellen nun viele Integrationshemmnisse für Zugewanderte fest und zugleich äußern immer mehr Bürger große Zweifel an der deutschen Integrations- und Migrationspolitik. Was droht, ist eine hochemotionale Polarisierung in Zuwanderungsfragen, wenn progressive Anwälte von Zuwandererbelangen und konservative Bewahrer der alten Zustände sich gegenüberstehen. Eine solche Debattenlage herrscht derzeit in den USA, Großbritannien und Frankreich. Ein solches Klima und das damit einhergehende Freund-Feind-Denken verhindern die pragmatische und zielorientierte Debatte, die im gesamtgesellschaftlichen Interesse liegt – dies gilt es hierzulande unter allen Umständen zu vermeiden. *Das Letzte, was wir daher jetzt brauchen, ist leidenschaftliches Engagement für Partikularinteressen. Stattdessen brauchen wir Brückenbauer zwischen den sich formierenden Lagern.* Wir brauchen weniger leidenschaftliches öffentliches Engagement für Flüchtlinge und eine multikulturelle Gesellschaft einerseits und weniger Pegidas und vermeintliche »konservative Revolutionen« andererseits. *Wir brauchen stattdessen mehr Ideen, Organisationen und vor allem medienwirksame Debatten, die die Gemeinsamkeiten aller betonen, die in Deutschland leben. Sich allein für spalten-*

de Konzepte wie Multikulturalismus oder Assimilation einzusetzen, ist daher gänzlich kontraproduktiv.

Hieran knüpft die zweite integrationspolitische Herausforderung an: Die *Ausstattung der Sicherheitsbehörden* und aller staatlichen Organe muss einen robusten Rahmen für dieses gedeihliche Zusammenleben setzen. Je diverser eine Gesellschaft, desto wichtiger wird ein rechtlich verbindlicher Rahmen, an den sich alle Gesellschaftsmitglieder halten. Nur indem sichergestellt ist, welche Regeln für *alle* gelten und die Exekutive diese im Zweifel mit *Staatsgewalt* durchsetzt, kann das Gefühl von Fairness, Rechtssicherheit und Toleranz wachsen, das die Grundlage einer pluralen Demokratie ist. *Hieraus folgt, dass Justiz, Polizei, Bundesgrenzschutz und verwandte Organisationen personell deutlich gestärkt werden müssen, um ihren gewachsenen Aufgaben in einer pluralen Gesellschaft nachzukommen. Dieses Land braucht deutlich mehr Polizisten, mehr Staatsanwälte und mehr Richter.*

Drittens besteht die Notwendigkeit eines *Einwanderungsgesetzes*, das qualifizierte Zuwanderung in die alternde Gesellschaft der Bundesrepublik ermöglicht und massive Unterstützung für Einwanderer bei ihrer Integration in den Arbeitsmarkt gewährleistet. Das Wachstum der vergangenen Jahre führt jetzt schon dazu, dass wir in einigen Branchen einen akuten Fachkräftemangel feststellen. Wenn die geburtenstarken Jahrgänge in den kommenden Jahren in Rente gehen, wird sich diese Problematik noch verstärken. *Deutschland braucht daher dringend ein Zuwanderungsgesetz, das die ökonomischen Erfordernisse des Arbeitsmarktes und der Sozialsysteme mit den gesellschaftspolitischen Rahmenbedingungen einer inklusiven Einwanderungsgesellschaft zusammendenkt. Wir brauchen eine kontrollierte Zuwanderung von Fachkräften und eine begrenzte Aufnahme von Flüchtlingen aus humanitären Gründen.*

Und viertens wird sich Deutschlands und Europas innere und äußere Sicherheit daran entscheiden, wie wir mit der *steigenden Anzahl an Flüchtenden* an der europäischen Peripherie (vor allem Nordafrika und Naher Osten, aber auch eventuell Osteuropa) umgehen. Wie reagieren wir darauf, dass Nordeuropa und Deutschland Sehnsuchtsort für Millionen sind? Es wird einen Blumenstrauß von Politikansätzen brauchen, um diese Zahlen zu senken. Denn eine Aufnahme all der Millionen, die sich in Europa zu Recht ein besseres Leben erhoffen, würde die Integrationskapazität europäischer Gesellschaften massiv überfordern. *Es bedarf also einer kohärenten Flüchtlingspolitik an den europäischen Außengrenzen, die humanitäre, wirtschaftliche und geopolitische Anliegen vereint. Dazu notwendig sind ein militärisch-polizeilicher Schutz der EU-Außengrenzen und eine funktionierende Asyl-Bürokratie innerhalb der EU und in den EU-Partnerstaaten.*

Deutschlands innere und äußere Sicherheit ist abhängig von Regionen fern seines Hoheitsgebiets. Hierzulande ausgeführte Terrorangriffe werden größtenteils von außerhalb finanziert und geplant und sogar zuweilen von Personen verübt, die eigens dazu eingereist sind. Unser Ziel muss also eine noch intensivere Verzahnung der Zusammenarbeit mit unseren Partnerstaaten und eine massive Aufrüstung an den europäischen Außengrenzen sein. Darüber hinaus gibt es auch Szenarien direkterer Bedrohungen. Im Jahr 2018 befinden wir uns in einer weltpolitischen Lage, in der China und Russland eine immer aggressivere Außenpolitik betreiben, China wirtschaftlich, Russland auch militärisch. Eine direkte militärische Konfrontation mit diesen geopolitischen Rivalen des Westens erscheint aktuell wenig wahrscheinlich. Dennoch sind das russische Vorgehen in Osteuropa und die Cyberangriffe russischer Hacker im US-amerikanischen und französischen Präsidentschaftswahlkampf Teil einer offenen Konfrontation mit (quasi-)militärischen Mitteln.

Wenn die Bundesrepublik diese Aggressionen nicht hinnehmen will, wird es von diesen Konflikten voraussichtlich immer stärker betroffen werden, sei es durch weitere Cyberattacken in Deutschland und die damit verbundene elektronische Kriegsführung gegen russische Aggressoren, sei es durch die Entsendung weiterer Bundeswehrsoldaten in Regionen, wo Russland expandiert. *Die deutschen Sicherheitsbehörden und die Bundeswehr müssen daher vor allem in die Lage versetzt werden, eine noch stärkere Kooperation mit wichtigen Partnerstaaten einzugehen. Und zweitens müssen sie so ausgestattet werden, dass sie die deutsche und europäische Sicherheit notfalls mit (quasi-)militärischen Mitteln verteidigen können. Unsere neuen (alten) geopolitischen Rivalen heißen Russland und China. Wenn wir Pech haben und sich Trumps Kurs in den USA durchsetzt, auch bald: die Vereinigten Staaten von Amerika.*

Wenn wir also das liberale Deutschland erhalten wollen, brauchen wir empathische Gesprächsangebote an Globalisierungsskeptiker, eine massive personelle Aufrüstung von Polizei und Justiz, begrenzte und kontrollierte Zuwanderung, klar gesicherte EU-Außengrenzen und ein schlagkräftiges gesamteuropäisches Militär und Geheimdienste, die es mit Russland und China aufnehmen können.

Deutsche Integrationspolitik und Zuwanderungsgesetze werden in Berlin gemacht. Aber das gilt nicht für die Migrationspolitik an Europas Grenzen und europaweite Sicherheitspolitik. Alle deutschen Integrations- und Zuwanderungsgesetze stehen und fallen mit der Zahl der Zuwanderungswilligen vor den Toren Europas. *Somit liegt der Schlüssel für den Erfolg der Einwanderungsgesellschaft Deutschland größtenteils außerhalb von Deutschland.* Wir sind extrem von der koordinierten Zusammenarbeit mit den europäischen Partnern und den Herkunfts- und Transitstaaten abhängig. Der Schlüssel zur Lösung des wohl emotionalsten Themas *deutscher* Parteipolitik liegt in der *internationalen* Zusammenarbeit. Und dies wird auch in Zukunft so bleiben.

Europäischer Stillstand und Handelskriege

Der *europäische Währungsraum* ist weiterhin nicht krisenfest abgesichert. Eine Überschuldung wichtiger europäischer Banken oder ein massiver Anstieg der Zinsen für nationale Staatsanleihen, der in der Folge eine Staatsschuldenkrise auslösen könnte, ist immer noch möglich. Trotz aller Bemühungen der letzten Jahre sind noch weitere Schritte erforderlich, um die Staaten der Eurozone und somit die Bürger des Währungsraumes vor externen Schocks an den globalen Finanzmärkten abzusichern. Entscheidend wird sein, einen tragfähigen Konsens zwischen nord- und südeuropäischen Interessen zu schmieden. Der Schlüssel liegt hier in der französisch-deutschen Kooperation, die das Fundament eines Kompromisses aller Euro-Staaten darstellt. *Erst wenn der Euroraum gegen diese fiskal- und finanzpolitischen Risiken abgesichert ist, kann über eine weitreichendere europaweite Kooperation in der Wirtschafts- und Sozialpolitik nachgedacht werden.*

Die oben erwähnten Veränderungen in den parteipolitischen Landschaften unserer Partnerstaaten haben nun dazu geführt, dass viele Staaten von klar antieuropäischen, teils antideutschen Parteien regiert werden. Die jüngste Regierungsbildung in Italien ist das schwerwiegendste Beispiel. Die Handlungsfähigkeit deutscher Außenpolitik braucht aber zwingend verlässliche Partner und eine handlungsfähige EU. Wir werden also mit hoher Wahrscheinlichkeit nicht darum herumkommen, ein Europa der zwei Geschwindigkeiten zu gestalten. Deutschland wird mit Frankreich den hoch integrierten Kern bilden, der sich in Wirtschafts- und Sicherheitspolitik stark koordiniert. Um uns herum wird sich eine Reihe von wirtschaftlich eng verzahnten, aber politisch eigenständig agierenden Staaten bilden. Dieser Modus wird eine handlungsfähige deutsche Politik erlauben, aber von der Vorstellung einer einheitlichen EU müssen wir endgültig Abstand nehmen.

Die Briten haben sich in diesem Sinne schon von uns verabschiedet, die Ungarn auch. Die Polen scheinen auf dem gleichen Weg zu sein. Italiens Zukunft ist nach dem Sieg populistischer Kräfte bei den jüngsten Parlamentswahlen schwer vorauszusagen. Auch Österreich ist nach der Koalition zwischen der ÖVP und der rechtspopulistischen FPÖ ein Wackelkandidat. Denn die Frage bleibt, ob sich der proeuropäische Kanzler Sebastian Kurz gegen seine rechtspopulistischen Koalitionspartner und ihre nationale Agenda wird behaupten können. Auch wenn die Regierungen dieser Staaten dann und wann mit europäischen Partnern kooperieren wollen, zeigen die letzten Jahre, dass sie nicht gewillt sind, kurzfristige nationale Interessen gegenüber langfristigen europäischen Interessen zurücktreten zu lassen. Diese Regierungen sollten wir daher natürlich nicht schneiden; doch unsere Außenpolitik sollten wir von ihnen wahrlich nicht abhängig machen. Es geht nicht darum, ganze Staaten und Gesellschaften abzuschreiben, sondern um die nüchterne Feststellung, dass die Regierungen dieser Staaten auf mittlere Sicht keine bevorzugten Partner Deutschlands sein können. Von den wichtigen europäischen Nationen werden aktuell nur Deutschland, Frankreich, Spanien und die Niederlande von proeuropäischen Parteien regiert, sie werden den integrierten Kern bilden. Auf die politischen Konsequenzen dieses europäischen Dualismus müssen wir uns einstellen.

Unser strategisches Umfeld in der EU

- ▨ Eurozone & proeuropäische Regierung
- ▦ Eurozone & antieuropäische Regierung
- ⊡ Eurozone & ambivalente Regierung
- ■ Nicht in der Eurozone & antieuropäische Regierung
- □ Nicht in der Eurozone

Quelle: Timo Lochocki, August 2018

Während die Herausforderungen innerhalb der Eurozone und die Idee eines Europas der zwei Geschwindigkeiten wohlbekannt sind und die Lösungen auf dem Tisch liegen, gilt dies in keiner Weise für die *globalen Bedrohungen des deutschen und europäischen Wirtschaftsmodells*. Im Sommer 2018 spricht viel dafür, dass US-Präsident Trump weitere Einfuhrzölle auf bestimmte Güter erheben wird, was wiederum europäische – und somit auch deutsche – Unternehmen treffen wird. Die chinesische Volkswirtschaft ist in keiner Weise gewillt, sich europäischen Investoren derart zu öffnen, wie dies umgekehrt der Fall ist. Im Ringen um globale Wettbewerbsvorteile ist es ferner denkbar, dass die amerikanischen und chinesischen Staatsbanken ihre Leitzinsen bewusst niedrig halten, um ihren Produkten im Vergleich zu europäischen einen Wettbewerbsvorteil zu bescheren. Kurz: Der sprunghafte US-Präsident und die aggressive wirtschaftliche Expansion Chinas könnten bald in einen *globalen Handels- und Währungskrieg* münden. Dieser kann nur von Brüssel und Frankfurt aus mit Aussicht auf Erfolg geführt werden. In Brüssel sitzt die Europäische Kommission, die das Mandat zur Aushandlung der Handelsverträge aller EU-Staaten besitzt. Und in Frankfurt befindet sich die Europäische Zentralbank (EZB), die über die Währungspolitik der Eurozone wacht. *Die Bundesrepublik als solche würde als handelnde Institution in einem globalen Handelskonflikt kaum eine Rolle spielen können.*

Gleiches gilt für mögliche *Konflikte mit globalen nichtstaatlichen, also privatwirtschaftlichen Akteuren*. Wenn uns daran liegt, eine weitere globale Finanzkrise zu verhindern, braucht es globale Kontrollinstanzen, die weltweit agierenden Banken und Hedgefonds auf die Finger schauen. Nationale, gar europäische Alleingänge verpuffen hier. International agierende Finanzunternehmen können einfach den Standort wechseln, andere Handelsplätze aufsuchen oder ihre Geschäfte über diverse grenzüberschreitende Transaktionen geschickt verschleiern.

Ähnlich verhält es sich mit Unternehmen, die nicht unbedingt die globalen Finanzmärkte beeinflussen, aber für unsere Demokratien als Kommunikationsplattformen eine enorme Rolle spielen, zum Beispiel Google oder Facebook. Wenn uns die Datenmacht dieser Unternehmen nicht geheuer ist, müssen wir sie entweder kontrollieren oder durch staatliche Konkurrenzprodukte obsolet machen. Kontrollieren können wir Google und Facebook aber kaum, befinden sich deren Hauptserver doch auf amerikanischem Hoheitsgebiet. Und eine staatliche Alternative hierzu wäre so teuer, dass selbst ein so reicher Staat wie Deutschland rasch an seine finanziellen Grenzen stoßen würde. *Gegen globale Unterneh-*

men der Finanz- und Kommunikationsbranche ist selbst der mächtigste Nationalstaat der Eurozone folglich fast ohnmächtig. Nur ein koordiniertes europäisches oder besser sogar globales Vorgehen ist hier erfolgversprechend. *In der Euro- und Wirtschaftspolitik ist Deutschland somit allein beinahe handlungsunfähig; nur wenn es gelingt, mit europäischen Partnern eine gemeinsame Linie zu finden, ist eine Politik denkbar, die im langfristigen deutschen und europäischem Interesse liegt.*

Nationales Interesse und Parteiinteressen zusammendenken

Die angeführten Beispiele sind natürlich nicht in der Detailtiefe dargestellt, die ihre Komplexität erfordern würde. Auch ist diese Liste weit davon entfernt, alle Herausforderungen der kommenden Jahre aufzuzeigen. Ich wollte die enorme *Verwundbarkeit* der Berliner Republik und unsere *Abhängigkeit* von internationalen Kooperationen, vor allem mit europäischen Partnern, aufzeigen.

Unser aktuelles Wirtschaftswachstum und die vielen nationalen Erfolge der vergangenen Jahre dürfen uns nicht darüber hinwegtäuschen, in welcher Liga Deutschland spielt: *Auf europäischer Ebene sind wir in Zeiten des Wirtschaftsaufschwungs und französischer Schwäche (und nur dann) Hegemon der Finanz- und Wirtschaftspolitik in der Eurozone, aber selbst dann noch ohne entscheidenden Einfluss in der europäischen Migrations- und Verteidigungspolitik.* Und auf globaler Ebene ist die Berliner Republik allein ein Zwerg. *Nur in engster Absprache mit europäischen Partnern, oder wenn wir von europäischen Institutionen vertreten werden, gibt es eine Chance, im Wettbewerb mit den zwei Machtzentren des 21. Jahrhunderts konkurrieren zu können: den USA und China. Somit wird Kooperation zur Staatsräson und die Stärkung der europäischen Zusammenarbeit zum parteiübergreifenden nationalen Interesse.*

So gut wie jede absehbare identitätspolitische Herausforderung der nächsten Jahre braucht also *mehr internationale Kooperation,* um Deutschlands Interessen zu wahren. AfD-Wähler scheinen aber genau das Gegenteil zu wollen. Sie wünschen sich mächtige *nationale Instanzen,* um einem Identitäts- und Kontrollverlust entgegensteuern zu können. CDU/CSU und die SPD scheinen daher nun vor einer Weggabelung zu stehen: entweder AfD-Wähler zurückgewinnen oder eine Politik machen, die im langfristigen nationalen Interesse liegt – ähnlich wie im bereits zu besichtigenden britischen Fall: Die Konservativen versuchen einen relativ kompromisslosen Brexit umzusetzen und haben damit die rechtspopulistische UKIP auf unter 5 Prozent gedrückt. Für diesen parteipolitischen Sieg müssen nun aber die britische Volkswirtschaft und der britische Wähler durch massive ökonomische Nachteile bezahlen.

Für uns geht es folglich um eine stärkere Betonung nationaler Schutzräume in den öffentlichkeitswirksamen Kommunikationen von CDU/CSU und SPD, ohne dass dies nationale oder internationale Nachteile mit sich bringt. Es kann zum Beispiel nicht darum gehen, durch Gesetze die Zuwanderung von Fachkräften einzuschränken oder durch eine polemisierte Integrationsdebatte gut integrierte Mitbürger mit Migrationshintergrund vor den Kopf zu stoßen. Beides würde dem *direkten, unmittelbaren* nationalen Interesse widersprechen. Es kann aber auch nicht darum gehen, durch eine ruppige Außen- und Europapolitik sich auf Kosten wichtiger internationaler Partner zu profilieren oder Kooperationen abzulehnen. Denn dies würde dem *indirekten, mittelbaren* nationalen Interesse widersprechen. Um in Debatten über deutsche Identitätspolitik das Vertrauen von globalisierungsskeptischen Wählern zurückzugewinnen, bedarf es folglich eines *medienwirksamen Bürgerlichen Konsenses, der nicht dem nationalen Interesse zuwiderläuft. Die veränderte weltpolitische Lage erfordert somit eine neue deutsche Außen-, Europa- und Sicherheitspolitik, und die veränderte parteipolitische Konstellation eine neue parteipolitische Kommunikation derselben.* Wie dies aussehen kann, werde ich im nächsten Kapitel skizzieren.

Und nun?

Wenn Sie die außenpolitischen Herausforderungen der nächsten Jahre interessieren, kann ich gerne auf zwei prägnante und lesenswerten Texte verweisen: einmal das Buch der Sicherheitsexperten Leon Mangasarian und Jan Techau, *Führungsmacht Deutschland. Strategie ohne Angst und Anmaßung*, und das Policy-Paper der Deutschen Gesellschaft für Auswärtige Politik, verfasst von Daniela Schwarzer und Christian Mölling, *Außenpolitische Herausforderungen für die nächste Bundesregierung*.

Eine »Lehre« aus diesem Kapitel lautet, dass wir leider sehr viele liebgewonnene Gewissheiten über Bord werfen müssen, wenn wir über deutsche Migrations-, Außen- und Europapolitik nachdenken. Ich bin eigentlich kein Freund von allzu weitreichenden historischen Vergleichen, da man eigentlich nur sehr wenige historische Momente miteinander in Relation setzen kann. Aber um die Dramatik der aktuellen Lage zu verdeutlichen (und nicht um einen belastbaren historischen Vergleich anzustellen), will ich Folgendes festhalten: Die Anforderungen an die *deutsche Außenpolitik* verändern sich gerade so radikal wie seit 1918 nicht mehr. Selbst

1949 und 1990 waren die Herausforderungen geringer. Natürlich waren Niederlage, Besatzung und Teilung vielleicht der größte Bruch in der deutschen Geschichte überhaupt, doch blieben die deutschen Handlungsspielräume zunächst sehr überschaubar. Zwar war die Außenpolitik ab 1949 eine gänzlich andere als in den Jahren davor. Aber die Außenpolitik Nachkriegsdeutschlands wurde eben kaum in Bonn gemacht (in Berlin sowieso nicht), sondern vielmehr in Washington, Moskau, Paris und London.

Auch 1990 war in diesem Sinne weniger dramatisch, da unsere beiden Stabilitätsanker, EG und Nato, die gleichen blieben. Darüber hinaus gewann damals unser Lager an Einfluss – nämlich nach dem Zusammenbruch der Sowjetunion die kapitalistischen Demokratien des Westens. Doch nun drohen unsere wichtigsten außenpolitischen Bezugspunkte – die EU und die USA – wegzubrechen, während die Gegner unserer Gesellschaftsordnung auf dem Vormarsch sind: die autokratischen Planwirtschaften Russland und China. Was in Deutschland meines Erachtens deutlich zu kurz kommt: *Die Notwendigkeit, Deutschlands außenpolitische Strategie grundlegend neu zu justieren, und die Gestaltungsmöglichkeiten deutscher Politik sind aktuell so groß wie seit vielleicht hundert Jahren nicht mehr!*

Hieraus folgt Ähnliches wie aus meinen Anmerkungen zur Parteipolitik: Was wir in den letzten Jahren »gelernt« haben, wird uns kaum noch weiterhelfen. In der Parteipolitik werden ökonomische und rationale Debatten durch emotionale identitätspolitische Diskussionen ersetzt. In der Außenpolitik hat Deutschland nun viel mehr Feinde und viel weniger Freunde. Und zugleich viel mehr Aufgaben vor der Brust, wenn wir unser Gesellschaftsmodell bewahren wollen. *Die veränderten weltpolitischen Rahmenbedingungen erfordern eine neue deutsche Außenpolitik und die veränderten partei-*

politischen Rahmenbedingungen eine neue politische Kommunikation derselben.

Das bedeutet, dass progressive Kräfte und konservative Kräfte sich gleichermaßen von ihren Steckenpferden verabschieden müssen, wenn sie diesem Land einen Dienst erweisen wollen: Progressive sollten sich rasch von der einheitlichen EU, einer allein wertegeleiteten Migrations- und Außenpolitik und der Aussicht auf den Weltfrieden verabschieden. Wir brauchen keine Moralpredigten, sondern deutsche Panzer an den EU-Außengrenzen; keine dicken Bücher über eine friedliche Weltordnung, sondern Cyberkrieger in den Bundesbehörden. Und auch Konservative werden dicke Kröten zu schlucken haben, zum Beispiel den Abschied von der Illusion eines starken Deutschlands, das der EU zeigt, wo es langgeht. Und gewöhnen Sie sich daran, dass die Griechenlandkrise ein Witz war im Vergleich zu den finanziellen Herausforderungen, die auf uns zukommen. Wir brauchen niemanden, der den Südeuropäern den Ordoliberalismus verklickert, sondern Politiker, die uns erklären, warum wir diese Staaten massiv finanziell unterstützen müssen, damit sie unsere EU-Außengrenzen schützen können. Und wir brauchen auch niemanden, der den Franzosen unser spezielles Verhältnis zu Russland und Osteuropa erklärt. Wir brauchen stattdessen die Einsicht, dass Handelsbeziehungen eine geostrategische Waffe darstellen und wir vielleicht bald den Handel zu Russland, Osteuropa und China deutlich zurückfahren müssen. Es wird kaum noch wertegeleitete Außenpolitik geben und kaum noch primär ökonomisch motivierte Handelspolitik. Stattdessen nehmen wir Kurs auf knallharte Realpolitik. An die Stelle von Moral und Geld werden mehr und mehr Interessen und militärische Macht treten. Wie wir diese Herausforderungen meistern können, ist das Thema der nächsten Seiten.

8
Die Vertrauensformel – Eine solidarische Bürgergesellschaft mit starkem Staat

> »*Erstens: Erkenne die Lage.*
> *Zweitens: Rechne mit Deinen Defekten, gehe von*
> *Deinen Beständen aus, nicht von Deinen Parolen.*«
> (Gottfried Benn)

Skeptiker und Befürworter zusammenbringen

Wie in den vorangehenden Kapiteln erläutert, empfinden Globalisierungsskeptiker eine doppelte Ohnmacht. Zum einen haben sie das Gefühl, dass sozialer Wandel sie und ihre gewohnte Umgebung bedroht. Das ist für sie besonders schmerzhaft, da ihnen diese gewohnte Umgebung starken emotionalen Halt gibt. Zum Zweiten scheinen ihnen der Staat und seine Repräsentanten als unwillig oder unfähig, diesem Wandel etwas entgegenzusetzen. Daraus ergibt sich für die Volksparteien ein Dilemma: Entweder verliert man einen wachsenden Teil der globalisierungskritischen 45 Prozent an die AfD oder man hält sie im eigenen Lager durch eine Politik, die dem nationalen Interesse diametral widerspricht (bestes Beispiel: Brexit).

Die Volksparteien stehen also vor dem Spagat, für die massiven internationalen Herausforderungen angemessene Antworten zu finden und diese zugleich so zu kommunizieren, dass sie globalisierungsskeptische und globalisierungsfreundliche Wählerschichten *gleichermaßen* ansprechen – vorausgesetzt, dass die Volksparteien die zu erwartenden identitätspolitischen Debatten als Chance sehen und strategisch vorbereiten. Dabei sind es gerade diese Debatten, die in den kommenden Jahren bis zur voraussichtlich nächsten Bundestagswahl 2021 das größte Potenzial haben, Wähler wieder an die Volksparteien zu binden. Im Idealfall führen diese Auseinandersetzungen weit vor dem Wahltermin zu einem medienwirksamen *Bürgerlichen Kompromiss*. Spätestens 2021 sollten dann sozial- und wirtschaftspolitische Fragen die politischen Debatten bestimmen. Die folgenden Seiten beziehen sich daher vor allem auf die politische Lage zwischen Winter 2018 und Frühling 2021, die Phase, in der sich meines Erachtens das Verhältnis zwischen den etablierten Spitzenpolitikern und den globalisierungsskeptischen Wählern entscheiden wird.

Wir werden so gut wie keinen Einfluss darauf haben, welche außen-, europa- oder migrationspolitischen Herausforderungen dieses Land in den kommenden drei Jahren wird meistern müssen. Aber es liegt an uns, *ob und vor allem wie* wir sie meistern – und wie wir dies kommunizieren. Damit die Volksparteien wieder das Vertrauen von globalisierungsskeptischen Wählerschichten gewinnen, müssen CDU/CSU und SPD Ideen vorlegen, die offen sind für sozialen Wandel (zum Beispiel Migration, globale Warenströme, Minderheitenschutz und internationale Verantwortung). Zugleich müssen sie aber eine Ansprache für globalisierungsskeptische Wähler finden, die unterstreicht, dass der Staat Schutzräume vor den negativen Seiten der Globalisierung anbietet. Wie könnte also eine gelungene Strategie für identitätspolitische Herausforderungen aussehen?

Vernunft allein reicht nicht

Die Entfremdung vieler globalisierungsskeptischer Wähler von den Volksparteien in der Flüchtlingsdebatte kommt daher, dass CDU/CSU und SPD keinen *Bürgerlichen Kompromiss* vereinbart beziehungsweise ausreichend kommuniziert haben (Obergrenze), der die Sorgen konservativer Wähler hätte ausräumen können. Die Bundesregierungen unter Angela Merkel sind bis dato von der Maxime ausgegangen, dass eine rationale Sachlösung (Türkei-Abkommen) ohne emotionalen Überbau die Wähler am ehesten überzeugt. Und so ein Überbau hat ja auch Nachteile für die Regierung, weil er politische Handlungsspielräume verkleinert.

Wegen der massiven Kritik aus Teilen der CDU/CSU und dem Aufkommen der AfD kann diese Kommunikationsstrategie aber nicht mehr funktionieren. Denn nun ist die (sehr emotionale) Identitätspolitik ein zentrales Wahlkampfthema geworden. Die lautesten Stimmen – die CSU und die AfD, aber auch Teile der CDU – entziehen sich weitestgehend dem Einflussbereich der Kanzlerin. Sie hat somit massiv an Möglichkeiten eingebüßt, den nationalen Diskurs zu bestimmen. Es gibt andere wirkmächtige Spieler – zum Beispiel Horst Seehofer (CSU), Jens Spahn (CDU), Alice Weidel (AfD) und vielleicht auch noch SPD-Politiker, die Innenpolitik zu ihrem Thema machen wollen – und ein neues Spiel: Darin geht es um Emotionen, nicht um Sachpolitik. *Wenn die deutsche Regierung nun versucht, auf Emotionen allein mit Vernunft zu reagieren, wird sie genauso scheitern wie David Camerons rationale Anti-Brexit-Kampagne gegen die Emotionen des Pro-Brexit-Lagers um Boris Johnson und Nigel Farage.* Oder wie jeder, der schon einmal versucht hat, seinen Partner/Freund/Elternteil/Kind in einer emotionalen Debatte nur mit vernünftigen Argumenten zu überzeugen. Stattdessen ist ein emotionalerer Weg viel erfolgversprechender – ein neuer *Bürgerlicher Kompromiss*.

Die vier Eckpfeiler neuer Bürgerlicher Kompromisse

Die Zustimmung zu sozialem Wandel (zum Beispiel Zuwanderung oder die Euro-Einführung) ist auch in konservativen Wählerschichten mehrheitsfähig. Natürlich ändern sich die Dinge und müssen dies auch, das verstehen Menschen durchaus. Aber nur, wenn dieser Wandel so kommuniziert wird, dass er a) von wichtigen konservativen Politikern getragen wird, weil er b) im nationalen Interesse liegt, c) nationale Erfolgsgeschichten emotional fortschreibt und d) unter der Kontrolle staatlicher Organe bleibt.

Diese vier Punkte erlauben es globalisierungsskeptischen Wählern sogar, große Umbrüche mitzutragen. Angela Merkels »Wir schaffen das« hätte den Beginn eines solchen gesellschaftsübergreifenden Kompromisses markieren können. Das Narrativ hätte lauten können: Wir alle arbeiten Hand in Hand an einem großen Projekt, das gleichermaßen im humanitären und nationalen Interesse liegt. Dafür hätte die Kanzlerin aber einen Plan vorlegen und kommunizieren müssen, der von der SPD bis zur CSU getragen worden wäre. Und im Anschluss hätte sie gerade konservativen Kräften in der Koalition deutlich mehr Spielraum und politische Siege erlauben müssen. Wenn dies gelungen wäre, hätten wir ein erfolgreiches *Change Management* beobachtet. Derartige Erfolge und besonders deren öffentlichkeitswirksame Kommunikation beruhen auf der Bewahrung, der Einforderung sowie Durchsetzung gemeinsamer Normen (Gesetze und staatliche Autoritäten) und Werten (Sicherung subjektiver Lebensentwürfe und nationaler Identität). Auf diese Weise können globalisierungsfreundliche und globalisierungsskeptische Wähler geeint werden. Für progressive Globalisierungsfreunde gibt es *den Wandel* und für konservative Globalisierungsskeptiker *die Stabilität*.

Folglich können neue *Bürgerliche Kompromisse* beide Wählergruppen gleichermaßen ansprechen, wenn sie in der *Gestaltung des Wandels* auf die vier zentralen Sorgen der globalisierungsskeptischen Wähler eingehen: *Die Furcht vor persönlichem Identitäts- (1) und Kontrollverlust (2) sowie die Sorge vor dem Verlust der nationalen Identität (3) und der staatlichen Steuerungsfähigkeit (4).*

Der Angst vor persönlichem Identitätsverlust kann entgegengetreten werden, indem Spitzenpolitiker den Lebenswelten und Lebensleistungen konservativer Wählerschichten mehr Anerkennung zukommen lassen. Es braucht die bewusste Kommunikation einer Wertschätzung konservativer Lebenswelten und die Betonung ihres Anteils an großen gesamtgesellschaftlichen Erfolgen. Dies kann zum Beispiel durch Reden und Interviews erreicht werden, die nationale Errungenschaften betonen (a). Das wachsende Gefühl der Ohnmacht im Alltag kann der Staat entkräften, indem er Schutzräume schafft, in denen die Kräfte der Globalisierung in ihrer Wirkung auf die individuellen Lebenswelten abgebremst werden. Dies betrifft alle Bereiche, in denen soziale Bindungen aufgebaut und erhalten werden können: Familie, Bildung, Kultur und Natur. Hier ist folglich die Integrations- und Familiengesetzgebung gefragt (b).

Die Furcht vor einem Verlust der nationalen Identität kann deutlich abgemildert werden, indem sozialer Wandel und internationale Kooperationen nicht als Bedrohung nationaler Erfolgsgeschichten, sondern als Voraussetzung für deren Bewahrung und Schutz beschrieben werden. Am einfachsten gelingt dies, wenn ein gemeinsames Ziel, ein Projekt, ein geteilter werbender Gedanke im Mittelpunkt steht. Man könnte dies inklusiven Patriotismus oder bewahrenden Internationalismus nennen. So ein gemeinsames Projekt könnte zum Beispiel darin bestehen, bei der Aufrüstung der Bundeswehr vor allem auf eine multikulturelle Zusammensetzung der neuen Einheiten zu achten oder eine weitreichende Eurozonenreform mit der Aufstellung neuer europaweiter Sicherheitsorgane zu verbinden (c).

Und zu guter Letzt: Die Sorge vor staatlichem Kontrollverlust kann deutlich gesenkt werden, indem staatliche Organe durch Ressourcenaufbau und Kooperationen in die Lage versetzt werden, Globalisierung gestaltend zu steuern. Gerade mit Blick auf die internationale Verwobenheit der Bundesrepublik wird hier nicht nur die Stärkung nationaler, sondern vor allem auch internationaler Organe im Mittelpunkt stehen müssen. Dies würde bedeuten, dass wir gerade die europäischen Organe deutlich umgestalten müssten. Am naheliegendsten wäre der Aufbau eines Kerneuropa um Frankreich und die Benelux-Staaten, das viel stärker miteinander kooperiert als die aktuelle Europäische Union. Dann würden einige EU-Staaten in der Wirtschafts-, Sozial-, Militär- und Außenpolitik viel enger zusammenarbeiten. Der deutsche Föderalismus könnte hier als Vorbild dienen. Innerhalb dieses Staatenbundes würden einige Dinge national geregelt (zum Beispiel Bildungs- und Kulturpolitik), andere aber übergeordnet (zum Beispiel Verteidigungs- und Außenpolitik). Im Idealfall würde dieser Staatenverbund seinen Bürgern mehr soziale Sicherheit, seinen Gesellschaften mehr Vertrauen in die staatlichen Organe und seinen Regierungen deutlich mehr Gewicht auf der Weltbühne verleihen.

Die neue Gewinnerformel der Volksparteien

Wie könnte dies umgesetzt werden? Zunächst müssen wir auf die Sorgen der Bürger in Identitätsfragen eingehen: Politik, die auf die Individualebene zielt – indem sie konservative Lebenswelten anerkennt und Rückzugsräume vor der Globalisierung schafft –, erhält die Entscheidungs- und Gestaltungsfreiheit des Einzelnen. Sie kommt dem Bürgerbild der Renaissance, das in dem aufgeklärten, handlungsfähigen und reflektierten Individuum sein Ideal fand, sehr nahe. Um diese individuellen Rückzugsräume zu erhalten, ist die Kooperation aller Bürger nötig. Denn da wir alle sozial, ökonomisch und politisch voneinander abhängen, nützt es nichts, wenn nur die eine Hälfte der Bevölkerung einer Handlungsmaxime folgt, die andere aber das Gegenteil tut. Es braucht somit einen Gesellschaftskonsens, der im alltäglichen Handeln sichtbar wird. Es braucht eine *solidarische Bürgergesellschaft*.

Wenn Politiker gesellschaftliche Veränderungen als Fortschreibung nationaler Narrative darstellen und die Handlungsfähigkeit staatlicher Organe ausbauen (zum Beispiel die Aufrüstung der Bundeswehr mithilfe neuer multikultureller Einheiten), signalisieren sie damit Stabilität im Wandel sowie dessen Steuerungsfähigkeit. Es schlägt die Stunde des *starken Staates*. Die neue Gewinnerformel der Volksparteien ist die Kombination aus beidem: *der Schaffung einer solidarischen Bürgergesellschaft und einem starken Staat.*

Wie wir mit den Sorgen globalisierungsskeptischer Wähler umgehen können

Sorge globalisierungs-skeptischer Wähler	Politische Lösung	Narrative Einbettung
Persönlicher Identitätsverlust	Anerkennung konservativer Lebenswelten und -leistungen und Betonung ihres Anteils am gesamtgesellschaftlichen Erfolg	Solidarische Bürgergesellschaft
Persönlicher Kontrollverlust	Schaffung von Schutzräumen vor Globalisierung	
Nationaler Identitätsverlust	Kommunikation von sozialem Wandel und internationaler Kooperation als Bewahrung und Fortschreibung von nationalen Erfolgsgeschichten	Starker Staat
Nationaler Kontrollverlust	Stärkung nationaler und internationaler Organe der Exekutive	

Eine politische Programmatik, die die 45 Prozent der konservativen globalisierungsskeptischen Wähler mit den 55 Prozent der progressiven globalisierungsfreundlichen Bürger verbindet, kann daher folgendermaßen definiert werden: *Das Ziel der Schaffung einer solidarischen Bürgergesellschaft mit starkem Staat ist es, auf sich verändernde politische, soziale und ökonomische Rahmenbedingungen mit großem Einfühlungsvermögen für die Sorgen der Bürger und dem Willen zur politischen Gestaltung zu reagieren. Der Staat zeigt sich gleichermaßen verantwortlich für das zeitgenössische Sicherheitsbedürfnis vieler Menschen und hat dabei doch stets das langfristige Gemeinwohl im Blick. Um das Vertrauen in politische Entscheidungen zu stärken, legt die Regierung auf den beständigen Austausch mit den Bürgern besonderen Wert. Es geht um eine Fortschreibung gemeinschaftsstiftender Narrative und einer Weiterentwicklung der institutionellen Ordnung.* Das mag nun gut oder schlecht klingen, aber was würde das konkret bedeuten?

Eine strategische Blaupause

Zur Schaffung von individuellen Schutzräumen und von staatlichen Steuerungsinstanzen bedarf es Gesetze und zu deren Umsetzung die Exekutivorgane (zum Beispiel in der Integrations- und Familiengesetzgebung). Damit dieser Prozess aber das Vertrauen in die Volksparteien zurückbringt, ist nicht allein die politische Umsetzung entscheidend, sondern auch, dass auf dem Weg dahin die konservativen Kräfte in der CDU/CSU und SPD das, was sie öffentlichkeitswirksam ankündigen, auch halten können. Nur wenn konservative Anliegen als Kern des *Bürgerlichen Kompromisses* sichtbar werden, spricht dieser auch globalisierungsskeptische Wähler an.

Der neue Nexus von Innen- und Außenpolitik stellt hier drei Hürden auf: Erstens, dass viele politische Herausforderungen nicht absehbar und somit nur schwer planbar sind (zum Beispiel an welchem globalen Konfliktherd die Bundeswehr als Nächstes eingesetzt werden wird); zweitens, dass fast alle identitätspolitischen Fragen, die im deutschen Interesse liegen, nur in enger Kooperation mit europäischen Partnern geklärt werden können; und drittens, dass in der Bearbeitung dieser politischen Fragen stets die Stimmung besonders von globalisierungsskeptischen Wählern mitbedacht werden muss, die das Problem meist emotional, nicht rational betrachten (wenn wir das Sicherheitsbedürfnis von AfD-Sympathisanten stillen wollen, müssen wir internationale Kooperationen eingehen, die AfDler eigentlich ablehnen, so dass hier einfühlsame Kooperation gefragt ist).

Die Tatsache, dass die Bundesrepublik durch das einigermaßen erwartbare Ansteigen der Flüchtlingszahlen aus dem Nahen Osten in eine politische Krise stürzte, legt eine unangenehme These nahe: In den entscheidenden Schaltstellen deutscher Politik wird zu wenig strategisch vorausgedacht – sowohl in Bezug auf die Kommunikation gegenüber der eigenen Bevölkerung als auch in der Kooperation mit Partnerstaaten. Damit sich eine derartige Krise nicht wiederholt und wir die drei Herausforderungen in der Implementierung eines *Bürgerlichen Kompromisses* meistern können, braucht es ergo *strategische Finesse in den Planungsstäben* deutscher Politik.

Erstens: Im Idealfall halten die Planungsstäbe vorausschauende strategische Szenario-Workshops ab, die es ihnen erlauben, die grobe Richtung kommender politischer Herausforderungen festzustellen. Die Ministerien, Fraktionen, Parteizentralen und Denkfabriken sollten diese strategischen Szenarien miteinander teilen, um die Wahrscheinlichkeit zu minimieren, Faktoren und Ereignisse nicht mit einzubeziehen. Optimal wäre ein europaweiter Austausch, nicht nur, um Informationen zu teilen, sondern auch, um wichtige Partner frühzeitig für bestimmte Themen zu sensibilisieren. Was beispielsweise militärische Herausforderungen angeht, bräuchten die tausend wichtigsten Entscheider dieses Landes eine einheitliche Einschätzung darüber, wo ein deutscher Militäreinsatz bevorstehen könnte.

Zweitens: Ausgehend von diesen Strategieübungen lassen sich politische Herausforderungen identifizieren, die dann inhaltlich von Fachstäben durchdrungen werden können. Auch hier ist Informationsaustausch unter den Institutionen national und europaweit zentral. Um beim Beispiel Militäreinsatz zu bleiben, müssten alle Häuser durchspielen, welche Vorausplanungen, Folgen und Anforderungen ein neuer großangelegter Militäreinsatz für den Zuständigkeitsbereich ihres Hauses bedeuten würde.

Drittens: Durch Meinungsumfragen und Rückkopplungen mit den Gliederungen der Volksparteien sind – sofern nicht schon geschehen – die Bevölkerungsstimmungen zu diesen Fragen zu erheben. Hier geht es nicht darum, der Bevölkerung nach dem Mund zu reden, sondern zu erfahren, welche Emotionen vor allem globalisierungsskeptische Wählergruppen mit einer bestimmten Herausforderung verbinden. Wir müssen also nicht nur herausbekommen, wie die Bevölkerung zu Militäreinsätzen generell steht, sondern wie sie zu einem bestimmten Einsatz stehen würde, den die Regierungsspitzen als fundamentales nationales Interesse einstufen.

Viertens: Mit diesen Informationen ist es den Planungsstäben möglich, die vermeintlich optimale Lösung für eine Herausforderung zu ermitteln und zu wissen, was die Bevölkerung dazu empfindet. Dies bedeutet, dass nicht nur die Vorausschau dezentral in allen Häusern stattfinden, sondern auch, dass sie durch permanenten Austausch und klare Koordination zentral gebündelt werden muss. Und zwar über alle Ministerien, Think-Tanks, Parteizentralen und Fraktionen hinweg.

Fünftens: Diese Lösungen sind rein technokratische Ansätze, die zwar das Problem bewältigen können, aber noch lange nicht die Bevölkerung überzeugen. Deswegen ist es notwendig, diese Vorschläge den entscheidenden parteipolitischen Multiplikatoren vorzulegen. Den konservativen Kräften in der CDU/CSU und der SPD kommt dabei eine Schlüsselrolle zu. Nur wenn sie diese Vorschläge mittragen, und vor allem, wenn sie hier eigene konservative Akzente unterbringen können, werden globalisierungsskeptische Wähler ins Boot geholt werden können. Die rein technokratischen Überlegungen der Planungsstäbe (strategische Vorausschau und politische Umsetzung) müssen um ganz konkrete Kommunikationsstrategien ergänzt werden, die darauf zielen, breite Bevölkerungsschichten von diesen Vorschlägen zu überzeugen. Entscheidend wird also sein, Kompromissvorschläge und vor allem Kommunikationsstrategien zu erarbeiten, welche die konservative CSU und die in identitätspolitischen Fragen noch unklar positionierte SPD gleichermaßen ansprechen. Das Scharnier zwischen beiden Polen ist die CDU. Da die Bundeskanzlerin seit der Flüchtlingsdebatte für viele in der CSU – und wohl auch in der CDU – diese Rolle nicht mehr übernehmen kann, sind eventuell andere Kräfte in der CDU als Brückenbauer gefragt.

Sechstens: Erst jetzt, wenn die Konservativen und im Zweifel internationale Partner an Bord sind, sollte das Thema öffentlichkeitswirksam lanciert werden. Erst jetzt, nachdem sichergestellt ist, dass die Regierungsparteien sich zwar in wichtigen Punkten noch nicht einig sein mögen, aber mit Sicherheit kompromissfähig sind, sollte das Thema parteipolitisch diskutiert werden. So kann ausgeschlossen werden, dass sich eine Situation wie im Winter 2015/16 wiederholt, bei der der Streit innerhalb der CDU/CSU dazu führte, dass Millionen Wähler zur AfD abwanderten.

Siebtens: Der neu formulierte *Bürgerliche Kompromiss* sollte öffentlichkeitswirksam als Gemeinschaftslösung kommuniziert werden. Vor allem sollte vermittelt werden, dass konservative Kräfte ihre öffentlichkeitswirksamen Forderungen einhalten konnten und keinesfalls als »Verlierer« der Kompromissfindung dastehen. Hier kommt folglich der CSU und dem Spitzenpersonal der CDU und der SPD, die für Konservative sprechen können, eine zentrale Bedeutung zu. Damit der Kompromiss globalisierungsskeptische Wähler überzeugt, müssen vor allem sie wichtige konservative

Symbolsiege und Leuchtturmprojekte präsentieren können. In der Flüchtlingsfrage 2015/16 hätte dies bedeutet, zum Beispiel den Forderungen der CSU nach Transitzonen und öffentlichkeitswirksamen Grenzkontrollen nachzukommen.

Allerdings kann es freilich auch Politiken geben, die vor allem bei progressiven Kräften für Murren sorgen könnten. Zum Beispiel könnte ein selbstbewusstes Vorgehen gegenüber Russland und eine Aufrüstung der Bundeswehr progressive Schichten in der SPD mehr Sorgen bereiten als konservativen in der CDU/CSU. Sollte dies der Fall sein, ist den Belangen der Progressiven der SPD eine ähnliche Beachtung zu schenken wie den Konservativen der CDU/CSU in den anderen Fällen.

Hierbei ist allerdings darauf zu achten, dass die europäischen Partner ebenfalls ein Kommunikationsnarrativ vorfinden, das ihren Interessen entgegenkommt, und dass die innerdeutsche Kommunikationslinie unseren Partnern nicht schadet. Denn wie weiter oben beschrieben, können allzu selbstbewusste Ideen aus Deutschland befreundete Partnerregierungen als »deutscher Pudel« dastehen lassen, was ihnen innenpolitisch massiv zu schaden vermag. Erst nachdem die linkspopulistische Syriza-Partei die damals noch regierenden griechischen Konservativen als Lakaien Deutschlands brandmarkte, konnte sie die Wahlen gewinnen.

Wie Migrations-, Europa- und Außenpolitik in den Jahren 2018–2021 aussehen könnte

Schritte zum vertrauensbildenden Bürgerlichen Kompromiss	*Entscheidende Akteure*
Strategisches Vorausschauen	Planungsstäbe in Ministerien, Fraktionen, Parteizentralen, Denkfabriken
Durchdringung des Problems	
Einholung der Bevölkerungsmeinung	Umfrageinstitute, bevölkerungsnahe Ebenen der Parteien
Technokratischer Lösungsansatz	Planungsstäbe in Ministerien, Fraktionen, Parteizentralen, Denkfabriken
Kompromissbildung zwischen den Volksparteien unter Zuhilfenahme von Brückenbauern zu den konservativen Parteimitgliedern	Alle Spitzenpolitiker der Volksparteien; Sonderrollen für konservative Protagonisten
Öffentliche Diskussion des Themas und Anpassung des technokratischen Lösungsansatzes an parteipolitische Befindlichkeiten (von konservativen Kräften in CDU, SPD und CSU)	
Kommunikation des neuen *Bürgerlichen Kompromisses*	CSU und konservative Kräfte in CDU und SPD

Emotionen: deutsche Nationalnarrative

Damit konservative Kräfte einen neuen *Bürgerlichen Kompromiss* als solchen kommunizieren können, müssen sie in der Lage sein, die *Stabilität im Wandel* zu betonen. Dies ist möglich, wenn sie konservative Leuchtturmprojekte lancieren und sozialen Wandel und internationale Kooperationen als *Fortschreibung und Bewahrung nationaler Erfolgsgeschichten* kommunizieren können (siehe Kapitel 4). Welche dieser Erfolgsgeschichten sind aber überhaupt vorhanden und damit anknüpfungsfähig? Wenn wir den Zeitraum seit 1945 betrachten, scheinen circa alle zehn Jahre neue Nationalnarrative entstanden zu sein, die freilich alle auf die NS-

Zeit von 1933 bis 1945 reagieren. Der Begriff »Narrativ«, der in der Soziologie gerne verwendet wird, bezeichnet schlicht eine Erzählung, die immer wiederkehrt. Ein Familiennarrativ kann zum Beispiel sein, dass Lukas in der Grundschule immer fantastisch gut kicken konnte. Und auch wenn Lukas irgendwann fünfzig ist und seit Jahren gegen keinen Ball mehr getreten hat, wird man sich immer noch erzählen, dass er der Diego Maradona der Familie ist.

Das erste Nachkriegsnarrativ ist mit Sicherheit die Erfolgsgeschichte des Wiederaufbaus und der Integration der Millionen Flüchtlinge aus den ehemaligen Ostgebieten. Die beiden zentralen Symbole hierfür sind das Wirtschaftswunder der 1950er Jahre und der Titelgewinn der Nationalmannschaft bei der Fußballweltmeisterschaft in der Schweiz 1954. Beide stehen in den Augen vieler für das Auferstehen aus den Ruinen des Zweiten Weltkrieges. Westdeutschland war politisch noch unbedeutend und moralisch noch weit davon entfernt, sich angemessen mit den Menschheitsverbrechen im Nationalsozialismus auseinanderzusetzen. Aber zumindest ökonomisch und fußballerisch »war man wieder wer«. Und auch die Integration der vielen Vertriebenen aus den ehemaligen Ostgebieten verlief einigermaßen reibungslos und störte nicht den sozialen Frieden. Die Tatsache, dass gerade viele internationale Beobachter bis heute mit uns eine florierende Wirtschaft, sozialen Frieden und erfolgreiche Fußballer verbinden, zeigt die Prägekraft der beiden Narrative. Denn natürlich durchlief Deutschland mehrere Rezessionen, und auch der deutsche Fußball ging durch tiefe Täler. Aber beides verschwindet hinter diesem Narrativ. *Deutschland steht daher für Wirtschaftswachstum, Integration von Zugezogenen durch Leistung und Spitzenfußball.*

Weniger für internationale Beobachter, dafür aber nach innen waren die unruhigen 1960er Jahre eine sehr prägende

Zeit. Zwei Jahrzehnte nach Kriegsende begann sich die BRD – vor allem die Studentengeneration – Fragen nach Schuld und Verantwortung im Krieg zu stellen. Die Auschwitz-Prozesse ab 1963 und die Studentenunruhen in den USA und Frankreich gaben das Signal an die deutsche Studentenschaft, die Rolle ihrer Eltern im Nationalsozialismus und im Zweiten Weltkrieg zu thematisieren. Die Polarisierung, die Aggressionen, gar die bürgerkriegsähnlichen Zustände, die Westdeutschland in den 1960er Jahren punktuell erlebte, waren etwas vollkommen Neues für das Land. Es war jahrzehntelang klar zweigeteilt in ein linksprogressives und ein rechtskonservatives Lager. Als 1998 das 68er-Duo Schröder-Fischer die Bundestagswahl gewann, galt dies vielen als finale Aussöhnung der beiden Lager: Die einstigen Kritiker des politischen Systems der Bundesrepublik wurden zu ihren mächtigsten Repräsentanten. Der »Marsch durch die Institutionen« versöhnte das Land mit sich selbst. Die sich einstmals aggressiv gegenüberstehenden Gruppen der 1960er standen sich dreißig Jahre später in den Spitzenpositionen von Wirtschaft, Kultur und Politik auf Augenhöhe gegenüber. *Deutschland, das ist daher für viele leidenschaftlicher Streit über die dramatischsten politischen und moralischen Fragen mit anschließender Aussöhnung.*

Im Lichte von 68 verblassen die 1970er und 1980er Jahre etwas im nationalen Gedächtnis. Doch sie sind nicht minder bedeutsam für unser Selbstbild. In den 1970er Jahren stand die Wirtschaftspolitik der Bundesrepublik vor einer Bewährungsprobe bis dahin ungekannten Ausmaßes. Zeitgleich bildeten sich zwei neue politische Formationen: die Reformer, die das System von innen heraus verändern wollten und aus denen die Grünen hervorgingen, und die Revolutionäre, die das System vernichten wollten – die Terroristen um die Rote Armee Fraktion (RAF).

Während die Volkswirtschaft in der ersten und zweiten Ölkrise (1973 und 1979/80) mächtig ins Schlingern kam, spitzte sich die Auseinandersetzung zwischen linksradikalen Terroristen und dem westdeutschen Staat zu. 1977 entführte die RAF die Lufthansa-Maschine »Landshut« und Arbeitgeberpräsident Hanns-Martin Schleyer. Die sozial-liberale Bundesregierung unter Kanzler Helmut Schmidt (SPD) reagierte darauf mit einer massiven Aufrüstung der deutschen Sicherheitsbehörden und Gesetzesverschärfungen. Um die Folgen der Ölkrisen abzufedern und zukünftige Wirtschaftskrisen unwahrscheinlicher zu machen, verpflichtete sich Deutschland zu einer stärkeren internationalen Kooperation in Wirtschafts-, Finanz- und Militärfragen. Gerade innerhalb der Europäischen Gemeinschaft übernahm Deutschland nun immer mehr die Vorreiterrolle bei ökonomischen Kooperationen zum gemeinsamen Vorteil. Derweil schafften es die Grünen bei der Wahl 1983 erstmals in den Bundestag und manövrierten ihr zentrales Anliegen, den Umweltschutz, in den kommenden Jahren ins Scheinwerferlicht der politischen Auseinandersetzung. Durch das Meistern der innenpolitischen und wirtschaftlichen Krisen der 1970er und 1980er Jahre ist die Bundesrepublik als Nation erwachsen geworden. *Deutschland steht nun für schmerzhaftes, aber letztlich erfolgreiches nationales und internationales Krisenmanagement.*

Die beiden Nationalnarrative der 1990er Jahre sind bekannt: Wiedervereinigung und Aussöhnung mit den Weltkriegsgegnern. Deutschland war zwar in den frühen 1990er Jahren von massiven wirtschaftlichen Problemen (vor allem einem dramatischen Anstieg der Arbeitslosigkeit) und den brutalen rechtsextremen Mordanschlägen auf Flüchtlingsheime und Zuwanderer geprägt. Aber im nationalen Gedächtnis blieben weniger die Bilder von langen Schlangen vor den Arbeitsämtern oder von brennenden Asylbewerberheimen hängen, sondern die Fahnenmeere vor dem Brandenburger Tor 1990, erst zur Feier des dritten deutschen WM-Sieges in Rom, dann anlässlich der Einheit im Oktober.

Erst ab hier beginnen in der Rückschau die Ostdeutschen Teil deutscher Nationalnarrative zu werden. Während westdeutsche Narrative 1945 bis 1989/1990 nun als nationale Geschichte gelten, ist mir kein allein ostdeutsches Narrativ bekannt, das es vor dem Mauerfall in den gesamtdeutschen Erinnerungskanon geschafft hätte. Der Volksaufstand in der DDR vom 17. Juni 1953 erscheint mir unter Westdeutschen beinahe unbekannt. Der Mauerbau am 13. August 1961 und der Mauerfall vom 9. November 1989 wiederum werden in Westdeutschland offenbar weitestgehend als Symbole der europäischen Teilung und Einigung wahrgenommen. Dieses Missverhältnis ist eine weitere Facette der mangelnden Anerkennung ostdeutscher Lebensleistungen, die aktuell der AfD im Osten stark nützt. In der Öffentlichkeit hat sich der Eindruck verfestigt, dass die Wiedervereinigung vor allem durch Westdeutsche gemanagt wurde, sie gilt als Glanzleistung westdeutscher Diplomatie. Die tragende Rolle ostdeutscher Politiker – allen voran die der letzten und einzigen demokratischen Regierung der DDR unter Lothar de Maizière – scheint im öffentlichen Bewusstsein fast untergegangen zu sein. Die europäischen Partner – allen voran Großbritannien und Frankreich – stimmen der Wiedervereinigung schließlich zu und das einige Deutschland wird zum Schwergewicht innerhalb der Europäischen Union. *Deutschland wird nun wahrgenommen als Nation der internationalen Aussöhnung und Verständigung.*

Das Ende des Wiedervereinigungsbooms 1992 leitet eine beinahe fünfzehnjährige Rezession ein, die erst Mitte der 2000er Jahre in ein zaghaftes Wirtschaftswachstum übergeht. Von der Ära Schröder bleiben weniger die Einführung der doppelten Staatsbürgerschaft als die Hartz-IV-Reformen und das Nein zum Irakkrieg 2003 hängen. Auch wenn der Zusammenhang unter Ökonomen bis heute umstritten ist, werden die massiven Einschnitte in den deutschen Sozialstaat mit dem ökonomischen Wiederaufstieg der 2000er Jahre in Verbindung gebracht. Schröders und Fischers ablehnende Haltung zum Irakkrieg emanzipiert die Bundesrepublik von seinem wichtigsten Alliierten, der die Wiedervereinigung überhaupt möglich gemacht hatte – den USA. In den 2000er Jahren wandelt sich das Selbstbild Deutschlands: weg vom konservativen ökonomischen Boomland, das im Geleitzug der USA segelt, und hin zu einer mit wirtschaftlichen Schwierigkeiten kämpfenden, pluralen Gesellschaft, die ihre eigenen nationalen Interessen immer selbstbewusster vertritt. Die Weltmeisterschaft 2006 im eigenen Land wird von vielen als symbolischer Endpunkt dieses Wandels wahrgenommen. Galt Deutschland bis Mitte der 2000er als wohlhabender, aber konservativer als die beiden anderen europäischen Mittelmächte Großbritannien und Frankreich, scheint die Bundesrepublik sich nun zu »normalisieren«: Das Land hat, wie viele andere auch, mit wirtschaftlichen Problemen zu kämpfen; es hat, wie viele andere auch, eine plurale Einwanderungsgesellschaft. Und es hat nationale Interessen, die es zunächst mit einer Mischung aus Vorsicht und Polterei auch langsam einfordert. *Deutschland empfindet sich nun mehr und mehr als »normales Land« im demokratischen Westen.*

Mit dieser »Normalisierung« ist es 2018 eindeutig vorbei. Die letzten zehn Jahre sind geprägt von einem ständigen Wirtschaftswachstum und Deutschlands Aufstieg zur Führungsmacht in Europa. Die Finanz- und Eurokrisen haben Deutschland zwar wirtschaftlich geschadet, fungierten aber als Katalysator deutscher Macht: Jede Krise offenbarte die Abhängigkeit der EU von Deutschland und sah europäische

Bitten nach deutscher Führung. Wurden die NATO und die EU noch konstruiert, um Deutschlands Macht in Schach zu halten, wird Deutschland nun umgekehrt als Garantiemacht beider Institutionen angesehen. Dies mag angesichts der Schwäche der deutschen Streitkräfte verwundern, doch wenn man die USA unter Trump herausrechnet, ist Deutschland das NATO-Land mit der am Abstand größten Wirtschaftsleistung und somit dem – zumindest in der Theorie – größten militärischen Potenzial. Symbolhaft für diesen Rollenwechsel steht das Zitat des polnischen Außenministers Radosław Sikorski. Der Außenminister des Landes, das wie kaum ein anderes unter der Schreckensherrschaft der Nazis litt, stellte 2011 fest: »Deutsche Macht fürchte ich heute weniger als deutsche Untätigkeit.« Die wirtschaftliche Schwäche Frankreichs, der Brexit und das deutsche Wirtschaftswachstum verstärken Deutschlands Einfluss immer mehr. Gerade die Euro- und die Flüchtlingsdebatten führten Deutschland und Europa die deutsche Macht vor Augen. *In diesen Jahren nimmt sich das vielfältige und wirtschaftlich prosperierende Deutschland als die europäische Führungsmacht wahr. Allein, wohin man führen soll, scheint vielen noch ziemlich unklar.*

Die deutsche »Großerzählung«

So unterschiedlich diese Nationalnarrative auch sein mögen, sie alle haben wichtige Aspekte gemeinsam. Und diese Aspekte verbinden nicht nur die unterschiedlichen Narrative miteinander, sie sind auch in dieser Kombination bei keiner anderen Nation zu finden. Denn jedes der skizzierten Einzelnarrative folgt einem Vierklang, den man als das Herz deutscher Geschichten bezeichnen kann: *Debatte – Leistungs-*

fokus – Reformen – Europa. Deutschland verfügt also über eine »Großerzählung«, die immer wiederkehrt.

Erstens: Deutschland ist eine meinungsreiche und daher debattenfreudige Kultur- und Bildungsnation. Wenn wir vom Wirtschaftswunder- und Fußballnarrativ absehen, ging jeder nationalen Erfolgsgeschichte eine leidenschaftliche nationale Debatte voran, die durch beachtliche intellektuelle Schärfe und hohes moralisches Pathos geprägt war. Das deutsche Bildungssystem bringt somit nicht nur exzellente Ingenieure hervor, sondern auch große Debattierer, Politiker und Philosophen.

Zweitens: Dieses Land ist eine leistungsorientierte Einwanderungsgesellschaft. Die Flüchtlinge aus den ehemaligen Ostgebieten in den 1950er Jahren, die Gastarbeiter der 1960er und 1970er Jahre, die Spätaussiedler und Asylbewerber der 1980er und 1990er Jahre sowie die Wirtschaftsmigranten und Flüchtlinge der letzten Jahrzehnte – sie alle kamen in die Bundesrepublik. Sie ist ein Einwanderungsland. Aber eines, das seinen Migranten das Leben nicht leicht macht. Der deutsche Sozialstaat kennt so gut wie keine Unterstützungsleistungen, die speziell auf Zuwanderer ausgelegt sind. Auch ist der Zugang zur deutschen Staatsbürgerschaft alles andere als leicht, und eine nennenswerte Antidiskriminierungsgesetzgebung gibt es bis zum heutigen Tage kaum. Vielleicht liegt die weitgehende Akzeptanz von Zuwanderern durch die deutsche Mehrheitsgesellschaft auch darin begründet, dass Migranten hierzulande nur mit vermeintlich urdeutschen Tugenden Erfolg haben können: Leistungsbereitschaft, Disziplin und harte Arbeit.

Drittens: Die Erfolge dieses Landes beruhen auf weitsichtigen, oftmals schmerzhaften Reformen, die das größtmögliche Allgemeinwohl zum Ziel haben. So wurde jede nationale Erfolgsgeschichte durch schmerzhafte Reformen und individuelle Anstrengungen möglich. Die Erfolge von heute sind die Reformen von gestern. Und mit eben diesen Reformen ist Deutschland bis dato im Großen und Ganzen sehr gut gefahren. Diese koordinierten Reformanstrengungen funktionierten freilich nur dank der Leistungsbereitschaft des Einzelnen. In diesem Zusammenhang müssten der demokratische Widerstand gegen das ostdeutsche Unrechtsregime vor 1989/90 und in der Folge die ungeheuren ökonomischen Leistungen vieler Ostdeutscher nach 1989/90 sehr viel stärker gewürdigt werden. Ohne Ersteres hätte es keine Wiedervereinigung gegeben, ohne Letzteres nicht den aktuellen Wirtschaftsaufschwung. Beides ermöglichte somit zentrale deutsche Erfolgsgeschichten, und es ist daher in keiner Weise zu rechtfertigen, dass diese historischen Leistungen im öffentlichen Bewusstsein einen so geringen Platz einnehmen.

Viertens: Deutschlands Erfolge beruhen darauf, dass es zugleich Kind und Pate der europäischen Integration ist. Deutschlands Reformen mündeten fast immer in eine stärkere europäische Kooperation. Westdeutschland verdankte seinen politischen und vor allem wirtschaftlichen Wiederaufstieg seiner Einbettung in die europäischen Wirtschaftskreisläufe. Seither verzahnt sich die deutsche Wirtschaft täglich mehr mit der unserer europäischen Partnerstaaten. Das weltpolitische Gewicht der EU – insbesondere die Kooperation mit Frankreich und Großbritannien – erlaubte es Deutschland, global aktiv zu werden. Die Wiedervereinigung war nur dank des großen Vertrauens unserer einstigen Kriegsgegner möglich. Die Berliner Republik verdankt den aktuellen Wirtschaftsaufschwung der Einbettung in die Eurozone. Heute ist es an Deutschland, den europäischen Partnern den Halt zu geben, den sie jahrzehntelang uns boten. Deutschland und Europa sind eine Erfolgsgeschichte, europäische

Kooperation wurde zum parteiübergreifenden nationalen Interesse – zur Staatsräson.

Deutschlands dreifaches Glück

In der Rückschau auf die Nationalnarrative fällt auf, dass deren jüngste Entwicklungsstufe nicht von jenen leidenschaftlichen Auseinandersetzungen bestimmt ist, die aus den vorhergehenden Jahrzehnten bekannt sind. Das heißt erstens, dass die Debatte, die einen neuen *Bürgerlichen Kompromiss* über Deutschlands neues Selbstverständnis zum Gegenstand hat, noch aussteht.

Zweitens: Das Herz dieser Narrative, der Vierklang *Debatte – Leistungsfokus – Reformen – Europa,* bildet die passgenaue Antwort auf den neuen Nexus von Außen- und Innenpolitik. Alle zentralen identitätspolitischen Fragen unserer Zeit – sei es ein neues Zuwanderungsgesetz, die Reform der EU oder eine neue Außenpolitik gegenüber den USA, China oder Russland – können über diesen Vierklang so ausgehandelt werden, dass sie in einen *Bürgerlichen Kompromiss* münden.

Drittens: Zu Deutschlands großem Glück ist eine Neujustierung des deutschen Selbstbildes in der Migrations-, Europa- und Außenpolitik keineswegs ein Novum. Ganz im Gegenteil! Die deutsche Erfolgsgeschichte ist mit einer Debatte über Deutschlands Rolle in Europa und seine Zuwanderungspolitik untrennbar verknüpft. Eine Neujustierung, ein Update dieser Fragen angesichts drängender internationaler Herausforderungen ist somit keine Veränderung, sondern ein *Fortschreiben* deutscher Geschichte! Hier finden wir genau jene *Stabilität im Wandel,* die globalisierungsskeptische Wähler mit globalisierungsfreundlichen Bürgern versöhnen kann.

Wenn es den konservativen Politikern der Volksparteien erlaubt wird, in identitätspolitischen Debatten konservative Leuchtturmprojekte zu lancieren und diese öffentlich darzustellen, sollte es für sie leicht möglich sein, diese Reformen mit den zahlreichen Erfolgsgeschichten Nachkriegsdeutschlands zu verknüpfen. Die Anwendung der neuen Gewinnerformel der Volksparteien »*Die Schaffung einer solidarischen Bürgergesellschaft mit starkem Staat in einem neuen Bürgerlichen Kompromiss*« passt perfekt in unsere eher debattenarme Zeit, deckt sich exakt mit dem neuen Nexus von Innen- und Außenpolitik und ist eine Fortschreibung deutscher Erfolgsgeschichten. Der Vierklang *Debatte – Leistungsfokus – Reformen – Europa* ermöglicht es uns, den drängenden internationalen Herausforderungen so zu begegnen, dass wir zeitgleich Politik im langfristigen nationalen Interesse betreiben und dabei kurzfristig globalisierungsskeptische Wähler wieder an die Volksparteien binden. Glückliches Deutschland.

Beispiele für neue Bürgerliche Kompromisse

Ein neues Zuwanderungs- und Integrationsgesetz

Eine Reform der Zuwanderungs- und Integrationsgesetze, um den stagnierenden Bevölkerungszahlen entgegenzutreten, kann relativ leicht langfristiges nationales Interesse und kurzfristiges parteipolitisches Interesse miteinander verweben. Zum Beispiel, indem man in den neuen Normen neben Integrationshilfen auch starke individuelle Leistungs- und hohe Sprachanforderungen verankert. Eine solche Zuwanderungsreform ließe sich narrativ mit dem Wiederaufbau Nachkriegsdeutschlands durch Flüchtlinge aus den Ostgebieten verknüpfen; oder mit dem ungeheuren Anteil, den die ehemaligen Gastarbeiter am Aufbau des wiedervereinigten Deutschlands haben; oder mit dem großen Beitrag, den Migranten aus aller Herren Länder am aktuellen deutschen Wirtschaftswachstum haben. Zudem genügt ein Blick auf die deutsche Fußballnationalmannschaft, um zu zeigen, dass das Symbol deutschen Nationalstolzes schlechthin ein Abbild der Einwanderungsgesellschaft Deutschland ist. Wie bedeutsam die Nationalmannschaft als Integrationssymbol ist, zeigt der öffentliche Aufschrei, nachdem sich Mesut Özil und Ilkay Gündogan mit dem türkischen Präsidenten Erdoğan ablichten ließen.

Entscheidend ist allerdings, dass die zentralen öffentlichkeitswirksamen Forderungen der konservativen Kräfte auch umgesetzt werden. Da auch die SPD in Migrationsfragen ein von Abwägung geprägtes Profil besitzt, sind hier die konservativen Kräfte aller drei Volksparteien von entscheidender Bedeutung. Es sollte auf jeden Fall vermieden werden, den Konservativen eine öffentlichkeitswirksame Niederlage zu bescheren. Denn dies wäre eine Wiederholung der parteipolitischen Abläufe des Winters 2015/2016, die zum Aufstieg der AfD führten.

Eine Reform der Familienpolitik

Eine Reform der Familienpolitik ist ebenfalls ein lohnenswertes Feld für neue *Bürgerliche Kompromisse*. Der nationale Raum wird in der Globalisierungsdebatte als von Zuwanderung bedroht erlebt. Auf den Lebensalltag heruntergebrochen, ist der gefühlte permanente Veränderungsdruck aber vor allem eine Bedrohung für soziale Beziehungen, zuvörderst die Familie. Der Staat könnte die Familie somit viel deutlicher als Schutzraum definieren, den er vor den Unwägbarkeiten der Globalisierung in besonderem Maße bewahren möchte. Hier könnten die Elternzeiten ausgebaut, die Kindererziehung massiv finanziell gefördert, die Pflege der eigenen Eltern viel deutlicher honoriert und Bildungszertifikate entschlackt werden. All dies hätte das Ziel, den Leistungs- und Zeitdruck auf die Familie als die zentrale Keimzelle unserer Gesellschaft zu verringern. Es wäre ferner ein Leichtes, dies als Fortführung von Nationalnarrativen hinzustellen: Die Wiege deutscher Erfolge sind eine humanistische Bildung und eine solidarische Leistungsgesellschaft, in der die Starken die Schwachen tragen und deren Reformierung stets das Allgemeinwohl im Blick hat. Da gerade die CSU und einige Politiker der CDU sich Familienpolitik auf die Fahnen geschrieben haben, ist hier darauf zu achten, dass sie keine unerfüllbaren Forderungen aufstellen, beziehungsweise darauf, dass die von ihnen aufgestellten Forderungen medienwirksam eingehalten werden.

Eine neue europäische Grenzschutzpolitik

Diese Mechanismen funktionieren nicht nur in der deutschen Innenpolitik, auch eine Reform des europäischen Grenzschutzes Frontex lässt sich mit deutschen Interessen rechtfertigen. Eine Stärkung der Sicherung der europäischen Außengrenzen bedeutet mehr Kontrolle über Zuwanderung in die EU und somit nach Deutschland. Auf der anderen Seite wäre eine stärkere europaweite Grenzkontrolle ein weiterer Schritt hin zu einer immer engeren Verzahnung der nationalen Sicherheitsbehörden. Eine Internationalisierung deutscher Sicherheitsorgane und die Abgabe nationaler Souveränität lägen somit im nationalen wie internationalen Interesse gleichermaßen. Globalisierungsfreunde können sich über die Stärkung der EU, Globalisierungsskeptiker über die wachsende Sicherheit freuen. Konservative Wählerschichten können gerade dann über das Leitnarrativ der europäischen Integration gut erreicht werden, wenn dabei auch sicherheitspolitische Aspekte Beachtung finden.

Ein europäischer Staatsfonds

Eine weitere Initiative in der Europapolitik könnte auf die Einrichtung eines »europäischen Staatsfonds« zielen, der die Rentenkassen entlasten und darüber hinaus die geopolitische Bedeutung der EU stärken soll. Ähnlich dem bekannten norwegischen Staatsfonds würden europäische Bürger und europäische Staaten in einen Geldtopf einzahlen. Dieser würde von EU-Finanzverwaltern (also nicht von privaten) so gemanagt werden, dass das Fondsguthaben deutlich besser verzinst wird als Lebensversicherungen. Zugleich würde es dieser Fonds aufgrund seiner schieren Größe erlauben, dass die EU weltweit als strategischer Investor auftritt.

Auch diese Idee könnte Globalisierungsskeptiker und -freunde zusammenbringen. Konservative freuen sich, dass ihnen in der Niedrigzinsphase eine rentable Möglichkeit zur Altersvorsorge angeboten wird. (Diese könnte ähnlich funktionieren wie Riester-Vorsorgepläne, die auf Aktienfonds beruhen, nur ohne die Mittelsmänner der Finanzindustrie, die große Renditen abschöpfen und somit den individuellen Ertrag schmälern.) Progressive könnten sich daran begeistern, dass ein milliardenschwerer Fonds der EU erlaubt, ihren weltweiten Einfluss wohltätig zu erweitern.

Auch hier wäre eine Verknüpfung mit deutschen Nationalnarrativen möglich, wonach eine europaweite wirtschaftliche Kooperation stets im nationalen Interesse lag beziehungsweise bundesdeutsche Außenpolitik lieber auf den Geldbeutel als auf Panzerdivisionen setzte. Ähnlich der Euroeinführung in den 1990er Jahren wäre für die öffentliche

Kommunikation eines solchen Vorhabens die SPD genauso bedeutsam wie die CDU und die CSU, da hier Identitäts- und Sozialpolitik verwoben werden. Wenn bei diesen Vorhaben die sieben Schritte der strategischen Blaupause auf dem Weg zum *Bürgerlichen Kompromiss* (siehe oben) eingehalten werden, können diese vier Vorschläge das Vertrauen gerade globalisierungsskeptischer Wähler in die Volksparteien wieder deutlich erhöhen. Entscheidend ist bei all diesen Vorgängen die Koordinierung zwischen beiden Volksparteien. Da sie die Bundesregierung stellen und bis auf wenige Ausnahmen in Bundestag und Bundesrat beschlussfähig sind, haben sie die legislativen und exekutiven Möglichkeiten, diese Vorschläge mehr oder weniger im Alleingang umzusetzen. Wichtiger noch, sie haben damit die Möglichkeit, die nationale Agenda zum größten Teil selbst zu formulieren. Es bräuchte schon eine konzertierte Gegenagenda der wichtigsten deutschen Leitmedien, um diese Diskursmacht zu kontern, was allerdings sehr unwahrscheinlich wäre.

Globalisierungsfreunde und Globalisierungsskeptiker zusammenbringen

Politische Herausforderung	Anliegen von Globalisierungsfreunden	Anliegen von Globalisierungsskeptikern	Maßnahme
Demografie	Diversifizierung der Gesellschaft, Humanität	Furcht vor Überfremdung	Zuwanderungs- und Integrationsgesetz
Leistungs- und Zeitdruck im Alltag	Schutz des familiären Rückzugsraumes		Querschnittsgesetzgebung Familienpolitik
Europäischer Grenzschutz	Humanitäre Aspekte	Sicherung der Außengrenzen	Ausbau von Frontex
Europäische Sozialpolitik	Stärkung der EU	Alternative Altersvorsorge	»Europäischer Staatsfonds«

Erst Kompromiss, dann Konflikt – Der Weg zur nächsten Bundestagswahl

Damit der *Bürgerliche Kompromiss* seine vertrauensbildende Wirkung entfalten kann, ist seine Einbettung in die parteipolitischen Kommunikationsstrategien entscheidend. Alle bisherigen *Bürgerlichen Kompromisse,* die positiv wirkten, wurden lange vor den nächsten Bundestagswahlen geschlossen. Nachdem der Brückenschlag zwischen den Volksparteien in identitätspolitischen Fragen erreicht wurde, bestimmten sozial- und wirtschaftspolitische Fragen die politische Auseinandersetzung. Und hier gab es keinen Konsens, ganz im Gegenteil – *hier herrschte eine Polarisierung zwischen den beiden Volksparteien. Denn wie am Anfang des Buches ausgeführt, sind leidenschaftliche sozial- und wirtschaftspolitische Debatten zwischen den Volksparteien ein Lebenselixier einer gesunden Demokratie.* Sie vermitteln den Eindruck, dass die Regierenden nahe dran an den Sorgen und Nöten der Regierten sind, verhindern den Eindruck, dass »die da oben« gemeinsame Sache machen, und stärken das Vertrauen in die Kompetenz der Volksparteien in der Wirtschafts- und Sozialpolitik. *Damit der Bürgerliche Kompromiss seine vertrauensbildende Wirkung entfalten kann, müssen ihm daher leidenschaftliche ökonomische Debatten folgen. Politische Polarisierung in identitätspolitischen Fragen ist gefährlich, in sozial- und wirtschaftspolitischen Fragen hat sie aber meist positive Folgen.*

Diese Debatten sind in Deutschland auch dringend nötig. Es mangelt seit einem Jahrzehnt an wirtschaftspolitischen Reformen. Diese werden aus vier Gründen immer dringlicher: Zum Ersten wegen der vielfach thematisierten demografischen Herausforderung, auf die Deutschland zusteuert. Immer mehr Rentner müssen von immer weniger Beitragszahlern finanziert werden. Unser Sozialsystem, das noch auf die

1950er Jahre zurückgeht, als viele Beitragszahler für wenige Rentner aufkamen, steht somit grundlegend infrage.

Zum Zweiten legt das deutsche Sozialstaatsmodell den Fokus auf die konservativ verstandene Kernfamilie (berufstätiger Vater, erziehende Mutter) und auf die Arbeitswelten des letzten Jahrhunderts (zum Beispiel sozialversicherungspflichtige Arbeit gewerkschaftlich organisierter Arbeitnehmer mit 40-Stunden-Woche). Diese Ausrichtung widerspricht der Wirklichkeit vieler Partnerschaften, in denen beide arbeiten (müssen), und moderner Arbeitswelten (zum Beispiel selbstständiger Programmierer). Sie führt dazu, dass sich viele Familien und die deutsche Wirtschaft gleichermaßen an einem ineffizienten Sozialstaat reiben, der an ihren Bedürfnissen vorbeiarbeitet.

Drittens würde die Finanzierung einer solidarischen Bürgergesellschaft mit starkem Staat große finanzielle Ressourcen benötigen, um Schutzräume vor globalen Prozessen zu schaffen und nationale und internationale Exekutivorgane zu stärken.

Und viertens befindet sich die deutsche Volkswirtschaft aktuell in einer extrem günstigen Sondersituation: Die Weltwirtschaft erholt sich, Deutschlands Wirtschaft wächst seit einem Jahrzehnt und die Refinanzierung unserer Staatsschulden ist aufgrund der niedrigen Zinsen extrem günstig. Diese Rahmenbedingungen werden sich höchstwahrscheinlich binnen weniger Jahre ins Gegenteil verkehren: Wir steuern auf einen globalen Handelskonflikt zwischen den USA, China und der EU zu, der Deutschland massiv treffen würde. Darüber hinaus scheint die deutsche Wirtschaft langsam zu überhitzen, das Ende des Wirtschaftsbooms scheint absehbar. Und zu guter Letzt wird das Steigen der Leitzinsen zwar Sparer erfreuen, aber Bundesfinanzminister Olaf Scholz (SPD) die Sorgenfalten auf die Stirn treiben. Er wird bald pro Jahr mehrere Milliarden zusätzlich aufbringen müssen, um Deutschlands Schulden zu refinanzieren.

Diese Gesellschaft braucht also dringend eine leidenschaftliche Debatte darüber, wie unser Wohlstand bewahrt werden kann. Hier müssen Fragen der Digitalisierung, der Infrastrukturpolitik, des Bildungssystems und unzählige weitere Themen diskutiert werden. Und wir brauchen eine sozialpolitische Debatte darüber, wie den bestehenden sozialen Ungerechtigkeiten wirksam begegnet werden kann – durch Überarbeitung der Hartz-IV-Gesetzgebung, des Steuerrechtes, des Rentensystems, des Bildungssystems und so weiter.

Ein Bürgerlicher Kompromiss in identitätspolitischen Fragen und in der Folge eine massive Auseinandersetzung über wirtschafts- und sozialpolitische Herausforderungen würden somit zwei Fliegen mit einer Klappe schlagen: Sie würden das Wählervertrauen in die Volksparteien stärken und zugleich die drängendsten Probleme dieser Nation lösen helfen.

Den Cameron-Moment vermeiden – Empfehlungen an die Volksparteien

Zusammengefasst bedeutet dies für alle Volksparteien, dass sie einander im Bundestagswahlkampf 2021 mit wirtschafts- und sozialpolitischen Reformvorschlägen überbieten sollten. Identitätspolitische Fragen sollten hingegen weit vorher in einem *Bürgerlichen Kompromiss* geklärt werden und auf keinen Fall Wahlkampfthema werden. Die Wahlkämpfe aus den Kohl- und Schröder-Zeiten können hier als gute Vorbilder dienen. Dies wird aufgrund zweier Faktoren eine Herausforderung darstellen: Zum einen, da es dem Anti-Polarisierungs-Kurs Merkels diametral widerspricht, und zum Zweiten, weil eine thematische Profilierung in einer Großen Koalition parallel zu gemeinsamem Regierungshandeln stattfinden muss. Wenn sich die Regierung zerstreitet, ohne Gesetze zu verabschieden und Reformen einzuleiten, wird sie den Bevölkerungsrückhalt verlieren. »Asymmetrische Demobilisierung« ist für eine liberale Demokratie nur so lange zu verkraften, wie keine mobilisierungsstarken Rechtspopulisten im Parlament sitzen. Heute müssen die Volksparteien ihre Wähler massiv mobilisieren, wenn sie unsere Demokratie vor den Folgen eines weiteren Aufstieges der AfD schützen wollen. Wenn die Kanzlerin dem Land etwas Gutes möchte, muss sie daher denjenigen Kräften in der Regierung Raum geben, die einen anderen Kommunikationsstil wählen als sie. Spätestens ab 2020 sind Leidenschaft, Polarisierung und pointierte Aussagen gerade in wirtschafts- und sozialpolitischen Fragen nötig. Und vorher der besagte *Bürgerliche Kompromiss* in identitätspolitischen Fragen.

Für die CSU wird es darauf ankommen, bis zur Bundestagswahl 2021 keine solchen konservativen Anliegen in den Vordergrund zu rücken, die in dieser Regierung nicht erfüllbar sind. Denn wenn die CSU etwas fordert, das sie nicht halten kann, wird das die Eliten-Skepsis erhöhen und die AfD stärken. Eine Wiederholung der öffentlichkeitwirksamen CSU-Niederlagen im Winter 2015/16 sind daher unbedingt zu vermeiden. Wie einige Kapitel vorher besprochen, ist es zum Zeitpunkt des Schreibens dieses Textes (Juli 2018) noch nicht absehbar, ob der Streit innerhalb der CDU/CSU über mögliche Zurückweisungen an der deutschen Grenze im Sommer 2018 der CSU genutzt oder geschadet hat. Dies wird davon abhängen, ob es der CDU/CSU gelingt, den erreichten Kompromiss als umsetzbaren konservativen Sieg zu verkaufen, und ob die CSU es schafft, in den verbleibenden Monaten vor der Landtagswahl genug andere Themen hochzuziehen. Unabhängig davon gilt aber, dass die CSU unbedingt davon absehen sollte, allzu scharfe konservative Forderungen aufzustellen, die sich nicht durchsetzen lassen. *Wenn die CSU die AfD auf längere Sicht auf Distanz halten will, muss sie eine Wahlstrategie erarbeiten, die mehrere Jahre vorausdenkt und das langfristige nationale Interesse im Auge hat.*

Für die CDU hingegen wird es darauf ankommen, den konservativen Flügel gerade auf Bundesebene wieder mehr zu Wort kommen zu lassen. Nur so werden Teile der 45 Prozent der globalisierungsskeptischen Wähler wieder ihr Kreuz bei der CDU machen. Für die größere Unionspartei gilt das Gleiche wie für die CSU: nur das fordern, was umsetzbar ist, und auf keinen Fall aus kurz- oder mittelfristigen wahltaktischen Motiven heraus Thesen aufstellen, die dem langfristigen nationalen Interesse gänzlich widersprechen.

Die Prozesse, die schließlich zum Austritt Großbritanniens aus der EU führten, gingen auf eine massive und allzu kurzfristige Fehlkalkulation des Vorsitzenden der britischen Konservativen David Cameron zurück. *Die CDU muss vermeiden, dass solch ein Cameron-Moment in einigen Jahren in deutschen Geschichtsbüchern steht.* Beim Wiederaufbau des konservativen Flügels ist aber sehr darauf zu achten, dass er nicht gegen den Widerstand, sondern vielmehr in Zusammenarbeit mit den progressiven Kräften der Partei abläuft. Nur so kann langwieriger interner Streit verhindert werden, der wiederum das Vertrauen in die Regierungskompetenz der CDU verringern würde. Die CDU muss eine tiefgreifende Entfremdung der Wähler von ihrem Spitzenpersonal unbedingt verhindern. Der Aufstieg der AfD geht schließlich auf den nicht zu kittenden Konflikt zwischen Horst Seehofer (CSU) und Angela Merkel (CDU) zurück.

Auf die SPD kommt eine schmerzhafte Aufgabe zu: Sie muss verhindern, den offenen Konflikt mit der CDU/CSU in identitätspolitischen Fragen zu suchen. Denn wenn sie das täte, würde sie einen *Bürgerlichen Kompromiss* verhindern und identitätspolitische Fragen im Wahlkampf aufkommen lassen. Beides würde die AfD stärken und die SPD weiter schwächen. Die SPD-Spitze muss daher ihrem progressiven Flügel, der sich für eine multikulturelle Gesellschaft und eine humanitäre Zuwanderungspolitik einsetzt, überzeugen, sich zurückzuhalten. Öffentlichkeitswirksame Siege progressiver Kräfte gegen die Konservativen in der Union (und auch gegen konservative Kräfte in der eigenen Partei) würden noch mehr Wähler zur AfD führen. Und dies würde politische Prozesse lostreten, die die SPD atomisieren und progressive Anliegen auf Jahrzehnte hinaus beinahe unmöglich machen würden.

Die SPD muss die progressiven Pyrrhussiege ihrer europäischen Schwesterparteien, die erheblich zum Aufstieg von Rechtspopulisten beitrugen, unbedingt vermeiden. Sie muss stattdessen darauf hinwirken, dass sozial- und wirtschaftspolitische Debatten wieder die nationale Agenda bestimmen. Denn gerade hier haben die Sozialdemokraten die besten Wahlchancen. Und die SPD hat gegenwärtig noch mehrere Jahre Zeit, sich auf den nächsten Bundestagswahlkampf vorzubereiten und eine strategische Reflexion, die nötigen parteiinternen Abstimmungen und die Entwicklung praktikabler Strategien in Angriff zu nehmen.

Das bedeutet nicht, dass die SPD ihre progressive identitätspolitische Agenda vergessen soll! Die SPD darf natürlich weiterhin für die Interessen erwerbstätiger Frauen, Homosexueller und Mitbürger mit Migrationshintergrund eintreten. Aber sie muss darauf achten, dass dies nicht zum Leitnarrativ ihrer Politik wird. Denn diese Themen sind viel zu weit weg von den Alltagsproblemen der wahlentscheidenden Bevölkerungsschichten. Um wieder als Anwalt der täglichen

Probleme breiter Wählerschichten wahrgenommen zu werden, dürfen nicht die Partikularinteressen von bestimmten sozialen Gruppen im Mittelpunkt stehen, sondern vielmehr das Gesamtinteresse der leistenden, arbeitenden und untereinander solidarischen Schicht. In den Fokus gehören also nicht die Themen Minderheitenschutz, Frauenrechte und eine progressive Weltordnung, sondern Arbeitnehmerschutz, Wirtschafts- und Sozialstaatsreformen und lokale Daseinsvorsorge. Die Studie *Rückkehr zu den politisch Verlassenen* von Johannes Hillje und dem Progressiven Zentrum liefert hier sehr bedenkenswerte Impulse.[1] *Die SPD muss daher ihren progressiven Kräften nahebringen, dass es langfristig gerade in ihrem Interesse liegt, kurzfristig – also im Verlauf medienwirksamer parteipolitischer Konflikte über Identitätspolitik – zurückzustecken.*

Dies ist vielleicht für globalisierungsfreundliche Progressive das größte politische Paradox und die dickste politische Kröte: *Solange Horst Seehofer, Alexander Dobrindt und Jens Spahn von Vorschlägen absehen, die dem langfristigen nationalen Interesse diametral widersprechen, sind ihre öffentlichkeitswirksamen Siege in parteipolitischen Konflikten über Identitätspolitik in den Jahren vor der nächsten Bundestagswahl wohl das Beste, was dem liberalen Deutschland passieren kann.* Nach den medienwirksamen *Bürgerlichen Kompromissen*, in denen die konservativen Kräfte in den Volksparteien eine gute Figur machen, sollte eine leidenschaftliche Polarisierung zwischen CDU/CSU und SPD in sozial- und wirtschaftspolitischen Fragen den Wahlkampf 2021 einläuten.

Und nun?

Nach dem Lesen dieses Kapitels mag sich mancher Leser fragen, was davon zu halten ist, dass den deutschen Konservativen in den nächsten Jahren so viel Einfluss zuteilwerden könnte. Genau diese Frage stelle ich mir selbst seit vielen Jahren. Aus zwei Gründen halte ich diese Entwicklung für unumgänglich. Auf der einen Seite liegt es wohl schlicht an der den Volksparteien jeweils zugeschriebenen Themenkompetenz: Sozialdemokraten steigen in der Wählergunst, wenn Sozial- und Arbeitsmarktpolitik wichtig werden, Christdemokraten und Konservative, wenn Identitätspolitik im Vordergrund steht – so wie es aktuell der Fall ist. Dass die CDU/CSU und die Konservativen in der SPD in den kommenden drei Jahren etwas mehr Diskursmacht besitzen sollen, sehe ich daher relativ leidenschaftslos. Sobald wir in eine Wirtschaftskrise rutschen – die so sicher ist wie das Amen in der Kirche –, könnte die SPD (und vor allem ihr linker Flügel) sich mit ihrer Sozial- und Arbeitsmarktkompetenz wieder ganz vorne aufstellen. Die aktuellen Nachteile der progressiven Parteien, die dringend wieder den Themenschwenk hin zur Sozial- und Wirtschaftspolitik brauchen, beschreibt gerade der amerikanische Politikwissenschaftler Mark Lilla in seinem in den USA sehr bekanntem Büchlein *The Once and Future Liberal* sehr überzeugend.

Zweitens: Die Diskursmacht der CDU/CSU und der Konservativen in der SPD geht mit einer großen Verantwortung einher, doch fallen mir in den letzten dreißig Jahren westlicher Parteipolitik leider allzu viele Beispiele dafür ein, dass Konservative an dieser Verantwortung scheiterten, statt sie zum Wohle des Landes zu nutzen. Der amerikanische Publizist E. J. Dionne Jr. beschreibt in seinem Buch *Why the Right Went Wrong* sehr eindringlich, welche kapitalen Fehler die US-amerikanischen Konservativen im Umgang mit identitätspolitischen Fragen machten. Und nun sitzt Donald Trump im Weißen Haus. Daher muss man einfach festhalten, dass die Konservativen in Deutschland in den kommenden Jahren zwar mehr Macht, aber auch ungleich mehr Verantwortung auf ihren Schultern liegen haben.

Die Volksparteien haben in den nächsten drei Jahren die fantastische Möglichkeit, aus den außenpolitischen Herausforderungen, die wir kaum beeinflussen können, eine große innenpolitische Chance zu kreieren. Dies ist vielleicht die beste und leider vielleicht auch letzte Chance, der Entfremdung globalisierungsskeptischer Wähler von den Volksparteien entgegenzutreten. Wenn die nächsten drei Jahre weder medienwirksame *Bürgerliche Kompromisse* in identitätspolitischen Fragen (Außen-, Europa- und Migrationspolitik) noch eine Polarisierung der Volksparteien in wirtschafts- und sozialpolitischen Fragen mit sich bringen, wird die AfD bald denselben destruktiven Einfluss haben wie Rechtspopulisten anderer Staaten.

Wie groß die Aussichten darauf sind, einen neuen *Bürgerlichen Kompromiss* zu schmieden, wurde mir klar, als ich ein Buch eines Briten über Deutschland las. Der Historiker Neil MacGregor erzählt in dem sehr kurzweiligen *Deutschland. Erinnerungen einer Nation* viele Geschichten, die das Verbindende unserer Gesellschaft unterstreichen. Vermutlich haben wir Deutschen einfach zu gut gelernt, zu dekonstruieren und auseinanderzudividieren, darüber aber vergessen, etwas zusammenzubringen und Gemeinsamkeiten zu finden. Wir haben verlernt, eine gute Geschichte zu erzählen, die uns verbindet. Ich hoffe, dass die oben skizzierten *Bürgerlichen Kompromisse* in den nächsten Jahren dazu beitragen, dieses Land mittel- und langfristig zusammenzuhalten.

Nachwort

Die Prozesse, die ich in diesem Buch beschrieben habe, betreffen nicht nur Spitzenpolitiker, Parteistrategen und Medienschaffende. Denn Politik ist im besten Falle nichts anderes als die Spiegelung der Lebenswelten, Wünsche und Sorgen der Bürger eines Landes. Es liegt also nahe, dass das wichtigste Thema dieses Buches den meisten Lesern wohlbekannt vorkommt: *die Hoffnungen und Enttäuschungen bei der alltäglichen Suche nach Anerkennung.* So wie die vermeintlich große Politik oft höchst menschlich ist, ist unsere tägliche Lebenswelt oft sehr politisch. Somit kann jeder seinen Teil dazu beitragen, dass die Entfremdung der globalisierungsskeptischen Wähler von unseren Volksparteien nicht noch größer wird. Die Folgen wären für die Berliner Republik katastrophal. Die letzten Seiten dieses Buches möchte ich daher darauf verwenden, Leitgedanken zusammenzufassen und daraus Denkanstöße für jedermanns Alltag abzuleiten.

Viele politische Abläufe erfordern ein Um-die-Ecke-Denken: Eine Taktik, die kurzfristig Erfolg verspricht, ist langfristig eine große strategische Hypothek. Der Sieg in einer politischen Schlacht führt vielleicht geradewegs in eine viel größere Niederlage. Ein politischer Gegner ist oft genug in Wahrheit mein Alliierter. Es geht also darum, die langfristigen Folgen von politischen Entwicklungen zu bedenken. Entscheidend ist weniger, was morgen passiert, sondern in welcher Welt wir die kommenden Jahrzehnte leben wollen. Das bedeutet nicht, dass jeder ein großer Parteistratege werden soll, ganz im Gegenteil. Es ist vielmehr eine Bitte um mehr

Besonnenheit und Zurückhaltung bei der Beurteilung von politischen Ereignissen. Gerade progressive Kräfte müssen verstehen, dass sie mit leidenschaftlichen, aber langfristig nicht durchdachten Aktionen das Vertrauen in die Volksparteien weiter schwächen und eine antiliberale Politik immer wahrscheinlicher machen.

In seinem fantastischen Buch *Die Angstmacher* beschreibt Thomas Wagner an konkreten Beispielen, wie die Neue Rechte die politischen Mechaniken genau studiert hat und zu ihren Gunsten zu nutzen weiß. Rechtspopulistische Provokationen entfalten erst dadurch ihre Wirkmacht, dass progressive Kräfte (Wagner erwähnt die Grünen, Teile der SPD, progressive Leitmedien und im Kulturbereich das Gorki-Theater in Berlin) exakt so reagieren, wie von den Neuen Rechten vorausgesehen.[1] Ebenso verhält es sich mit zeitgenössischer Parteipolitik. Progressive Leser mögen verstehen, dass das, was im progressiven Gewand daherkommt, sich zu einem fürchterlichen Bumerang entwickeln kann: Der Wahlsieg einer Partei in einem europäischen Nachbarstaat, die uns sehr progressiv erscheint, könnte die gesamte Außenpolitik der Bundesrepublik auf den Kopf stellen. Man denke nur an die Wahlsiege von Linkspopulisten in Südeuropa, die im progressiven Kleid daherkamen, aber de facto mit antideutschen und antieuropäischen Kampagnen mobilisierten.

Ein gemeinsames Zeichen der Volksparteien, dass sie globalisierungsskeptische Wähler vor allzu raschem sozialen Wandel beschützen wollen, liegt im fundamentalen Interesse von progressiven Globalisierungsfreunden. Denn die 45 Prozent der Globalisierungsskeptiker könnten mittelfristig viel einflussreicher sein als die übrigen 55 Prozent, obwohl sie weniger sind. Denn sie vermögen es, die politischen Mechanismen loszutreten, die zu einer langfristigen Polarisierung in identitätspolitischen Fragen führen. In einem Debattenklima, das wir gerade in den USA und Großbritannien sehen, wird keiner mehr glücklich; dann hassen wir unsere Nachbarn und sind nicht in der Lage, die politischen Kompromisse zu erzielen, die unser Land braucht, um zukünftigen Anforderungen gewachsen zu sein. Stattdessen beginnen wir einen gewaltlosen Bürgerkrieg und nehmen Kurs auf eine nationalistische Außenpolitik mit unkalkulierbaren Folgen.

Die mit den hehrsten Motiven begonnene progressive Kampagne für mehr Flüchtlingsschutz, Minderheitenrechte und europäische Kooperation kann sich als die größte Wahlkampfhilfe für die AfD herausstellen, wenn sie zu öffentlichkeitswirksamen Niederlagen konservativer Kräfte führt. Umgekehrt könnten gerade Horst Seehofer, Alexander Dobrindt und Jens Spahn zu Bewahrern eines liberalen Deutschlands werden. Ja, Sie haben richtig gelesen. Konservative Kräfte können durch öffentlichkeitswirksame Siege in identitätspolitischen Debatten die Wählerschichten binden, die sonst zur AfD wechselten. *Gerade progressive Wähler sollten die konservativen Protagonisten in der CDU/CSU und der SPD nicht in Bausch und Bogen verdammen.*

Daraus folgt, dass wir uns alle im Alltag mit allzu vorschnellen Moralurteilen zurückhalten sollten, besonders dann, wenn Sie, werter Leser, sich auf der progressiven Seite des Spektrums verorten. Progressive Überreaktionen gegenüber konservativen Anliegen (Moralisierung plus »Nazi-Keule«) führt dazu, dass sich Ihr konservatives Gegenüber von Ihnen abwendet und im schlimmsten Fall der Kraft zuwendet, die Sie als größten politischen Gegner betrachten. Die progressiven Flügel von SPD und CDU sollten sehr bedächtig und mit strategischer Weitsicht auf konservative Vorschläge aus ihren Parteien reagieren. Und genauso sollte sich jedermann auch im privaten Kreis verhalten. Fragen Sie doch erst einmal nach, versuchen Sie ihr Gegenüber zu verstehen und nehmen Sie ihn oder sie als akzeptablen Gesprächspartner wahr, obwohl er oder sie nicht die *Süddeutsche Zeitung* liest oder die Grünen wählt und außerdem findet, dass es nun mal reicht mit den Flüchtlingen. Wenn Sie das tun, steigt die Wahrscheinlichkeit enorm, dass man Ihnen selbst auch dann zuhören wird, wenn Sie darauf hinweisen, dass Ihr Gegenüber sich an mancher Stelle mit verfassungsfeindlichen und antidemokratischen Akteuren und Denkweisen gemein macht.

Das Gleiche gilt natürlich auch für konservative Leser. Ihr Gegenüber will wahrscheinlich Deutschland nicht abschaffen, obwohl er oder sie Claudia Roth oder Ralf Stegner gut findet. Wahrscheinlich haben Sie viel mehr gemeinsam, als Sie trennt. Und wenn Sie sich dabei auf die Zunge beißen müssen, denken Sie an das wunderbar weise Bonmot aus *Der große Gatsby:* »Wann immer Dir danach ist, jemanden zu kritisieren, denk daran, dass niemand so viele Vorteile im Leben hatte wie Du.« Ihre vermeintliche argumentative Überlegenheit ist ein Zeichen großer Privilegien. Und es gibt keinen besseren Grund, höflich zu sein, als sich an die eigene Stärke zu erinnern. *Weniger kurzsichtige Empörung, mehr strategische Besonnenheit sind daher angebracht, auch im Alltag.*

Ebenso warne ich vor dem Versuch, hochemotionale politische Debatten allein mit Sachlogik zu bestreiten. Wer sein aufgewühltes Gegenüber für sich und seine Sache gewinnen will, kann mit reiner Vernunft nicht punkten. Gegen Emotionen können nur Emotionen bestehen. Bevor wir hierzu aber fähig sind, brauchen wir erst ein Verständnis der Gefühlswelt unseres Gegenübers. Und das bedeutet vor allem eines: *zuhören.* Ganz lange nichts sagen, nur still dasitzen und sich anhören, was unseren Gesprächspartner umtreibt. Erst in einem zweiten Schritt kommt dann der Austausch über unterschiedliche politische Ansichten, dann in einem dritten vielleicht der Versuch, das Gegenüber zu überzeugen. Aber meine Erfahrung zeigt, dass allein der erste Schritt schon Wunder wirkt. Das bedeutet allerdings nicht, dass man diese Strategie gegenüber allen Sympathisanten der AfD anwenden könnte oder sollte. Es gibt in Deutschland eine substanzielle Zahl von Bürgern, die sich aus dem demokratischen Spektrum verabschiedet haben beziehungsweise nicht bereit sind, den Modus haarsträubender Beschimpfungen und Verschwörungstheorien zu verlassen. Wenn Sie nach einigen Versuchen merken, dass Ihr Gegenüber zu dieser Kategorie zählt, lassen Sie es gut sein. Aber nach meiner Erfahrung ist das der deutlich geringere Teil derer, die sich über die Bundespolitik echauffieren. Natürlich habe ich leicht reden, werde ich doch kaum persönlich angegriffen. Wäre ich ein Flüchtling oder einer der verachteten Politiker und Journalisten, ginge es mir sicher anders. Dennoch wäre es vielleicht einen Versuch wert: *Sparen wir uns doch erst einmal das Moralisieren und die Sachargumente und reagieren wir auf andere Meinungen zuerst mit Demut und Empathie.*

Demut und Empathie sind auch deshalb besonders hilfreich, weil in Deutschland sehr viele sehr unterschiedliche Lebenswelten zu Hause sind. Und dabei meine ich nicht einmal Bürger mit und ohne Migrationshintergrund oder Progressive und Konservative. Es gibt die Reichen und die Armen. Die Städter und die Dörfler. Die Akademiker und die Arbeiter. Den Westen und den Osten. Den Norden und den Süden. Die Extrovertierten und die Introvertierten. Die Homosexuellen und die Heterosexuellen. Männer und Frauen. Alte und Junge. Dicke und Dünne. Und alle dazwischen. Diese Liste ließe sich beinahe unendlich fortsetzen.

Mein Punkt ist, dass dieses Land so viele unterschiedliche Lebens-, Denk- und Gefühlswelten in sich vereinigt, dass die

Lösung für ein politisches Problem niemals nur einer oder zwei politischen Gruppen passen kann. Eine politische Lösung, die den Grünen fantastisch vorkommt, kann kaum die CSU überzeugen. Eine Idee, die in Köln und Hamburg großen Applaus hervorruft, irritiert wahrscheinlich das Dorf in Sachsen und Bayern. Als ich noch beim German Marshall Fund (GMF) arbeitete, ist mir dieses Problem in einer Diskussion um deutsche Außenpolitik bewusst geworden. Wir saßen in einer Gruppe von vielleicht zwanzig Akademikern am Tisch und beratschlagten. Alle hatten studiert, sprachen mehrere Sprachen fließend, hatten lange Zeit im Ausland gelebt und verdienten gut. Nach einigen Stunden leidenschaftlicher Diskussion kamen wir irgendwann bei einer uns als sinnvoll erscheinenden außenpolitischen Strategie an. Und da ist es mir wie Schuppen von den Augen gefallen: Wenn diese Idee gut ausgebildeten, weltzugewandten, wohlhabenden Akademikern so gut gefällt, dann ist sie wahrscheinlich eine für den Papierkorb. Denn keiner von uns konnte für die vielen Gesellschaftsschichten sprechen, welche diese Politik betreffen würde. Wenn wir wenigstens einige große Zweifler in der Runde gehabt hätten, wäre dies ein Indiz dafür gewesen, dass dort nicht eine homogene Gruppe Politik für ihre Denkwelt machte. Aber so war klar, dass wir nicht Teil der Lösung, sondern Teil des Problems waren. So würden wir keine politischen Vorschläge erarbeiten, die in der Lage wären, das Vertrauen breiter Bevölkerungsschichten zu gewinnen. *Hieraus folgt, dass jede Lösung, die Sie und Ihren wohl eher homogenen Freundeskreis überzeugt, mit hoher Wahrscheinlichkeit auf gar keinen Fall im nationalen Interesse liegt!*

Vielmehr würde ein Vorschlag, der in Ihrem Freundeskreis gleichermaßen Unterstützer und Skeptiker findet, schon eher geeignet sein, dem Land einen Gefallen zu tun. Oder wenn Sie sich in Kreisen aufhalten, die aufgrund ihrer

Zusammensetzung viele Gesellschaftsschichten umfassen und Sie dort eine Kompromisslösung finden, ist diese wahrscheinlich gut für Deutschland. Die Schriftstellerin Maria von Ebner-Eschenbach hat es auf den Punkt gebracht: »Von denen, die immer Deiner Meinung sind, kannst Du nichts gewinnen.«

Wir müssen daher versuchen, möglichst viele Standpunkte in unser Denken und Fühlen miteinzubeziehen. Das gilt für Entscheider im Besonderen. Wissenschaftler sollten ein paar Jahre in die Politik gehen, um das Denken und die Zwänge der Politiker besser nachvollziehen zu können, Politiker eine längere Zeit wieder einen normalen Beruf ausüben, um das »echte Leben« und die Alltagssorgen zu erleben. Denn natürlich muss ein *Bürgerlicher Kompromiss* von der SPD bis zur CSU möglichst viele unterschiedliche Standpunkte miteinbeziehen. Das gilt auch für jene am Stammtisch, auf dem Dorf in Brandenburg, in den Redaktionen deutscher Leitmedien, im Segler-Klub in Hamburg, in den Planungsgruppen im Kanzleramt, bei den Fußballabenden mit Freunden sowie in den Theatergruppen der deutschen Großstädte: *Je homogener die Gruppe, desto wahrscheinlicher, dass sie ihre Ideen nicht als die Lösung für alle verkaufen sollte. Denn genau die Kompromissfähigkeit zwischen sehr verschiedenen Interessensgruppen war es schon immer, die Deutschland so stark machte.*

Dieses Buch betont die Entscheidungen von Spitzenpolitikern und Parteistrategen. Es sind in den Gesellschaften keine tektonischen Superkräfte, wie zum Beispiel ein immer stärker werdender Antielitismus oder »die Globalisierung«, am Werke. Sie setzen vielleicht die Rahmenbedingungen, aber was daraus wird, entscheiden immer noch Menschen. Die alte Frage, was Politik bestimmt – die Institutionen oder die Menschen –, findet bezüglich zeitgenössischer Parteipolitik eine klare Antwort: Es sind die entscheidenden Menschen in den entscheidenden Institutionen. Es sind die Minister und die Planungsstäbe in den Ministerien. Es sind die Redakteure in den Redaktionen. Es sind die Bürgermeister in den Städten, die Abgeordneten in ihren Wahlkreisbüros. Aber es kommt nicht nur auf die Politiker und die Journalisten an. Jeder Einzelne von uns kann einen wichtigen Beitrag zur erfolgreichen Gestaltung unserer Zukunft leisten.

Mein Appell ist: Glauben Sie nicht, die Dinge würden sich über unsere Köpfe hinweg entscheiden. Im Gegenteil – wir bestimmen den zwischenmenschlichen Umgang, nach dem sich unsere Politiker richten müssen. Unser Land, unsere Gesellschaft stehen vor existenziellen Bedrohungen von innen und außen, und wir können alle daran mitwirken, diese Herausforderungen zu meistern. Dies gelingt aber nicht durch kurzsichtige Empörung, sondern durch in sich ruhende Besonnenheit. Es gelingt nicht durch Moralisierung und Sachargumente, sondern durch Demut und Empathie. Und es gelingt nicht durch Ideen, die für einen selbst gut klingen, sondern vielleicht gerade mithilfe der Vorschläge, die uns Bauchschmerzen machen.

Ich weiß, dass man im eigenen Freundeskreis und vor allem in Parteien besonders leicht dadurch punktet, indem man sagt, was alle hören wollen. Deswegen klatschen alle in der SPD, wenn es um Minderheitenschutz geht, und alle bei der CSU, wenn es um Grenzschutz geht. Allein, dadurch wird kein Problem gelöst! Gerade der Vorschlag, der in der SPD oder in der CSU oder in ihrem homogenen Freundeskreis auf viel Beifall stößt, wird dem Land wohl kaum weiterhelfen. Denn wir müssen das ganze Land, nicht eine kleine Gruppe überzeugen! Meine Einladung an den Leser ist es daher, sich über die Möglichkeiten bewusst zu sein, die jeder Einzelne im Alltag hat, *als Brückenbauer* tätig zu werden.

Dafür müssen Sie nicht Minister oder Chefredakteur sein. In jedem Gespräch können Sie einen bleibenden Eindruck hinterlassen, der diesem Land guttut. *Vertiefen Sie nicht die Gräben in dieser Gesellschaft, helfen Sie mit, sie zuzuschütten. Werden Sie Teil der Lösung, packen Sie mit an! Was passiert, wenn selbst der familiäre Alltag von politischen Gräben durchzogen wird, können Sie in den USA besichtigen.*

Eigentlich ist Deutschland, wohl zum ersten Mal in seiner Geschichte, vom Glück geküsst. Unsere Wirtschaft gehört zu den wenigen weltweit, die es geschafft haben, sich ohne massive soziale Verwerfungen auf die Globalisierung einzustellen. Unsere langsam wieder wachsenden Geburtenraten und die Zuwanderung über die letzten Jahre könnten verhindern, dass uns eine ähnliche Vergreisung und der dazugehörige Kollaps der Sozialsysteme drohen wie Japan. Unsere nächsten Nachbarn sind Freunde und die Europäische Union garantiert seinem »deutschen Herz« (Angelo Bolaffi) einen noch weiter gefassten Ring aus Verbündeten.

Auch haben wir das große Glück, dass uns die innenpolitische Zersetzung, die wir aus anderen Staaten kennen, noch nicht heimgesucht hat. Populistische Kräfte stehen bei uns noch in den Startlöchern und haben ihr Gift noch nicht derart verbreiten können wie in den Ländern, über die wir uns morgens bei der Zeitungslektüre die Augen reiben. Mehr noch, wir können aus den Fehlern unserer Nachbarn im Umgang mit der Entfremdung zwischen Bürgern und etablierten Spitzenpolitikern und Meinungsmachern lernen. Und unsere deutschen Nationalnarrative erlauben es uns, eine Stabilität im Wandel zu leben, die das Land zusammenbringen kann.

Was für ein großes Glück dies alles ist, wird uns erst bewusst, wenn wir realisieren, wie fragil die liberalen Gesellschaftsordnungen sind, in denen wir leben. Donald Trump zertrampelt täglich all das, was die Bundesrepublik groß und lebenswert macht: Minderheitenrechte, sozialer Ausgleich, durchdachte Wirtschaftspolitik, verantwortungsvolle Außenpolitik. Wie rasch man Politik machen kann, die spätere Generationen bitter bezahlen müssen, sehen wir am Brexit. Wie knapp Europa an seiner Implosion vorbeigeschlittert ist, sehen wir an der Tatsache, dass Marine Le Pen in die Stichwahl der französischen Präsidentschaftswahl vordringen konnte. Im Blick auf diese Demokratien wird schnell klar, dass Deutschlands Rolle im Jahr 2018 geprägt ist von zahlreichen Privilegien und günstigen Bedingungen.

Man könnte fast sagen: Wenn man sich als Demokratie eine Problemlage backen müsste, sie sähe ähnlich aus wie Deutschland 2018. Wenn es uns gelingt, die politischen Prozesse aufzuhalten, die anderswo zu Trump, dem Brexit und Marine Le Pen führten, steht diesem Land, dieser Gesellschaft eine großartige Zukunft bevor. Aber machen wir uns klar, dass die nächste Legislaturperiode die entscheidende Phase ist. Nur noch in den nächsten drei Jahren haben die Volksparteien die Chance, globalisierungskritische Wähler wieder an sich zu binden. Wenn die AfD erst einmal bei 20 Prozent im Bundestag konsolidiert ist, werden wir ihre destruktive Wirkung kaum mehr einhegen können. *Unsere Volksparteien und wir als mündige Staatsbürger haben also in den nächsten Jahren noch einen Trumpf auf der Hand. Und der muss stechen.*

Damit dies gelingt, müssen wir uns die nächsten Jahre mit Besonnenheit, Demut und Empathie vor allem Geschichten darüber erzählen, was uns verbindet. Das Pendant zum *Bürgerlichen Kompromiss* auf Bundesebene ist ein zugewandtes Miteinander mit jenen Bevölkerungsgruppen, mit denen wir auf den ersten Blick wenig teilen. Aber auf den zweiten Blick werden wir meist erkennen, dass uns viel mehr verbindet, als uns trennt. Eine Liedzeile in Herbert Grönemeyers »Stück vom Himmel« fasst die Lage der Nation somit treffend zusammen: »*Ein Stück vom Himmel / ein Platz von Gott / ein Stuhl im Orbit / wir sitzen alle in einem Boot / hier ist Dein Heim / dies ist Dein Ziel / Du bist ein Unikat / das sein eigenes Orakel spielt / es wird zu viel geglaubt / zu wenig erzählt.*«

Dank

Alle Menschen aufzuzählen, die mich über all die Jahre mit Rat und Tat unterstützt haben, würde den Rahmen dieser Danksagung sprengen. Alle (ehemaligen) Kollegen, Freunde, Familienmitglieder und Impulsgeber jeglicher Couleur, die ich hier nicht namentlich erwähne, mögen es mir daher bitte verzeihen. Danke für alles!

Einige, die mir über viele Jahre hinweg große Chancen eröffnet haben, will ich dennoch erwähnen. Mein Dank gilt daher nicht nur meiner Agentin Rebecca Göpfert und meinem Lektor Patrick Oelze, sondern reicht weit zurück zu meinem ersten akademischen Mentor, Daniel Chirot, der in unzähligen Gesprächen während meines Studiums an der University of Washington die Grundlagen meines sozialwissenschaftlichen Denkens legte. Mein Dank gilt ferner meinen beiden Doktorvätern Klaus Eder (Humboldt-Universität zu Berlin) und Bernhard Wessels (Wissenschaftszentrum Berlin). Ihre Empathie und ihr Sachverstand halfen mir dabei, die Welt aus den Augen eines wissbegierigen und manchmal übermütigen jungen Forschers zu betrachten. Weil ich dank ihres Einflusses weniger Angst vor dem Stolpern und wissenschaftlicher Rückschläge hatte, genoss ich den Freiraum und die Sicherheit, in der Forschung auch unkonventionelle Wege zu beschreiten. Die drei alten weißen weisen Männer Daniel Chirot, Bernhard Wessels und Klaus Eder haben mir eine Kombination aus beeindruckendem Wissen, Bescheidenheit, Menschlichkeit und zu guter Letzt Lebensweisheit vorgelebt.

Zu meiner Zeit beim German Marshall Fund of the United States (GMF) hatte ich das große Glück, für Daniela Schwarzer (nun Deutsche Gesellschaft für Auswärtige Politik) und mit Astrid Ziebarth arbeiten zu dürfen. Ohne ihr jahrelanges Vertrauen und ihre Freundschaft wäre dieses Buch nicht möglich gewesen. Hier möchte ich mich auch ganz besonders bei einem großen Förderer bedanken, der es mir ermöglicht hat, in der Populismus-Arbeit neue Wege zu beschreiten: Guido Goldman.

Besonderer Dank an Mama, Flo und Christian, die meine Manuskripte mit großer Akribie lasen und mir ihre unzähligen, äußerst hilfreichen Kommentaren zur Verfügung stellten. Zu guter Letzt gilt mein Dank denjenigen, die mir sehr nahestehen, aber viele meiner Ansichten zur politischen Lage sehr kritisch sehen. Gerade weil mir ihr Widerspruch und Unbehagen zu vielen meiner Gedanken seit Jahren den Schlaf rauben, sind sie so wichtig für mich. Mein größter Dank gilt daher Lena, Sebastian und natürlich Vanessa – meiner, wie Mark Lilla es nannte, »loyalen Opposition«.

Anmerkungen

Vorwort

[1] Der Lesbarkeit halber verzichte ich im Buch durchgehend auf gendergerechte Suffixe. Ich meine aber – wenn nicht dezidiert anders angegeben – stets die gesamte Gruppe, unabhängig vom Geschlecht.

Kapitel 1

[1] Bertelsmann Stiftung (2016): Globalisierungsangst oder Wertekonflikt? Wer in Europa populistische Parteien wählt und warum. www.bertelsmann-stiftung.de/de/publikationen/publikation/did/globalisierungsangst-oder-wertekonflikt/ (aufgerufen am 27.7.2018).

[2] Der Spiegel 26/2018: »Ausgerechnet Trumps Wähler werden am stärksten unter seiner Politik leiden«. Interview mit dem US-Ökonomen Summers. www.spiegel.de/plus/larry-summers-ueber-donald-trumps-handelskrieg-trumps-waehler-werden-am-staerksten-leiden-a-00000000-0002-0001-0000-000158024656 (aufgerufen am 8.7.2018).

[3] Alice Weidel, Alternative für Deutschland (21.7.2018): »Aussetzung der Wehrpflicht aufheben«. www.afd.de/alice-weidel-aussetzung-der-wehrpflicht-aufheben/ (aufgerufen am 25.7.2018).

[4] Jakob Augstein, Spiegel Online (18.9.2017): »Angela Merkel. Die Mutter der AfD«. www. spiegel.de/politik/deutschland/bundestagswahl-2017-angela-merkel-die-mutter-der-afd-kolumne-a-1168481.html (aufgerufen am 23.5.2018).

[5] Toralf Staud, Zeit Online (19.4.2017): »AfD – Nach dem Höhenflug«. www.zeit.de/2017/17/afd-literatur-politische-buecher (aufgerufen am 23.5.2018).

[6] Jonathan Haidt (2012): The Righteous Mind. Penguin Books.

[7] Karen Stenner (2010): The Authoritarian Dynamic. Cambridge University Press.

[8] Bertelsmann Stiftung (2016).

[9] Jonathan Haidt (2012).

[10] Der Spiegel 16/2018: »Starres Weltbild«. Interview mit der Soziologin Cornelia Koppetsch, S. 19.

[11] Karen Stenner (2010).

[12] Uwe Jahn, MRD Faktencheck (7.9.2017). www.mdr.de/nachrichten/poli-

tik/inland/faktencheck-ist-bjoern-hoecke-rechtsradikal-100.html (aufgerufen am 25.7.2018); Andreas Kemper, Duisburger Institut für Sprach- und Sozialforschung (2016): »Zur NS-Rhetorik des AfD-Politkurs Björn Höcke«. www.diss-duisburg.de/2016/11/zur-ns-rhetorik-des-afd-politikers-bjoern-hoecke/ (aufgerufen am 25.5.2018).

[13] Spiegel Online (21.6.2017): »SPD zeigt AfD-Politiker Poggenburg an«. www.spiegel.de/politik/deutschland/andre-poggenburg-spd-zeigt-afd-politiker-an-a-1153398.html (aufgerufen am 25.7.2018).

Kapitel 2

[1] Als lesenswerte Beispiele sei verwiesen auf: Karen Stenner (2010) und Jonathan Haidt (2012).

[2] Tagesschau.de: Bundestagswahl 2017, Umfrage Kompetenzen. https://wahl.tagesschau.de/wahlen/2017-09-24-BT-DE/umfrage-kompetenz.shtml (aufgerufen am 25.7.2018).

[3] Heinz Bude (2014): Gesellschaft der Angst. Verlag des Hamburger Instituts für Sozialforschung.

[4] Niklas Luhmann (1987): Soziale Systeme. Grundriß einer allgemeinen Theorie. Suhrkamp.

[5] Tagessschau.de: Grafik Wählerwanderungen 2013. https://wahl.tagesschau.de/wahlen/2013-09-22-BT-DE/analyse-wanderung.shtml (aufgerufen am 3.2.2018).

[6] Tagessschau.de: Grafik Wählerwanderungen 2017. https://wahl.tagesschau.de/wahlen/2017-09-24-BT-DE/wanderung_embed.shtml (aufgerufen am 3.3.2018).

[7] Thilo Sarrazin (2010): Deutschland schafft sich ab. Wie wir unser Land aufs Spiel setzen. DVA.

[8] Jens Rydgren (2004): The logic of xenophobia. Rationality and Society 16 (2): 123–148; Karen Stenner (2010).

[9] Franz Walter, Der Spiegel 26/2018: »Der Grund für die Misere der Sozialdemokraten«. www.spiegel.de/plus/der-grund-fuer-die-misere-der-sozialdemokraten-a-00000000-0002-0001-0000-000158024638 (aufgerufen am 8.7.2018).

[10] Hartmut Rosa (2016): Resonanz. Eine Soziologie der Weltbeziehung. Suhrkamp.

[11] Zygmunt Bauman (2017): Retropia. Polity Books.

[12] Roger Willemsen (2016): Wer wir waren. Zukunftsrede. Fischer Verlag.

[13] Frank Richter (2018): Hört endlich zu! Weil Demokratie Auseinandersetzung bedeutet. Ullstein Verlag.

[14] Bertelsmann Stiftung (2016).

[15] Bertelsmann Stiftung (2018): Vom Unbehagen in der Vielfalt. www.ber-

telsmann-stiftung.de/de/publikationen/publikation/did/vom-unbehagen-an-der-vielfalt/ (aufgerufen am 28.2.2018).

[16] Forschungsgruppe Wahlen: Politbarometer Mai 2018.

[17] Catherine Fieschi et al. (2012): Recapturing the Relectant Radical. How to Win Back Europe's Populist Vote. Counterpoint.

[18] Heinz Bude (2014).

[19] Karen Stenner (2010).

[20] Dani Marinova (2016): Coping with Complexity. How Voters Adapt to Unstable Parties. ECPR Press.

Kapitel 3

[1] Kai Arzheimer (2009): Protest, neo-liberalism or anti-immigrant sentiment: what motivates the voters of the extreme right in Western Europe? Zeitschrift für Vergleichende Politikwissenschaft 2: 173–197; Elisabeth Ivarsflaten (2008): What unites right-wing populists in Western Europe? Re-examining grievance mobilization models in seven successful cases. Comparative Political Studies 41: 3–23.

[2] Timo Lochocki (2017): The Rise of Populism in Western Europe. A Media Analysis on Failed Political Messaging. Springer University Press.

[3] Jens Rydgren (2004): 123–148.

[4] Tim Bale (2008): Politics matters: a conclusion. Journal of European Public Policy 15 (3): 453–464.

[5] Timo Lochocki (2017).

[6] Simon Bornschier (2012): Why a right-wing populist party emerged in France but not in Germany: cleavages and actors in the formation of a new cultural divide. European Political Science Review 4 (1): 121–145.

[7] Ebd.; Elisabeth Ivarsflaten (2008); Bonnie Meguid (2005): Competition between Unequals: The Role of Mainstream Party Strategy and Niche Party Success. American Political Science Review 99 (3): 347–359.

[8] Eine detaillierte Ausführung der kommenden vier Beispiele findet sich in Timo Lochocki (2017).

[9] Der Film *Wir sind jung, wir sind stark* setzt den Gründen und den Folgen des Kollapses der staatlichen Ordnung in Rostock-Lichtenhagen ein schrecklich beklemmendes und daher unbedingt sehenswertes cineastisches Denkmal.

[10] Dieses Gesetz wird nach der Bundestagswahl im September 2002 im Dezember 2002 aufgrund des unklaren Abstimmungsverhaltens des Landes Brandenburg durch das Bundesverfassungsgericht aber wieder annulliert. Als das Zuwanderungsgesetz vom März 2002 im Sommer 2004 wieder verhandelt wird, lassen die beiden Verhandlungsführer – Bundesinnenminister Otto Schily (SPD) und der bayerische Innenminister Gün-

ther Beckstein (CSU) – kaum eine Gelegenheit verstreichen, ihre gegenseitige Wertschätzung und Übereinstimmung zu betonen.

Kapitel 4

[1] Forschungsgruppe Wahlen: Politbarometer Juli 2017 II.
[2] Robin Alexander (2017): Die Getriebenen. Merkel und die Flüchtlingspolitik. Siedler Verlag.
[3] Karen Stenner (2010).
[4] Timo Lochocki (2017).
[5] Marsdal Magnus (2008): FRP-Koden. Hemmeligheten bak Fremksrittspartiets suksess. Forlaget Manifest.
[6] Stephan-Andreas Casdorff, Tagesspiegel vom 15.3.2016: »Schlecht gebrüllt Löwe!«. www.tagesspiegel.de/politik/seehofers-kritik-an-merkel-schlecht-ge bruellt-loewe/13321924.html (aufgerufen am 22.5.2018).

Kapitel 5

[1] Tormato Di Tella (2007): Populism into the twenty-first century. Government and Opposition 32 (2): 191–193.
[2] Antonis Ellinas (2010): Playing the Nationalist Card. The Media and the Far Right. Oxford University Press; Malisa Zobel (2017): The Impact of Radical Right Parties on Immigration in Liberal Democracies 1980–2013. Unpublished Dissertation. Europa-Universität Viadrina.
[3] Für eine Zusammenfassung dieser Debatten schauen Sie gerne in die ersten Kapitel meiner Dissertation.
[4] Timo Lochocki (2017).
[5] Martin Michelot, Martin Quencez, Timo Lochocki (2017): The rise of the front national. Taking stock of ten years of French mainstream politics. GMF Europe Policy Paper 1. www.gmfus.org/publications/rise-front-national-taking-stock-ten-years-french-mainstream-politics (aufgerufen am 6.3.2018).
[6] Tilman Steffen, Zeit Online (23.8.2017): »Nicht nur die kleinen Leute«. www.zeit.de/politik/deutschland/2017-08/afd-waehler-terrorbekaempfung-integration (aufgerufen am 25.7.2018).
[7] YouGov Political Research (2017): Anatomie der AfD. Das Innenleben der AfD-Wählerschaft. https://d25d2506sfb94s.cloudfront.net/r/52/YouGov_Par tei-Anatomie_AfD.pdf (aufgerufen am 24.7.2018).
[8] Tagesschau.de: Umfragen zur AfD. https://wahl.tagesschau.de/wahlen/ 2017-09-24-BT-DE/umfrage-afd.shtml (aufgerufen am 24.7.2018).
[9] Thomas Block, SWP (22.2.2018): »AfD-Wähler weder arm noch arbeitslos«. www.swp.de/politik/inland/afd-waehler-weder-arm-noch-arbeitslos-24847188.html (aufgerufen am 24.7.2018).
[10] Simon Bornschier (2010): The new cultural divide and the two-dimen-

sional political space in Western Europe. West European Politics 33 (3): 419–444.

[11] Timo Lochocki (2017).

[12] Thomas Wagner (2017): Die Angstmacher. 1968 und die Neuen Rechten. Aufbau Verlag.

[13] Andreas Kemper, Duisburger Institut für Sprach- und Sozialforschung (2016): »Zur NS-Rhetorik des AfD-Politikers Björn Höcke«. www.diss-duisburg.de/2016/11/zur-ns-rhetorik-des-afd-politikers-bjoern-hoecke/ (aufgerufen am 25.5.2018).

[14] Cicero.de: »Gauland verteidigt Höckes rassistische Äußerungen«. www.cicero.de/innenpolitik/afd-alexander-gauland-verteidigt-rassistische-aeusserungen-von-bjoern-hoecke (aufgerufen am 5.3.2018).

[15] Markus Wehner und Eckart Lohse: »Gauland beleidigt Boateng«. www.faz.net/aktuell/politik/inland/afd-vize-gauland-beleidigt-jerome-boateng-14257743.html (aufgerufen am 24.7.2018).

[16] Pappas S. Takis (2015): Modern Populism: Research Advances, Conceptual and Methodological Pitfalls and Minimal Definition. In: Oxford Research Encyclopedia of Politics. Oxford University Press. http://politics.oxfordre.com/view/10.1093/acrefore/9780190228637.001.0001/acrefore-97 80190228637-e-17 (aufgerufen am 5.3.2018).

[17] Justus Bender (2017): Was will die AfD? Eine Partei verändert Deutschland. Pantheon Verlag, S. 41.

[18] Melanie Amann (2017): Angst für Deutschland. Die Wahrheit über die AfD: wo sie herkommt, wer sie führt, wohin sie steuert. Droemer Verlag; vgl. Bender (2017).

[19] Tagessschau.de: Grafik Wählerwanderungen 2017. https://wahl.tagesschau.de/wahlen/2017-09-24-BT-DE/wanderung_embed.shtml (aufgerufen am 3.3.2018).

[20] Ebd.

[21] Forschungsgruppe Wahlen: Politbarometer September 2017 III.

[22] Forschungsgruppe Wahlen: Politbarometer April 2017 II.

[23] Tagesschau.de: Umfragen Wähler nach Altersgruppen. https://wahl.tagesschau.de/wahlen/2017-09-24-BT-DE/umfrage-alter.shtml (aufgerufen am 24.7.2018).

[24] Kai Arzheimer (2017): Electoral sociology – who votes for the Extreme Right and why – and when? In: The Populist Radical Right – A Reader (Edited by Cas Mudde). Routledge, S. 277–289.

[25] Tjitske Akkerman und Anniken Hagelund (2007): »›Women and children first‹. Anti-immigration parties and gender in Norway and the Netherlands«. Pattern of Prejudice 41 (2): 197–214.

[26] Thomas Block, SWP (22.2.2018): »AfD-Wähler weder arm noch arbeits-

los«. www.swp.de/politik/inland/afd-waehler-weder-arm-noch-arbeitslos-24 847188.html (aufgerufen am 24.7.2018).

[27] Kai Arzheimer (2009); Elisabeth Ivarsflaten (2008).

[28] Für einen detaillierten Einblick über die Genese der Flüchtlingspolitik der Bundesregierung: Robin Alexander (2017).

[29] Tagesschau.de: Umfragen Wähler nach Altersgruppen. https://wahl.tagesschau.de/wahlen/2017-09-24-BT-DE/umfrage-afd.shtml (aufgerufen am 24.7.2018).

[30] Jasper Muis (2012): Pim Fortuyn. Evolution of a Media Phenomenon. Ridderkerk.

[31] Forschungsgruppe Wahlen: Politbarometer April 2017 II.

[32] Der Spiegel 9/2018: »Journalismus: Ausgerechnet die gesellschaftliche Mitte wendet sich von den sogenannten Mainstream-Medien ab.« https://magazin.spiegel.de/SP/2018/9/155969264/index.html?utm_source=spon&utm_campaign=centerpage (aufgerufen am 7.3.2018).

[33] Antonis Ellinas (2010).

[34] Sebastian Schelter et al. (2016): Structural Patterns in the Rise of Germany's New Right on Facebook. https://pdfs.semanticscholar.org/009c/86a392524fb33e6fe4af305a3f59ffcab4b0.pdf (aufgerufen am 10.8.2018).

[35] Timo Lochocki, Zeit Online (29.7.2017): »Bundestagswahl – Linke als unfreiwillige Wahlhelfer der Rechten«. www.zeit.de/politik/deutschland/2017-07/bundestagswahl-populismus-afd-parteien-liberalismus (aufgerufen am 7.3.2018).

[36] Manfred Güllner, Die Welt (29.1.2018): »Politik für Randgruppen ist kaum gefragt«. www.welt.de/debatte/kommentare/article172984300/SPD-in-der-Krise-Politik-fuer-Randgruppen-ist-kaum-gefragt.html (aufgerufen am 24.7.2018).

[37] Mark Lilla (2017): The Once and Future Liberal. After Identity Politics. HarperCollins.

[38] J. D. Vance (2016): Hillybilly Elegy. A memoir of a family and culture in crisis. HarperCollins.

[39] Institut Arbeit und Qualifikation der Universität Duisburg-Essen: www.sozialpolitik-aktuell.de/tl_files/sozialpolitik-aktuell/_Politikfelder/Arbeitsmarkt/Datensammlung/PDF-Dateien/abbIV10.pdf (aufgerufen am 24.7.2018).

[40] Timo Lochocki (2018): Germany's Left is Committing Suicide by Identity Politics. Foreign Policy, January 23 (aufgerufen am 6.3.2018).

[41] Elisabeth Ivarsflaten (2005): The vulnerable populist right parties: no economic realignment fuelling their electoral success. European Journal of Political Research 44: 465–492.

[42] Karl Brenke und Alexander S. Kritikos (2017): Wählerschaft der Partei-

en. DIW Wochenbericht 27/2017. www.diw.de/documents/publikationen/73/diw_01.c.562050.de/17-29.pdf (aufgerufen am 8.3.2018).

[43] Didier Eribon (2016): Rückkehr nach Rheims. Suhrkamp, S. 137.

[44] Sarah de Lange (2012): New alliances: why mainstream parties govern with radical right-wing populist parties. Political Studies 60 (4): 899–918.

[45] Tim Bale et al. (2010): If you can't beat them, join them? Explaining social democratic responses to the challenge from the populist radical right in Western Europe. Political Studies 58: 410–426.

[46] Malisa Zobel (2017).

[47] Ferruh Yilmaz (2012): Right-wing hegemony and immigration: how the populist far-right achieved hegemony through the immigration debate in Europe. Current Sociology 60: 368–382.

[48] David Goodhart (2017): The Road to Somewhere. The Populist Revolt and the Future of Politics. Hurstpublishers.

[49] Simon Bornschier (2010): 419–444.

[50] Politico Europe (25.6.2016): »How David Cameron blew it. The behind-the-scenes story of a failed campaign to keep Britain in the European Union«. www.politico.eu/article/how-david-cameron-lost-brexit-eu-referendum-prime-minister-campaign-remain-boris-craig-oliver-jim-messina-obama/ (aufgerufen am 7.3.2018).

[51] Jakob Augstein, Spiegel Online (28.5.2018): »Schluss mit dem AfD-Gekusche!«. www.spiegel.de/politik/deutschland/schluss-mit-der-afd-politik-kolumne-a-1209906.html (aufgerufen am 7.3.2018).

[52] Zeit Online (15.3.2018): »Kaum Angst vor Überfremdung«. www.zeit.de/gesellschaft/2018-03/populismus-deutschland-frankreich-afd-waehler-front-national-europa-studie; Manfred Güllner, Die Welt (29.1.2018): »Politik für Randgruppen ist kaum gefragt«. www.welt.de/debatte/kommentare/article172984300/SPD-in-der-Krise-Politik-fuer-Randgruppen-ist-kaum-gefragt.html (aufgerufen am 24.7.2018).

[53] Timo Lochocki (2017).

Kapitel 6

[1] Bertelsmann Stiftung (2016).

[2] Cas Mudde (2010): The populist radical right: a pathological normalcy. West European Politics 33 (6): 1167–1186.

[3] Das folgende Kapitel beruht auf: Timo Lochocki (2017). Nur die Entwicklungen in den USA und der Schweiz/Österreich folgen anderen Quellen. Sie sind jeweils ausgewiesen.

[4] Malisa Zobel (2017).

[5] Antonis Ellinas (2010).

[6] E. J. Dionne Jr. (2016): Why The Right Went Wrong. Conservativism – From Goldwater To Trump And Beyond. Simon and Schuster.

[7] Für die Schweiz siehe: Simon Bornschier (2010): Cleavage Politics and the Populist Right. The New Cultural Conflict in Europe. Temple University Press. Für Österreich: Antonis Ellinas (2010).

Kapitel 7

[1] Leon Mangasarian und Jan Techau (2017): Führungsmacht Deutschland. Strategie ohne Angst und Anmaßung. DTV, S. 118.

[2] Timo Lochocki (w.i.p.): The Dilemma of Foreign Policy in Populist Times. GMF Policy Paper.

[3] Peter Mair (2013): Ruling the Void. The Hollowing of Western Democracy. Verso Books.

[4] Zu diesen Themen gibt es unzählige Abhandlungen deutscher und internationaler Think-Tanks. Als lesenswerte Einführung ist zu empfehlen: Christian Mölling und Daniela Schwarzer (2017): Außenpolitische Herausforderungen für die nächste Bundesregierung. DGAP Kompakt 6. dgap.org/de/article/getFullPDF/29846 (aufgerufen am 14.3.2018).

[5] OECD Data: Native-born employment. https://data.oecd.org/migration/native-born-employment.htm#indicator-chart (aufgerufen am 24.7.2018).

[6] Migrant Integration, Policy Index 2015: Germany. www.mipex.eu/germany (aufgerufen am 24.7.2018).

Kapitel 8

[1] Johannes Hillje (2018): Rückkehr zu den politisch Verlassenen. Gespräche in rechtspopulistischen Hochburgen in Deutschland und Frankreich. www.progressives-zentrum.org/die-verlassenen/ (aufgerufen am 21.6.2018).

Nachwort

[1] Thomas Wagner (2017).